AMBITIONS

DU MÊME AUTEUR
CHEZ LE MÊME ÉDITEUR

Danielle Steel

AMBITIONS

Roman

Traduit de l'anglais (Etats-Unis)
par Hélène Colombeau

PRESSES
DE LA CITÉ

Titre original : *Power Play*

First published in the United States by Delacorte Press, an imprint of The Random House Publishing Group, a division of Random House LLC, a Penguin Random House Company, New York
© Danielle Steel, 2014
© Presses de la Cité, 2015 pour la traduction française
ISBN 978-2-258-10806-6

Presses
de   un département **place des éditeurs**
la Cité

place
des
éditeurs

A mes enfants chéris
Beatrix, Trevor, Todd, Nick, Sam,
Victoria, Vanessa, Maxx et Zara,

Puissiez-vous n'avoir que de bonnes surprises dans vos vies,
Etre traités par vos proches avec justice et bienveillance,
Et faire les bons choix et les bons sacrifices.

Que la vie, à tous égards, vous comble de bonheur.
Je vous aime de tout mon cœur,
Maman/d.s.

1

Fiona Carson quitta son bureau suffisamment tôt pour arriver à l'heure à une importante réunion du conseil d'administration. P-DG d'une entreprise qui comptait parmi les plus prospères des Etats-Unis, elle détestait être en retard et ne l'était que rarement. Avec son tailleur sévère, ses cheveux blonds tirés en arrière et son maquillage discret, elle renvoyait l'image d'une femme aux commandes capable de faire face à n'importe quelle situation. Fiona n'était pas de celles qui laissent leurs problèmes personnels affecter leur travail.

Alors qu'elle approchait de la salle du conseil, son BlackBerry se mit à sonner. C'était sa fille, Alyssa, étudiante en deuxième année à Stanford. Fiona n'hésita pas longtemps à répondre : il lui restait quelques minutes avant le début de sa réunion et, en tant que mère célibataire, elle avait des scrupules à ignorer les appels de ses enfants. Comment être sûre en effet qu'il ne leur soit rien arrivé de grave ? Alyssa ne lui avait jamais causé de soucis, et elle se comportait aujourd'hui en jeune adulte responsable. Mais elle avait pu avoir un accident. Etre à l'hôpital, ou malade... Tout était possible. Des ennuis à l'université, son chien écrasé par une voiture... c'était déjà arrivé une fois, et Alyssa avait mis des mois à s'en remettre. Fiona ne put donc se résoudre à laisser le téléphone sonner. A ses yeux, être parent impliquait de rester sur le pont vingt-quatre heures sur vingt-quatre, et il en allait de même pour un P-DG vis-à-vis de son entreprise : en cas d'urgence, elle tenait à ce qu'on la prévienne, à toute heure et en tout lieu.

— Maman ?

Fiona reconnut la voix que sa fille réservait aux annonces importantes. Une note excellente ou au contraire déplorable, un résultat positif à la mononucléose... Elle ne regrettait pas d'avoir décroché.

— Qu'est-ce qui se passe ? s'enquit-elle à voix basse, ne voulant pas être surprise dans le couloir en pleine conversation privée. Tu vas bien ?

— Bien sûr que je vais bien. Pourquoi cette question ?

Alyssa n'avait pas idée des angoisses qu'une mère peut éprouver. C'était le rôle de Fiona de garder à l'esprit tous les dangers que ses enfants encouraient et de se tenir prête à réagir si nécessaire. Etre maman, c'est un peu comme travailler à la Croix-Rouge ou comme pompier – à la différence près qu'il s'agit d'un engagement à vie.

— Tu es où ? demanda Alyssa, qui détestait quand sa mère chuchotait au téléphone. Pourquoi tu parles si bas ?

— J'ai une réunion. De quoi as-tu besoin ?

— Je n'ai «besoin» de rien, répliqua Alyssa, un brin vexée. Je voulais juste te demander quelque chose.

Fiona s'étonna que sa fille ne lui ait pas simplement envoyé un texto, comme elle le faisait souvent. Alyssa savait pourtant qu'elle était très prise dans la journée. Elle et son frère Mark connaissaient la règle : « Ne m'appelez pas au travail, sauf si c'est vraiment important. » Mais c'était une règle très lâche : Fiona avait toujours donné la priorité à ses enfants, si bien qu'ils n'avaient jamais hésité à la joindre – surtout étant petits, quand ils se faisaient mal ou qu'elle leur manquait trop. Pas une seule fois elle ne les avait grondés pour ces appels.

— Je t'écoute, dit-elle en réprimant son impatience. Mais fais vite, je n'ai que deux minutes.

— J'ai besoin d'un service.

— De quel genre ?

— Est-ce que je peux t'emprunter ta jupe noire Givenchy fendue sur le côté ? J'ai un rendez-vous important samedi soir.

A l'entendre, c'était une question de vie ou de mort.

— Tu m'appelles pour ça ?! Ça ne pouvait pas attendre ce soir ? En plus, je ne l'ai même pas encore portée, cette jupe !

Fiona avait rarement l'occasion d'étrenner ses vêtements neufs : soit Alyssa les lui empruntait, soit ils disparaissaient purement et simplement de son armoire, ce qui arrivait de plus en plus. Sa fille faisait la même taille qu'elle et commençait à apprécier les tenues raffinées.

— Je n'ai pas l'intention de faire une course de haies avec. Je te la rendrai dimanche.

De quelle année ? songea Fiona avec ironie. Elle

aurait voulu en discuter davantage, mais elle n'avait pas le temps.

— On en reparle ce soir, tu veux bien ?

— J'ai besoin d'une réponse tout de suite. Si c'est non, je dois aller faire les magasins. Je n'ai rien à me mettre.

— Bon, bon, d'accord. Tu peux la prendre. On s'appelle ce soir ?

— Non, maman, attends... Il faut qu'on parle de mon devoir d'économie. Je dois le rendre lundi et mon prof n'a pas aimé mon choix de sujet. Je voulais...

— Alyssa, je ne peux pas maintenant ! l'interrompit Fiona, exaspérée. Je suis occupée, et ce n'est pas le genre de conversation qu'on bâcle en deux minutes.

— Ça va, j'ai compris. C'est toi qui me reproches de ne pas te montrer mes devoirs. Le prof a dit que...

— Je suis très contente que tu veuilles en parler avec moi, mais pas en plein milieu de ma journée de travail, encore moins avant une réunion importante.

Fiona était arrivée devant la salle du conseil. Il fallait qu'elle raccroche.

— Alors quand ? questionna Alyssa, d'un ton qui laissait entendre que sa mère n'avait jamais le temps.

C'était injuste de sa part. Fiona faisait de son mieux pour se rendre disponible, et elle le savait.

— Ce soir, par exemple ?

— Je ne serai pas là. Je dois aller voir un film avec ma classe de français, et avant ça on dîne au restaurant. Ça fait partie du cours.

— Eh bien appelle-moi après, alors !

— Je passerai prendre la jupe samedi. Merci, maman. Excuse-moi de t'avoir dérangée.

— Je t'en prie, répondit Fiona avec un sourire crispé.

Ses enfants avaient le chic pour la faire tourner en bourrique – surtout sa fille. C'était comme si elle cherchait à capter son attention, alors que Fiona la lui accordait d'emblée. Restait à espérer qu'elle ne la rappellerait pas pour lui demander le pull noir assorti à la jupe... Fiona mit son téléphone sur vibreur et le glissa dans la poche de sa veste. Le travail l'attendait.

Après s'être recomposé un visage sérieux, elle pénétra dans la salle de réunion et salua les quelques personnes déjà installées autour de la grande table ovale. Le conseil d'administration de National Technology Advancement comptait dix membres, huit hommes et deux femmes, la plupart eux-mêmes chefs d'entreprise. Fiona dirigeait NTA depuis six ans. Elle avait été sélectionnée par un comité de recrutement qui l'avait débauchée d'un poste important pour succéder à l'ancien P-DG, en place depuis trop longtemps. Les positions obsolètes de ce dernier, qui refusait toute prise de risque, s'étaient soldées par un fléchissement du cours des actions.

Fiona avait repris les choses en main avec son calme et son sérieux habituels. Elle s'était montrée incisive dans ses estimations, téméraire dans ses projets, impitoyable chaque fois que cela s'était avéré nécessaire. Elle s'était fixé des objectifs audacieux mais réalistes, à court et à long terme. Elle n'avait rien laissé au hasard, toutes ses décisions étant mûrement réfléchies et soigneusement mises en œuvre. En quelques mois, leurs actions et leurs bénéfices étaient remontés en flèche, et ils continuaient de grimper malgré la morosité du climat économique. Intelligente, douée d'un sens aigu des affaires, Fiona était appréciée des administrateurs comme des actionnaires, et respectée de ses pairs et de ses salariés. Leader à quarante-neuf ans d'une société qui employait cent mille personnes, elle était un bel exemple de réussite féminine.

Comme de coutume, elle échangea quelques propos aimables et anodins avec les membres du conseil à mesure qu'ils s'installaient. Le président était toujours le dernier à arriver. Harding Williams avait connu une brillante carrière en tant que P-DG d'une grande entreprise, qu'il avait dirigée de façon dictatoriale. Lorsqu'il tentait d'imposer ses opinions ou ses caprices, Fiona s'efforçait de lui faire comprendre que les temps avaient changé. Pour sa part, elle se conformait rigoureusement aux règles de la gouvernance d'entreprise, aux limites que les sociétés et leurs dirigeants étaient censés respecter. Et elle en attendait autant des membres du conseil, ce qui ne manquait pas de provoquer des tensions avec Harding chaque fois qu'ils se réunissaient. Généreuse, Fiona disait qu'ils étaient comme deux parents soucieux de l'intérêt de leur enfant et que leurs divergences profitaient à l'entreprise lorsqu'ils parvenaient à un compromis. Mais leurs querelles lui causaient de sérieuses migraines et réveillaient en chacun d'eux les pires instincts. Si Fiona respectait Harding Williams pour son expérience, elle le détestait en tant qu'homme, et il la haïssait encore davantage. D'ailleurs, il ne s'en cachait pas : il se permettait de lever les yeux au ciel à chacune de ses suggestions et de proférer des remarques désobligeantes à son égard, alors que Fiona faisait preuve de diplomatie et de retenue, quoi qu'il lui en coûte. Les piques de Harding la blessaient, mais elle n'en laissait rien paraître – pas question de lui donner cette satisfaction. Toujours est-il que son assistante lui préparait systématiquement deux Advil et un verre d'eau pour son retour de réunion... Nul doute que Fiona en aurait encore besoin aujourd'hui.

Elle avait convoqué cette séance extraordinaire pour tenter de résoudre un problème avec ses administrateurs. Harding, qui trouvait l'idée ridicule, s'était plaint de devoir se déplacer. Retraité depuis cinq ans, il gardait une influence notable en tant que président, et siégeait également dans d'autres conseils d'administration. Mais il serait obligé de se retirer à la fin de l'année, le jour de ses soixante-dix ans, à moins que le conseil ne décide de revenir sur l'âge de départ obligatoire – ce qui ne s'était jamais vu jusque-là. Fiona avait hâte qu'il s'en aille. En attendant, il lui faudrait encore composer avec lui pendant sept mois.

Depuis qu'elle avait pris les commandes de NTA, Fiona savait ce que Harding Williams disait d'elle : qu'elle était une femme facile et une vraie garce. Leurs chemins s'étaient croisés par le passé, alors qu'elle était étudiante en première année à la Harvard Business School, où lui-même enseignait. L'opinion qu'il s'était forgée d'elle datait de cette époque et n'avait pas évolué depuis.

Avec un minimum d'efforts, Fiona aurait été une très belle femme, mais elle n'avait pas de temps à perdre à séduire les hommes qu'elle fréquentait au travail. Elle aspirait seulement à conduire sa société et ses cent mille employés vers des sommets encore inégalés. Fiona avait adopté depuis longtemps les codes du monde de l'entreprise : grande et mince, elle portait ses longs cheveux blonds en chignon strict, veillait à ce que ses ongles, au vernis incolore, soient toujours parfaitement manucurés, et évitait les bijoux et les fanfreluches. Elle était l'incarnation de la femme dirigeante, une main de fer dans un gant de velours. Sans abuser de son pouvoir, elle était prête à prendre les décisions difficiles que lui imposait sa fonction, et acceptait les critiques et les tensions qui en découlaient. Jamais elle n'exprimait ses doutes, ses craintes que les choses tournent mal, ses regrets lorsqu'elle devait fermer une usine et licencier des milliers de personnes – autant de préoccupations qui la tenaient éveillée la nuit. Au travail, on la voyait toujours calme, sûre d'elle. Bien qu'elle fît preuve de compassion et de courtoisie, elle ne pouvait se permettre de montrer ses faiblesses, qui existaient pourtant bel et bien. Ici, elle devait tenir son rôle de leader inébranlable.

Lorsque tout le monde fut installé, Harding Williams ouvrit la séance en s'adressant à Fiona d'un ton plein de sarcasme :

— Je te donne la parole, vu que c'est toi qui as voulu cette réunion. Tu aurais pu te contenter de nous envoyer une note, mais tu préfères apparemment nous obliger à interrompre nos occupations. J'espère que ça vaut le déplacement parce que j'ai mieux à faire que d'accourir chaque fois qu'une idée te vient. Et je suis sûr que c'est pareil pour mes confrères.

Fiona se retint de lui faire remarquer que son propre temps était au moins aussi précieux que le sien. Elle avait d'excellentes raisons de réunir le conseil, et il le savait – il lui menait juste la vie dure, comme d'habitude. Jamais il ne ratait une occasion de la rabaisser, à tel point qu'elle avait parfois l'impression d'être une mauvaise élève face à son professeur, même si elle n'en montrait rien.

Harding disait ouvertement qu'à ses yeux les femmes ne devraient pas diriger d'entreprises, qu'elles n'en étaient pas capables. Il ne supportait pas l'idée qu'elles puissent occuper des positions de pouvoir. Titulaire d'un master d'histoire de l'art, son épouse, Marjorie, n'avait jamais travaillé et vivait depuis quarante-quatre ans dans son ombre, attendant de recevoir ses instructions. Ils n'avaient pas d'enfants, une situation dont Harding était pleinement satisfait. Il aimait se vanter de la durée de son mariage, surtout lorsqu'il entendait parler de divorces autour de lui. Son arrogance lui valait une foule d'ennemis, Fiona en tête.

Assise bien droite, celle-ci prit la parole de sa voix calme, suscitant d'emblée l'attention de son auditoire :

— Si je vous ai réunis ici aujourd'hui, c'est pour discuter des informations qui ont fuité récemment dans la presse. Vous conviendrez que cela nous met dans une position délicate. La fermeture du site de Larksberry concerne plusieurs centaines de nos employés, qui vont être licenciés ; cette annonce doit être faite avec la plus grande prudence. Si nous délivrons mal le message, si nous en gérons mal les retombées, cela peut avoir des effets extrêmement néfastes sur le cours de nos actions et, même, provoquer la panique sur les marchés. Bien que nous ayons voté cette fermeture lors de notre dernière séance, il était encore prématuré d'en informer le public, les actionnaires et les salariés, alors que tous les détails ne sont pas encore réglés. Depuis que la fuite a paru il y a deux semaines dans le *Wall Street Journal* puis dans le *New York Times*, je m'échine à tenter de limiter les dégâts, et je crois avoir trouvé quelques parades pour désamorcer la situation. Le plus troublant, dans cette affaire, ce n'est pas seulement le timing, mais le fait que la fuite provient forcément d'un membre du conseil. Nous étions les seuls à être au courant. Quelqu'un a donc parlé.

Un lourd silence s'abattit sur la salle tandis que Fiona posait sur chacun d'eux son regard vert implacable.

— Il me paraît inconcevable qu'une telle trahison ait pu se produire ici, reprit-elle. Je n'ai jamais vécu cela en six ans à la tête de NTA, ni de toute ma carrière. C'est une première pour moi – et pour beaucoup d'entre vous, j'imagine.

Ses interlocuteurs acquiescèrent. Aucun ne lui semblait coupable. Harding, quant à lui, ne cachait pas son agacement.

— Chacun de nous mérite de savoir qui a trahi la confidentialité du conseil, continua Fiona. Jusqu'ici, vous avez tous nié la responsabilité de cette fuite, mais ce n'est pas suffisant. L'enjeu est trop important : il en va de la santé de notre entreprise, de la stabilité de nos actions. Nous avons une responsabilité envers nos actionnaires et nos employés. Je veux savoir qui a parlé à la presse...

— De grâce, viens-en au fait ! l'interrompit brutalement Harding Williams. Qu'est-ce que tu veux ?

Soumettre les membres du conseil au détecteur de mensonges ? Très bien, tu n'as qu'à commencer par moi, qu'on puisse passer à autre chose. Oui, il y a eu une fuite, mais on n'en est pas morts, et ce n'est peut-être pas plus mal que le public et les employés soient prévenus.

— Je ne suis pas d'accord. Nous avons tout intérêt à trouver le responsable et à nous assurer que ce genre de dérapage ne se produira plus.

— Libre à toi de te lancer dans une chasse aux sorcières, répliqua Harding. Mais je te préviens, je n'autoriserai aucune méthode illégale. On sait tous comment ça s'est passé chez Hewlett-Packard il y a quelques années. Le conseil d'administration a été ridiculisé dans la presse, sa présidente a failli finir au trou pour avoir fait espionner ses collègues, et l'entreprise a eu toutes les peines du monde à remonter la pente. Je n'irai pas en prison à cause de toi, Fiona. Ton enquête devra être irréprochable.

— Elle le sera, répondit-elle froidement. Je partage tes inquiétudes, je n'ai aucune envie de rejouer le scandale de HP. J'ai contacté plusieurs sociétés d'investigation dont je vous soumettrai les noms aujourd'hui. Je veux que chaque membre du conseil fasse l'objet d'une enquête. Je m'y soumettrai aussi, évidemment.

— Est-ce vraiment nécessaire ? bougonna Harding. Le mal est fait, et tu t'es déjà occupée de limiter la casse. Ça ne changera rien de savoir qui a parlé. Qui te dit que ce n'est pas un journaliste un peu plus malin que les autres qui a deviné ça tout seul ?

— C'est impossible, et tu le sais. Je veux m'assurer que cela n'arrivera plus. Ce qui s'est passé va à l'encontre de toutes nos règles de gouvernance.

Harding leva les yeux au ciel.

— Je t'en prie, Fiona, la « gouvernance » ne suffit pas à diriger un conseil d'administration ! On les connaît, les règles. On perd la moitié de notre temps à débattre des procédures existantes et à en inventer de nouvelles pour nous mettre nous-mêmes des bâtons dans les roues. Je suis surpris que tu trouves encore le temps de diriger cette entreprise. A mon époque, on prenait des décisions et on les appliquait, un point c'est tout.

— Une société ne se gère plus comme une dictature, répliqua Fiona. Cette époque est révolue. Nos actionnaires sont bien mieux informés et beaucoup plus exigeants qu'il y a vingt ou trente ans. Ils n'approuveraient pas ces méthodes, et ils auraient bien raison. Nous devons respecter les règles. Maintenant, j'aimerais que nous procédions au vote sur la tenue d'une enquête visant à découvrir la source de cette fuite. Je rappelle que seuls des procédés légaux seront employés.

Pressé d'en finir, Harding fut le premier à approuver la motion, même s'il jugeait que c'était de l'argent jeté par les fenêtres. Les autres l'imitèrent.

— Satisfaite ? demanda-t-il à Fiona alors qu'ils sortaient de la salle du conseil.

— Oui. Merci, Harding.

— Qu'est-ce que tu comptes faire, au juste, quand tu auras trouvé le coupable ? Lui mettre une fessée ? Franchement, on a d'autres chats à fouetter.

— Je lui demanderai de démissionner.

Comme Fiona le regardait droit dans les yeux,

elle y vit ce même mépris qu'il lui témoignait depuis vingt-cinq ans. Jamais elle ne gagnerait son respect, mais elle n'en avait cure. Ce qu'il pensait d'elle ne l'avait pas empêchée de connaître une carrière fulgurante.

Avec les interruptions incessantes de Harding, la séance extraordinaire avait pris plus de temps que prévu. Tandis que Fiona se hâtait de rejoindre son bureau, où l'attendait une après-midi de réunions, elle repensa à l'histoire qui lui avait valu l'animosité éternelle du président du conseil. Durant sa première année à la Harvard Business School, elle s'était sentie incapable et complètement dépassée, au point de songer plusieurs fois à abandonner ses études. Ses camarades, en majorité des garçons, étaient beaucoup plus sûrs d'eux. Fiona avait certes de l'ambition et portait en elle l'amour des affaires, mais elle traversait une période difficile, ayant perdu ses deux parents un an plus tôt dans un accident de voiture ; elle n'avait plus que sa sœur aînée sur qui compter, et celle-ci faisait alors son internat en psychiatrie à Stanford, à cinq mille kilomètres de là. Mais son père l'avait toujours encouragée à suivre la voie qui lui plaisait. Fiona avait donc décidé d'aller au bout de son projet et d'intégrer une école de commerce, malgré son chagrin. Elle avait été très seule à Cambridge, entourée de garçons hostiles et agressifs. Quant aux professeurs, ils ne lui avaient pas porté la moindre attention.

Parmi eux se trouvait donc Harding Williams, qui avait pris une année sabbatique pour enseigner à Harvard sur l'insistance d'un ancien camarade de Princeton. Fiona avait failli être recalée dans sa matière. Son seul réconfort, elle l'avait trouvé auprès de Jed Ivory, le vieil ami de Harding, qui avait la réputation de se mettre en quatre pour aider ses étudiants. Il s'était montré d'une gentillesse incroyable avec elle.

Jed vivait à l'époque une séparation mouvementée avec sa femme, une ancienne élève, qu'il trompait depuis des années et qui en avait fait autant de son côté. Il tentait de négocier un divorce lorsqu'il commença à donner des cours particuliers à Fiona. Au bout d'un mois, celle-ci lui tombait dans les bras. Eperdument amoureuse, elle ignorait qu'elle n'était pas la première étudiante à se laisser séduire. Elle avait conscience en revanche que leur histoire faisait jaser au sein de l'école de commerce. Harding s'était mis à la regarder d'un mauvais œil ; plus tard, il la tiendrait pour responsable du divorce de son ami.

Sa liaison avec Jed cessa brusquement à la fin de l'année, quand il lui annonça qu'il avait eu une aventure avec une étudiante de troisième cycle, que celle-ci était enceinte et qu'il avait accepté de l'épouser en juin. Fiona passa l'été à pleurer.

A la rentrée de septembre, elle rencontra David. Par dépit amoureux, elle se fiança à lui en décembre. Ils se marièrent après l'obtention de leur diplôme, puis elle le suivit à San Francisco, d'où il était originaire. Jamais elle ne se remit complètement de son histoire avec Jed.

Durant sa deuxième année d'études, elle avait été gênée de croiser ce dernier à Harvard. Plusieurs fois, il essaya de raviver leur flamme, alors qu'il était marié et père d'un petit garçon. Fiona fit en sorte de l'éviter et n'assista plus à aucun de ses cours. Elle savait à présent que sa réputation de coureur était légendaire sur le campus et qu'il avait profité de sa jeunesse et de sa vulnérabilité. Après son départ de Harvard, il ne tenta plus de la contacter, mais elle apprit qu'il s'était remarié deux fois avec des femmes beaucoup plus jeunes que lui. Cela n'empêcha pas Harding de continuer à le placer sur un piédestal et de considérer Fiona comme une briseuse de foyer. Dans sa mentalité de vieux garçon, l'homme était forcément la victime... Encore aujourd'hui, il faisait sans cesse allusion à la jeunesse dépravée de Fiona. Elle ne répondait pas, estimant qu'elle n'avait de comptes à rendre à personne. Sa liaison avec Jed n'était qu'un accident malheureux, survenu à une période où elle était fragilisée par la mort de ses parents.

Vingt-cinq ans plus tard, Harding lui reprochait toujours cette aventure, refusant de prendre en compte sa carrière impressionnante, ses dix-sept ans de mariage et sa vie éminemment respectable. C'en était tellement ridicule que Fiona n'avait même pas envie de se défendre. Lorsqu'elle avait accepté ce poste de P-DG à Palo Alto, elle avait été consternée de découvrir que Harding Williams présidait le conseil d'administration. De mauvaise grâce, il lui avait accordé son vote, sans quoi il serait passé pour un imbécile : tous les autres membres louaient les compétences de Fiona, son expérience et son talent, qui ne pouvaient que bénéficier à l'entreprise. Pour sa part, Fiona s'était dit qu'elle parviendrait à fermer les yeux sur les façons déplaisantes de Harding, et elle avait réussi – même si leurs réunions lui donnaient toujours la migraine.

Après avoir avalé ses deux Advil, elle se remit bien vite au travail, ayant mille tâches à accomplir dans l'après-midi. Elle donna son feu vert pour l'ouverture d'une enquête sur les membres du conseil. La société d'investigation qu'ils avaient sélectionnée espérait trouver la source de la fuite d'ici à six ou huit semaines.

A dix-huit heures, lorsqu'elle récupéra sa Mercedes break blanche au parking, Fiona avait travaillé non-stop toute la journée. Avant de prendre le volant, elle jeta sa veste sur la banquette arrière, puis remonta les manches de son chemisier, n'ayant absolument pas conscience qu'elle reproduisait les mêmes gestes que ses collègues masculins. C'était une belle journée de mai, et il lui tardait de rentrer chez elle à Portola Valley pour piquer une tête dans sa piscine. Fiona aurait pu profiter des services d'un chauffeur personnel – on ne lui en aurait pas tenu rigueur –, mais elle n'avait jamais été attirée par les petits privilèges de sa position sociale. Elle se contentait d'utiliser le jet privé de l'entreprise pour ses déplacements à travers le pays. Conduire lui permettait de décompresser pendant le trajet, un moment de transition qui lui avait été particulièrement bénéfique à l'époque où ses enfants vivaient encore sous son toit. Depuis un an, toutefois, elle retrouvait tous les soirs une maison déserte. Pour combler ce vide, elle rapportait du travail chez elle et était souvent si épuisée qu'elle finissait par s'endormir tout habillée sur ses dossiers, avec la lumière allumée.

Fiona considérait qu'en y mettant du sien il était possible de concilier carrière et vie de famille. Elle avait été présente pour ses enfants, quoique jamais assez aux yeux de son mari. Dès le premier job sérieux qu'elle avait accepté, aux trois ans de Mark, il le lui avait reproché. Avant cela, Fiona avait gardé son fils à la maison, et elle travaillait depuis à plein temps sans que ses enfants semblent en pâtir. Elle avait assisté aux spectacles d'école, aux matchs de foot et de lacrosse, aux ballets de danse ; elle avait accompagné Mark chez les louveteaux, les avait aidés, lui et sa sœur, à faire leurs devoirs et leur avait confectionné des déguisements pour Halloween, quitte à se coucher à deux heures du matin. Fiona entretenait aujourd'hui des liens très forts avec eux. Son dévouement tout à la fois à sa famille et à son travail avait payé.

Alyssa, qui terminait sa deuxième année à Stanford, comptait ensuite intégrer la Harvard Business School, comme ses parents. Mark, lui, passait un master en travail social à l'université de Columbia. Fiona le surnommait « le saint de la famille » : si elle et sa fille se passionnaient pour le commerce, Mark, lui, n'avait qu'une idée en tête : combattre les injustices dans le monde. Une fois son diplôme obtenu, il prévoyait de travailler dans un pays sous-développé. Sa petite amie, étudiante en médecine, partageait ses rêves et son altruisme. Elle avait passé l'été précédent en Libye et au Kenya avec Médecins Sans Frontières. Fiona était fière de son fils, tout autant qu'elle l'était de sa fille.

Sa carrière en tant que mère lui paraissait aussi importante, aussi gratifiante et réussie que sa carrière professionnelle. Seul son mariage avec David lui laissait un sentiment d'échec. Très tôt, leurs relations s'étaient détériorées, mais Fiona s'était accrochée pendant dix-sept ans, dans l'espoir qu'ils finiraient par s'entendre. David n'avait rien fait pour.

Ayant hérité d'une petite affaire familiale, il lui avait proposé de travailler à mi-temps avec lui lorsqu'elle avait voulu reprendre une activité. Elle avait décliné l'offre, convaincue que ce serait la porte ouverte aux disputes, entre eux mais aussi avec la famille de David. Et puis, il y avait aussi une autre raison, qu'elle taisait cependant : son commerce ne l'intéressait pas. Fiona préférait les défis posés par les grosses entreprises, qui offraient plus d'impact sur le monde et des missions bien plus engageantes. Dès son premier poste, elle avait perçu l'hostilité que son succès suscitait chez David. Fiona avait fini par incarner tout ce qu'il désapprouvait chez les femmes de pouvoir, ce qui n'était pas sans rappeler les opinions de Harding Williams à ce sujet. David lui reprochait de ne pas s'occuper assez des enfants, alors que, de son côté, il passait ses week-ends et deux jours par semaine à jouer au golf avec ses amis.

Malgré ses efforts, Fiona n'avait récolté que des critiques. L'ultime confrontation avait eu lieu quand on lui avait offert le poste de P-DG à NTA. David l'avait menacée de la quitter si elle acceptait. A l'époque, Alyssa avait treize ans et Mark seize, mais Fiona savait que cette mise en demeure n'avait rien à voir avec eux, contrairement à ce qu'il prétendait. C'était une histoire d'ego : David ne supportait pas qu'elle réussisse mieux que lui et cherchait tout bonnement à l'empêcher de réaliser son plus grand rêve. Après mûre réflexion, elle avait choisi sa carrière, et il était parti la même semaine, furieux.

Si, dans un premier temps, cette séparation l'avait attristée, elle s'était vite rendu compte qu'il ne pouvait rien lui arriver de mieux. David n'était plus là pour la rabaisser et lui répéter en permanence qu'elle était une mauvaise femme et une mauvaise mère. Elle ne lui avait jamais caché ses ambitions – simplement, elle était devenue trop grande pour lui. Ou peut-être était-il trop petit pour elle.

Finalement, elle avait été soulagée qu'il parte, même si elle ne l'avait pas avoué à ses enfants. Il arrivait bien sûr qu'elle se sente seule, mais elle appréciait l'existence paisible qu'elle menait depuis six ans – sans compter qu'Alyssa passait souvent la voir et que Mark revenait pendant les vacances universitaires. En somme, son travail et ses enfants la rendaient heureuse, bien plus heureuse qu'elle ne l'avait été avec David. C'était tellement agréable de ne plus être la cible de sa jalousie et de sa colère...

Deux ans après leur divorce, David s'était remarié avec une femme très gentille qui ne travaillait pas, s'occupait de la maison et prenait tout ce qu'il disait pour parole d'évangile. Cela ne l'empêchait pas d'en vouloir encore à Fiona et de le faire savoir dès qu'il en avait l'occasion, en particulier devant les enfants. Sa rancœur semblait inextinguible. Jenny, son épouse, éprouvait la même aversion à l'égard du monde de l'entreprise. Il faut dire que son premier mari s'était suicidé après avoir perdu son emploi suite à une erreur de comptabilité qu'on aurait pu facilement corriger. Elle avait épousé David dans l'année. Celui-ci avait pris sa retraite à cinquante ans, et ils passaient la majeure partie de leur temps à voyager, pendant que Fiona continuait d'évoluer dans les hautes sphères des affaires. Au final, David et Fiona avaient tous deux trouvé leur bonheur. Il était toutefois regrettable qu'il refuse de rester en bons termes avec elle. Alyssa et Mark le déploraient également : ils ne pouvaient réunir leurs deux parents dans la même pièce sans que les petites piques destinées à leur mère se mettent à fuser. Plutôt que de s'abaisser à entrer dans son jeu, Fiona préférait bavarder avec Jenny de ses projets créatifs ou de leur dernière excursion.

Satisfaite de la simplicité de son existence, Fiona avait depuis longtemps renoncé aux rendez-vous arrangés : elle n'en avait ni le temps ni l'envie, et les candidats que ses amis lui présentaient lui correspondaient tellement peu que c'en était risible. Par ailleurs, elle avait conscience que les femmes de sa trempe n'étaient pas très prisées sur le marché de la séduction. Les dirigeantes d'entreprise faisaient peur, elles étaient forcément des castratrices ou des putains. Fiona n'appartenait à aucune de ces deux catégories, mais peu d'hommes se montraient disposés à le constater par eux-mêmes. De toute façon, elle était trop épuisée le soir pour sortir. Difficile de se sentir d'humeur séductrice quand on avait passé la journée à gérer une grande société... Encore une récrimination de David, d'ailleurs : selon lui, elle s'habillait, pensait et travaillait comme un homme. Quand elle n'était pas plongée dans l'étude de ses résultats trimestriels, elle aidait Mark pour ses exposés de sciences. Tout cela ne laissait que peu de place à l'amour et au sexe. David était donc ravi que sa nouvelle femme n'ait pas d'enfants : ainsi, elle pouvait s'occuper exclusivement de lui.

Fiona reconnaissait certains des torts que son ex-mari lui imputait, comme celui de n'avoir pas accordé assez de temps à leur couple. Mais comment aurait-il pu en être autrement, avec deux enfants à élever et un combat à mener sur le terrain miné de l'Amérique des affaires ? Ce combat était sans fin. Depuis le départ de son fils et de sa fille, elle n'était pas moins prise. Au contraire, elle occupait tout son temps libre en travaillant. Dans ce domaine au moins, elle réussissait. C'était beaucoup plus gratifiant que de s'entendre dire qu'elle était une mauvaise épouse.

Arrivée à Portola Valley, Fiona se gara devant la superbe maison qu'elle habitait depuis douze ans. Un sourire étira ses lèvres. Même si elle regrettait l'époque où elle dînait tous les soirs avec Alyssa et Mark, il lui était toujours aussi agréable de retrouver son petit chez-elle en revenant du travail.

Elle posa son attaché-case dans l'entrée et fila se changer dans son dressing. Voilà longtemps qu'elle avait investi tous les placards de la maison, si bien qu'il lui était difficile de s'imaginer partageant de nouveau sa vie avec quelqu'un. Elle avait presque oublié la sensation d'avoir un homme qu'elle aimait dans son lit. Peut-être parce qu'elle avait cessé d'aimer David bien avant qu'il ne parte... Ils étaient restés ensemble par habitude et par devoir – notamment pour les enfants. Pourtant, ils étaient tous bien plus heureux depuis le divorce. Après des années d'une vie de couple maussade et éprouvante, Fiona se sentait enfin sereine, maîtresse de son existence.

Vêtue d'un bikini noir qui soulignait sa longue silhouette fine, elle ouvrit la porte-fenêtre donnant sur la terrasse et se dirigea vers la piscine. Alors que les derniers rayons de soleil lui caressaient le dos, elle s'enfonça dans l'eau et se mit à nager. Bientôt, ses querelles avec Harding Williams, ses inquiétudes au sujet des employés de Larksberry, tous les petits et gros tracas de la journée s'évanouirent tandis qu'elle fendait l'eau fraîche en mouvements amples et réguliers. Malgré l'échec de son mariage, elle avait tout ce qu'elle désirait pour l'instant : un métier passionnant, deux enfants formidables, et une maison paisible qui l'attendait le soir. Pour Fiona, c'était la vie rêvée.

2

Comme d'habitude, Marshall Weston conduisait vite tandis qu'il rentrait de Palo Alto au volant de son jouet préféré, une Aston Martin. P-DG de United Paper International, la deuxième plus grosse entreprise du pays dans son secteur, il faisait tous les jours les trajets entre la Silicon Valley et le comté de Marin, où sa femme et lui avaient fait construire leur demeure dix ans plus tôt, dans la belle ville de Ross. Les écoles y étaient excellentes, et la distance permettait à Marshall de se changer les idées en sortant du bureau.

A cinquante et un ans, il travaillait depuis quinze ans chez UPI, où il avait gravi les échelons à la vitesse de l'éclair. P-DG depuis maintenant dix ans, il avait fait fortune grâce aux actions qu'il détenait dans l'entreprise et à l'excellent rendement de ses autres investissements. UPI se montrait généreuse avec lui, et tout dans son travail lui plaisait. Marshall était heureux.

Il partageait sa vie depuis vingt-sept ans avec l'épouse idéale : Liz, une très belle femme de cinquante ans, qui pratiquait régulièrement le tennis, le Pilates et la natation. Bien qu'elle l'eût connu ambitieux et travailleur dès l'université, jamais Liz n'avait imaginé qu'il réussirait aussi bien. Marshall avait subvenu à ses besoins et à ceux de leurs trois enfants au-delà de ses espérances les plus folles. Tous leurs rêves s'étaient réalisés.

Malgré son diplôme de droit et un bon sens des affaires, Liz avait choisi de rester à la maison pour s'occuper des enfants. Tom, vingt-six ans, suivait des études de droit à la prestigieuse université de Berkeley. S'il s'entendait bien avec sa mère, il avait toujours été en compétition avec son père, et ce dans tous les domaines – le sport, les jeux, ou pour obtenir l'affection de Liz. Les deux hommes s'affrontaient à la moindre occasion, cognant leurs bois comme deux cerfs. C'était éprouvant pour tout le monde. Tom accusait son père d'être tyrannique et malhonnête. Chaque fois qu'il rentrait à la maison, c'était pour se disputer avec lui à propos de politique ou d'économie, ou pour remettre en question tout ce qu'il incarnait. Liz tentait de les calmer, de défendre l'un auprès de l'autre et inversement. Témoin forcé de leur rivalité machiste depuis que Tom était en âge de parler, elle restait néanmoins persuadée que leurs relations fini-raient par s'apaiser. On en était encore loin.

Malgré tout, Marshall était fier de son fils aîné, même s'il était trop buté pour le lui dire en face. Liz l'entendait parfois vanter ses exploits et ses notes brillantes, comme si les prouesses de son fils exaltaient sa propre réussite. Cela n'échappait pas à Tom, qui en concluait que son père se servait des autres pour nourrir son narcissisme. Liz le trouvait dur avec lui. Paradoxalement, ils se ressemblaient beaucoup sur certains points : ils possédaient le même tempérament volcanique, se montraient aussi entêtés et sans pitié l'un que l'autre. Ce que Liz déplorait dans cette situation, c'était que Tom en était arrivé à espacer de plus en plus ses visites. Lassé de se prendre le bec avec son père, il venait dîner en semaine, quand ce dernier était à Los Angeles. Tom éprouvait beaucoup de respect et d'admiration à l'égard de sa mère. Liz se sacrifiait pour son mari, et il estimait que ce dernier ne méritait pas autant d'amour, autant de bonté, de dévouement et de patience.

Marshall s'entendait bien mieux avec John, leur deuxième enfant. C'était le fils dont il avait toujours rêvé : grand sportif et excellent élève – un fils modèle. A vingt ans, John terminait déjà sa licence à Stanford, où il collectionnait les meilleures notes et brillait dans l'équipe de football. Contrairement à Tom, il rendait souvent visite à ses parents, et Marshall adorait l'emmener assister à des matchs ou partir à la chasse avec lui. Liz était heureuse de les voir si proches. Ces dernières années, chaque fois que son mari avait proposé le même genre d'activités à Tom, celui-ci avait décliné l'invitation. Elle aurait tant aimé qu'il se montre plus conciliant... Sans compter que les tensions entre Marshall et Tom déteignaient sur les relations entre les deux frères : John, qui considérait son père comme un héros, un saint, ne comprenait pas pourquoi Tom ne voyait en lui qu'un pécheur.

Mais le vrai défi qui se posait actuellement aux deux parents, c'était Lindsay, leur fille de seize ans. En opposition totale avec leurs idées, elle leur faisait constamment la guerre – même à sa mère, qui était pourtant d'une patience infinie avec elle. Ces temps-ci, elle les harcelait pour qu'ils l'autorisent à se faire tatouer. Elle arborait déjà six piercings à chaque oreille, et elle était revenue un jour avec un anneau dans une narine, que son père lui avait fait retirer sous peine de la priver de sorties jusqu'à la fin de l'année. Adepte du mode de vie vegan depuis peu, elle refusait de partager ses repas avec eux, se disant écœurée par ce qu'ils mangeaient. Son petit copain portait des dreadlocks et ressemblait à un naufragé. Et les autres garçons qu'elle fréquentait étaient parfois pires.

Bref, Lindsay ne correspondait en rien à ce que Marshall attendait de sa fille ; il espérait que Liz avait raison quand elle disait qu'il ne s'agissait que d'une phase. Car gérer le comportement rebelle de Lindsay était pour lui une épreuve, bien plus que de se disputer avec Tom. Ses notes étaient tellement médiocres que le lycée la menaçait de redoublement. Elle faisait tout pour contrarier ses parents, s'accrochait avec sa mère au moindre prétexte. Liz était habituée, elle ne se laissait pas atteindre, mais Marshall trouvait cela exaspérant. On ne pouvait pas raisonner Lindsay. Les claquements de porte ponctuaient presque toutes leurs conversations. La seule chose positive, si l'on peut dire, c'est qu'elle ne se droguait pas – ç'aurait été la goutte d'eau, vraiment –, mais elle était malgré tout tellement invivable que Marshall se sentait soulagé quand il rentrait le soir et qu'elle était partie chez des amis. C'était la seule fausse note dans leur vie de famille, par ailleurs plutôt harmonieuse.

Si Marshall voyait en Liz l'épouse parfaite, il l'admirait aussi pour ses qualités de mère. Elle avait passé un nombre d'heures incalculable à s'occuper de leurs trois enfants, sans jamais se plaindre des tâches qui lui incombaient – les réunions parents-professeurs, les spectacles d'école, mais aussi les obligations sociales dont lui-même ne pouvait s'acquitter parce qu'il travaillait au bureau de Los Angeles deux jours par semaine. Et elle avait organisé de bon cœur les soirées susceptibles de contribuer à l'avancement de la carrière de son mari et passé d'innombrables week-ends à recevoir ses clients étrangers... Liz avait endossé sans réserve le rôle de femme de P-DG. Marshall lui en disait sans doute trop sur les marchés qu'il s'apprêtait à signer et les secrets internes à l'entreprise, mais elle se révélait toujours de bon conseil. Bien souvent, elle lui soufflait des idées auxquelles il n'aurait pas songé lui-même. Enfin, Liz consacrait beaucoup de temps au service de la collectivité : après avoir fait partie du conseil d'établissement de l'école de la ville de Ross et s'être impliquée dans les activités des enfants, elle œuvrait comme bénévole dans un refuge pour sans-abri et siégeait au sein de divers comités.

Marshall considérait leur relation comme un partenariat paisible et chaleureux. Liz n'était certes pas une femme passionnée, mais elle se montrait dévouée, intelligente et digne de confiance. Marshall était fier de l'avoir à ses côtés lorsqu'ils recevaient des clients ou des membres du conseil d'administration. Ensemble, ils géraient leur mariage comme une petite entreprise, dont elle lui laissait volontiers les commandes. Liz n'avait aucune velléité de lui faire concurrence ni de se lancer dans sa propre carrière.

Elle ne regrettait pas de n'avoir jamais exercé le droit, mais mettait à profit ses connaissances pour mieux comprendre ce que son mari vivait au quotidien.

Marshall laissa son Aston Martin au garage et entra chez lui par la porte de derrière. La maison avait été magnifiquement conçue : plafonds hauts, puits de lumière, escalier majestueux, parquets anciens importés d'Europe... Liz disposait d'une cuisine ultramoderne, avec de longs plans de travail en granite noir, tous les appareils dernier cri, et un atrium vitré. C'était là que la famille Weston prenait ses repas le plus souvent ; ils n'utilisaient la salle à manger que lorsqu'ils recevaient des invités.

Lindsay était en train de se disputer avec sa mère quand Marshall entra dans la cuisine, d'où s'échappait une odeur délicieuse. Leur querelle du jour portait sur un concert auquel Lindsay voulait assister avec des amis le week-end suivant, sur les rives de la Russian River. Liz le lui avait interdit.

— Pourquoi non ? Tous mes copains y vont ! s'indigna Lindsay, sans répondre à son père qui venait de lui dire bonjour.

Un sourire aux lèvres, Liz tendit la joue à Marshall, avant de lui servir un verre de vin blanc et une assiette de crudités.

— Je t'ai déjà répondu, expliqua-t-elle calmement à sa fille. C'est un endroit mal famé où circulent toutes sortes de drogues. Je ne veux pas te savoir là-bas.

— On y va pour la musique, maman, pas pour la drogue.

Dans son cas, c'était vrai.

— Je suis heureuse de te l'entendre dire, mais ça ne change rien. Trouve une autre occupation pour ce week-end. En plus, il faut que tu révises, je te rappelle que tu as des examens la semaine prochaine. Cette année, les résultats comptent vraiment pour tes dossiers d'inscription à l'université.

— Tu sais très bien que je prends une année sabbatique après mon bac.

Marshall écarquilla les yeux.

— Depuis quand ?

— Ça fait des mois que je vous en parle. Vous ne m'écoutez jamais ou quoi ?

Liz sortit un rôti du four.

— Si, je t'écoute, répliqua Marshall, mais je ne me souviens pas de t'avoir donné mon accord. C'est une mauvaise idée.

Lindsay détestait tellement l'école qu'il craignait qu'elle ne reprenne jamais ses études. La réussite scolaire comptait beaucoup dans leur famille. Tom et John avaient toujours été de bons élèves.

Lindsay fusilla son père du regard, avant de quitter la pièce avec humeur. Quelques instants plus tard, ils entendirent claquer la porte de sa chambre.

Imperturbable, Liz tranchait le rosbif, qui paraissait tout droit sorti d'un magazine gastronomique. Lindsay avait déjà mangé et ne pouvait tolérer la vue du moindre morceau de viande.

— Je ne sais pas comment tu fais pour la supporter, soupira Marshall.

— Ça lui passera. C'est typique, à son âge. Comment s'est passée ta journée ?

— Intéressante. Les cours étaient en hausse, alors ça aide.

— Oui, j'ai vu ça.

Liz évoqua un scandale financier dont elle avait entendu parler aux informations, puis l'histoire d'un P-DG de leur connaissance accusé de délit d'initié par la SEC, l'organisme américain chargé du contrôle des marchés. Liz était toujours au fait des derniers scoops dans le milieu des affaires. Lorsque Marshall rentrait chez lui, il avait l'impression de retrouver une vieille amie – sa meilleure amie depuis vingt-sept ans.

Comme tous les soirs, Liz avait dressé la table avec une nappe et des serviettes propres, et Marshall devinait à ses cheveux mouillés qu'elle venait de prendre une douche. Elle avait enfilé un chemisier d'une blancheur impeccable et un jean parfaitement repassé. Liz possédait une beauté fraîche et naturelle, celle-là même qu'il lui avait connue à l'époque de leur mariage. Elle ne se maquillait que quand ils sortaient et gardait ses ongles courts et soignés. Une manucure et une pédicure chaque semaine, c'était là son seul petit plaisir – avec celui de porter du vernis rouge vif aux pieds.

Accompagnée de légumes à la vapeur, la viande était cuite exactement comme Marshall l'aimait. Liz prenait soin de lui concocter des menus à la fois équilibrés et savoureux. Il n'aurait pas mieux mangé au restaurant. C'était pour lui qu'elle avait appris à cuisiner, de même qu'elle avait suivi des cours de conversation française et espagnole pour pouvoir échanger avec ses clients étrangers, qui se disaient toujours impressionnés par ses compétences. Elle connaissait même quelques phrases en japonais et en chinois.

Au cours du dîner, elle reparla du festival de cinéma auquel elle souhaitait se rendre le lendemain. Marshall n'était pas féru de sorties culturelles, mais elle arrivait parfois à le convaincre de l'accompagner.

— J'ai des tickets pour demain soir, qu'est-ce que tu en dis ? lui demanda-t-elle avec espoir.

Il secoua la tête.

— Ça ne va pas être possible, je dois partir à Los Angeles un jour plus tôt que d'habitude. On a eu des problèmes là-bas, et je crois que la présence du grand chef s'impose. Tu peux peut-être emmener une copine ?

Depuis dix ans, Marshall passait chaque fin de semaine au bureau de Los Angeles. Les premières années, Liz en avait profité pour faire des activités avec les enfants, qui s'étaient vite habitués à cette organisation. Marshall s'en allait le mercredi matin et revenait le vendredi en fin de journée, à temps pour partir en week-end en famille s'ils l'avaient prévu. Néanmoins, il préférait généralement se reposer à la maison.

— Au fait, ajouta-t-il, j'ai des clients japonais qui viennent ce week-end. Je voudrais aller jouer au golf avec eux, et je me disais qu'on pourrait les emmener au restaurant samedi soir.

— Tu ne veux pas qu'on les reçoive ici ?

Pour les soirées importantes, Liz faisait appel aux services d'un excellent traiteur, ce qui lui permettait d'accorder toute son attention à leurs invités.

— Ils seront accompagnés de leurs épouses, et les Japonais adorent les restaurants chics, répondit Marshall. Je pensais réserver chez Gary Danko, ou au Ritz. Et ça te ferait moins de boulot.

Tandis qu'elle lui apportait une coupe de fruits frais après avoir débarrassé la table, il lui offrit un sourire contrit.

— Je suis désolé, pour le festival de cinéma...

— Menteur ! répliqua-t-elle en riant. Je te connais, tu détestes ce genre de sorties. Je tentais juste ma chance, mais tant pis, j'irai avec une copine.

Liz s'était fait de nombreux amis par l'intermédiaire des enfants et grâce à ses activités de bénévole : elle n'aurait aucun mal à trouver quelqu'un pour l'accompagner. C'était le prix à payer quand on était mariée à un grand P-DG. La plupart du temps, Marshall était en réunion, en voyage d'affaires, au bureau de Los Angeles ou trop fatigué pour sortir. Il consentait à faire un effort quand Liz tenait vraiment à sa présence, mais ce n'était pas le cas cette fois-ci. Et elle avait l'habitude de s'occuper sans lui.

Le dîner terminé, Marshall prit une douche, puis se plongea dans une pile de rapports pendant que Liz se pelotonnait au lit avec un livre. Elle était allée dire bonne nuit à Lindsay, qu'elle avait trouvée au téléphone en train d'annoncer à ses amis qu'elle ne pourrait pas assister au concert. Sa fille lui avait jeté un regard noir, tout en acceptant quand même de l'embrasser.

Depuis le départ des garçons, les soirées étaient beaucoup moins animées. Liz regrettait leur absence. Heureusement, ils avaient choisi de poursuivre leurs études sur la côte Ouest, ce qui lui permettait de les voir de temps en temps. La maison serait bien trop calme lorsque Lindsay prendrait à son tour son envol. Pour ne rien arranger, elle les menaçait de s'inscrire dans une université de la côte Est.

Et ce, après son année sabbatique qu'elle comptait employer à voyager avec des amis... Liz n'avait plus qu'un an devant elle avant de se retrouver dans un nid vide. Cette perspective l'angoissait. Peut-être serait-ce l'occasion de suivre Marshall à Los Angeles, où il possédait un appartement... Jusque-là, elle n'avait pas voulu laisser sa fille seule à la maison : la tentation de faire des bêtises aurait été trop grande. Liz avait donc préféré se réserver pour les voyages plus importants, en Europe, au Moyen-Orient ou même à New York. Cela lui demandait certes un peu d'organisation, mais le jeu en valait la chandelle.

Il était plus de onze heures lorsque Marshall délaissa enfin son travail pour aller se coucher. La journée avait été longue, et il se levait tôt le lendemain pour se rendre à Los Angeles. Il prenait toujours le jet de l'entreprise, pour éviter les retards et les longues files d'attente de l'aéroport – un des nombreux avantages liés à sa fonction et dont il ne se privait pas. Liz en avait souvent profité, elle aussi, au cours de la dernière décennie ; une fois qu'on avait goûté à ce mode de transport, on n'avait plus envie de voyager autrement.

— Je suis crevé, annonça Marshall en la rejoignant au lit.

C'était sa façon de l'informer qu'il ne voulait pas faire l'amour ce soir-là. De toute manière, cela n'arrivait presque jamais la veille de son départ pour Los Angeles – Marshall craignait d'être trop fatigué le lendemain –, ni le soir de son retour. Ils attendaient le samedi ou le dimanche, ou sautaient carrément un week-end quand il était trop épuisé par ses parties de golf. Liz s'en satisfaisait pleinement. Qui connaissait encore des ébats passionnés au bout de vingt-sept ans de mariage ? Une moyenne de trois ou quatre relations sexuelles par mois, voilà qui lui semblait tout à fait honorable.

En quelques minutes, Marshall s'endormit profondément. Tandis qu'elle l'observait dans son sommeil, Liz ne put s'empêcher de sourire : il avait l'air d'un gamin. Encore en pleine forme physiquement, il n'était pas bien différent du jeune homme qu'elle avait rencontré près de trente ans plus tôt. Depuis, il était devenu son partenaire, son meilleur ami, et le père de ses enfants... En un mot, l'époux dont elle avait toujours rêvé.

3

La matinée du mardi fut chargée pour Fiona Carson, qui avait programmé deux interviews avec le *Washington Post* et le *L.A. Times* pour tenter d'apaiser les esprits après la révélation du *Wall Street Journal*. Soucieuse de conserver sa crédibilité, elle prit soin de ne pas démentir formellement la fermeture du site de Larksberry. L'idée était en discussion, expliqua-t-elle, et le public serait informé en temps et en heure de la décision du conseil d'administration. Pour changer de sujet, elle s'appliqua à souligner les avancées positives que l'entreprise avait accomplies sur d'autres fronts. Commencer la journée en déjouant les questions pièges de deux journalistes, ce n'était pas ce qu'on faisait de plus reposant. Mais Fiona devait – et savait – gérer les situations délicates.

Elle était en pleine réunion quand Marshall Weston embarqua pour Los Angeles à bord de l'avion privé de UPI. Avant le décollage, il échangea quelques mots avec Liz au téléphone et lui promit comme toujours de la rappeler le soir. Il avait oublié qu'elle allait au festival de cinéma.

— Je rentrerai tard, tu seras probablement couché, répondit-elle.

— J'ai prévu de dîner avec des collègues, mais ça ne devrait pas durer très longtemps. Je t'enverrai un texto avant d'aller me coucher.

Ce mode de communication se révélait bien utile quand il était en déplacement – et même au quotidien. Marshall et Liz l'avaient adopté sous l'influence de leurs enfants, plus particulièrement de Lindsay, qui possédait un BlackBerry depuis ses quatorze ans et passait son temps à converser par SMS avec ses amis.

Marshall voyageait seul dans le petit jet d'une capacité de douze places. L'hôtesse lui apporta un café. Elle avait mis à sa disposition le *New York Times* et le *Wall Street Journal*, soigneusement pliés sur la petite table à côté de son siège, mais Marshall préférait les lire en ligne. Au final, il employa toute la durée du trajet à éplucher des bilans financiers. Dès l'atterrissage, une voiture le conduisit aux bureaux de Los Angeles, où une première réunion l'attendait. Lorsqu'on le déposa à dix-huit heures devant son immeuble de Wilshire Boulevard à Beverly Hills, Marshall n'avait pas touché terre de la journée.

Une fois en ville, il congédiait généralement son chauffeur : il avait acheté une vieille Jaguar quelques années plus tôt, qui lui convenait parfaitement pour Los Angeles. Après avoir envoyé un texto à Liz pour lui souhaiter un bon festival, Marshall prit une douche puis descendit au parking récupérer sa voiture. Il fila tout droit vers l'océan, tourna à droite sur Pacific Coast Highway, en direction de Malibu. Malgré la circulation chargée de ce début de soirée, il était de bonne humeur : ses deux jours à Los

Angeles avaient toujours un petit goût de vacances, avec la chaleur et l'ambiance festive qui régnaient dans la ville.

Il lui fallut une demi-heure pour parvenir à l'adresse familière, une maison aux volets blancs, un peu délabrée, entourée d'une petite barrière légèrement penchée. Marshall s'arrêta devant le garage et coupa le moteur. Par terre, deux vélos roses abandonnés côte à côte. Il entra par la porte de service qu'il savait ouverte, longea une cuisine en désordre, puis pénétra dans une grande pièce lumineuse aménagée en atelier d'artiste, où une jolie jeune femme se concentrait sur une toile. Sa chevelure blonde et bouclée était en partie relevée sur sa tête. Elle portait, à même la peau, un marcel usé maculé de peinture, ainsi qu'un short en jean très court et des tongs en caoutchouc. Des taches de couleur parsemaient ses longues jambes galbées.

Elle parut surprise de le voir.

— Tu es déjà là ? dit-elle en s'asseyant sur son tabouret.

— Je t'avais dit que j'arriverais dès mardi.

— J'avais oublié.

Cela ne sembla pas lui déplaire. Au contraire, ses traits s'éclairèrent d'un large sourire tandis que Marshall s'avançait vers elle en la dévorant des yeux. Elle posa son pinceau et s'essuya les mains sur un torchon, même si elle savait qu'il se fichait d'avoir de la peinture sur son jean et sa chemise bleue : ce ne serait pas la première fois. Il l'attira dans ses bras, enfouit son visage dans ses cheveux, puis captura sa bouche en un baiser enflammé.

— Tu me manques tellement quand je suis à

San Francisco, murmura-t-il d'une voix rauque, les lèvres tout contre son cou.

— Tu connais la solution, répondit-elle sans acrimonie. Toi aussi, tu m'as manqué.

Elle l'embrassa de nouveau.

— Où sont les filles ? s'enquit-il.

— A la gym, avec la baby-sitter. Elles vont bientôt rentrer.

Marshall s'enroula autour d'elle comme un serpent, incapable de contenir son désir. Elle le désirait tout autant.

— C'est quand, bientôt ? chuchota-t-il.

— Dans une demi-heure, peut-être.

Sans attendre, il la souleva dans ses bras pour la transporter jusqu'à la chambre. La jeune femme était assez grande, mais légère comme une plume. Quelques instants plus tard, ils se débarrassaient en hâte de leurs vêtements et laissaient libre cours à la passion qui les consumait depuis huit ans.

Marshall avait rencontré Ashley Briggs alors qu'elle travaillait comme secrétaire intérimaire au bureau de Los Angeles ; le temps qu'elle termine son contrat d'un mois, ils couchaient déjà ensemble. Depuis lors, Marshall avait été incapable de se séparer d'elle, enivré par sa sensualité et sa féminité à l'état pur. Elle était devenue son obsession, l'amante de ses rêves.

Sachant qu'ils avaient la maison pour eux seuls, Marshall laissa éclater son plaisir avec un rugissement qui sonnait toujours comme une douce musique aux oreilles d'Ashley. Et tandis qu'il admirait la jeune femme étendue à ses côtés, il se demanda comment l'amour pouvait être chaque fois meilleur dans ses bras. Quand il la retrouvait après les quelques jours qu'il passait loin d'elle, il avait l'impression de retomber amoureux.

— Tu m'as vraiment manqué, cette semaine, tu sais.

— Toi aussi.

Ashley ne lui posait pas de questions sur son travail, ni sur sa vie à San Francisco. Elle ne voulait pas savoir. Ensemble, ils vivaient dans le moment présent, sans passé ni avenir.

Soudain, la porte d'entrée claqua, et des voix s'élevèrent au rez-de-chaussée. Les deux amants sautèrent dans leurs vêtements et sortirent précipitamment de la chambre avec un petit air coupable. Du bas de l'escalier, des jumelles aussi jolies et aussi bouclées que leur mère se précipitèrent à la rencontre de Marshall, manquant le faire tomber. Il les souleva toutes les deux dans ses bras en riant.

— Papa ! Tu es rentré ! s'écria joyeusement Kendall tandis que son père la chatouillait.

Pendant ce temps, Kezia s'accrochait à lui avec un sourire ravi. Kendall était l'aînée des jumelles, de quatre minutes seulement, mais elle ne manquait pas une occasion de le rappeler à sa sœur, revendiquant la priorité sur tout en vertu de son âge. Marshall les aimait autant l'une que l'autre. Les fillettes étaient comme deux anges apparus dans sa vie, et Ashley était l'ange gardien qui les lui avait apportés. Jamais il n'avait ressenti un amour aussi fort que pour elles trois. Ce qu'il partageait avec son épouse était totalement différent – et beaucoup plus rationnel.

— Comment c'était, la gym ? leur demanda-t-il comme s'il les avait quittées le matin même.

N'ayant rien connu d'autre, les filles avaient l'habitude de voir leur père seulement deux jours par semaine. Aujourd'hui, elles ne posaient plus de questions. Ashley leur avait expliqué que leur papa devait travailler à San Francisco les cinq autres jours et qu'il rentrait ensuite à la maison pour être avec elles. Le reste du temps, elle s'en occupait seule. Certes, la situation n'était pas toujours idéale, mais leur organisation semblait fonctionner. Et les années avaient filé.

La grossesse avait été un heureux accident. Ashley avait vingt-deux ans lorsque Marshall s'était épris d'elle, vingt-trois quand elle avait accouché de ses deux bébés. Et voilà comment elle se retrouvait à trente ans avec un homme qui ne pouvait se résoudre à quitter sa femme. Après lui avoir promis de l'épouser lorsqu'elle était tombée enceinte, Marshall s'était rétracté, arguant que ses enfants étaient trop jeunes pour qu'il les abandonne. Depuis, il avait avancé d'autres raisons. Ashley comptait sur le départ de Lindsay à l'université pour qu'il se décide enfin – il n'aurait alors plus d'excuses. Mais Marshall craignait le scandale. Les grandes entreprises n'appréciaient pas que leur P-DG entretienne une liaison avec une femme beaucoup plus jeune et fasse des bébés en dehors du mariage. Sa carrière risquait d'en pâtir, sans parler du cours des actions de UPI. Ashley avait eu du mal à entendre ces arguments, en particulier lorsqu'elle attendait les jumelles. Quand il lui avait annoncé qu'il ne divorcerait pas, elle avait pleuré, beaucoup. Mais aujourd'hui, les enfants de Marshall et de Liz étaient grands, et Ashley savait qu'il ne pouvait plus se passer d'elle. Bientôt, le moment viendrait où il quitterait son épouse et s'installerait à Los Angeles.

Pour la rassurer, juste avant la naissance de Kezia et Kendall, Marshall lui avait acheté cette maison, à Malibu. Il était prêt à lui en offrir une plus grande, mais Ashley avait choisi celle-ci, et elle y était heureuse avec les filles. Marshall s'y plaisait également. C'était pour lui l'endroit le plus douillet au monde, surtout lorsqu'il se retrouvait avec Ashley dans leur grand lit confortable... Pourtant, il se sentait bien aussi à Ross : il était attaché à Liz, à la vie qu'ils partageaient depuis tant d'années. En vérité, il aimait les deux femmes, qui se complétaient parfaitement. Jamais il ne l'avouerait à personne, mais il avait besoin de l'une autant que de l'autre.

— Ça vous dit, un restaurant ? lança-t-il à la cantonade.

— Oh oui ! s'écrièrent Kezia et Kendall.

L'atmosphère était à la fête quand Marshall débarquait à Malibu. Consciente que les filles ne le voyaient pas souvent, Ashley le laissait volontiers les gâter.

Ils rentrèrent du restaurant chinois bien après l'heure du coucher des jumelles. Ashley les mit au lit dans la chambre qu'elles partageaient au rez-de-chaussée, puis Marshall vint les border et leur faire le bisou du soir.

— Elles sont heureuses quand tu es là, fit remarquer Ashley lorsqu'il la rejoignit au lit.

— Moi aussi, je suis heureux.

Marshall venait d'envoyer un texto à Liz pour lui souhaiter une bonne nuit et lui éviter d'appeler à son retour du cinéma. Allongé auprès d'Ashley, il observa le plafond, dont il connaissait par cœur toutes les fissures et toutes les ombres. Combien de fois l'avait-il regardé, submergé par l'amour qu'il éprouvait pour Ashley ? Il n'imaginait pas vivre sans elle, de même qu'il ne pouvait se passer de sa femme. C'était là le plus grand tourment de sa vie.

Ashley connaissait l'existence de Liz, mais la réciproque n'était pas vraie, et Marshall tenait à ce que les choses restent ainsi. Il ne voulait pas faire de peine à son épouse ni détruire l'amour et le respect qu'ils se vouaient l'un à l'autre. Cependant, c'était bien dans la modeste maison de Malibu qu'il se sentait prendre vie. Lorsque Ashley avait eu ses premières contractions, Marshall avait sauté dans l'avion pour la rejoindre à la maternité, où il avait vu naître ses filles et avait coupé les deux cordons. Prétextant une série de réunions auxquelles il ne pouvait se soustraire, il était resté deux semaines complètes à Los Angeles pour aider Ashley à s'installer avec les jumelles et engager une nourrice. La jeune femme avait très mal vécu son départ, mais elle s'était montrée compréhensive.

Personne chez UPI n'était au courant de tout ça. Seuls les amis proches d'Ashley savaient qui était le père des filles. Et ils n'en pensaient pas beaucoup de bien... A leurs yeux, Marshall était un homme malhonnête qui menait une double vie, et qui n'avait pas idée du nombre de fois où Ashley avait pleuré en son absence. Mais elle faisait toujours bonne figure devant les filles, et leur présentait leur père comme un héros.

Marshall s'endormit dans les bras de son amante après lui avoir fait l'amour une dernière fois. La jeune femme était reconnaissante de chaque instant qu'il passait avec elle. Depuis huit longues années, elle vivait avec l'incertitude de leur situation, pendant qu'il réalisait tous ses fantasmes avec elle. C'était injuste pour elle et pour leurs filles, mais Ashley l'aimait, et elle s'accrochait à l'espoir qu'un jour ils pourraient enfin vivre ensemble sans avoir à se cacher.

4

Quand Marshall était à Malibu, Ashley avait le sentiment qu'ils formaient une famille ordinaire. Ils déjeunaient ensemble le matin, puis Marshall installait les filles sur la minuscule banquette de sa Jaguar Type E et les conduisait à l'école, ne manquant jamais de leur raconter des histoires drôles. Sa relation avec les jumelles ne ressemblait en rien à celle qu'il avait eue avec ses autres enfants. Le sport avait dominé ses rapports avec ses deux fils, de vrais petits durs. Lindsay, elle, s'était très tôt révélée ergoteuse et rebelle ; et sous l'influence de ses frères, qu'elle avait érigés en héros, elle s'était comportée comme un garçon manqué. Kezia et Kendall étaient tout l'inverse : féminines, câlines, charmeuses, aussi jolies et ensorcelantes que leur mère. A elles trois, elles composaient un tableau si saisissant que les gens se retournaient sur leur passage. L'amour que Marshall vouait à ses filles était un prolongement de ce qu'il éprouvait pour Ashley. Et les voir à ce point attachées à lui le comblait de bonheur.

Tandis que Liz gérait leur foyer avec une efficacité qui ne laissait que peu de place au jeu et à la fantaisie, Ashley était tellement originale, tellement créative, que tout prenait un tour enchanteur avec elle. Marshall n'aurait pas pu vivre ainsi au quotidien, mais pendant deux jours chaque semaine il avait l'impression d'être au royaume des fées – un royaume dont il était le roi. Comment résister à cela ?

A Los Angeles, il arrivait toujours de bonne humeur au travail et n'en repartait jamais très tard, pressé de retrouver Ashley. Le soir, ils dînaient au restaurant ou commandaient des plats chez un traiteur – Ashley était une artiste de talent, mais certainement pas une femme d'intérieur ni une bonne cuisinière. Un doux chaos régnait dans la maison. Auprès d'elle, Marshall se sentait rajeunir, oubliait ses soucis et ne pensait plus qu'à lui faire l'amour et à jouer avec les jumelles. Ces deux jours s'avéraient tout aussi magiques pour Ashley, dont l'existence avait fini par tourner exclusivement autour de Marshall et de leurs filles.

La séparation n'en était que plus dure le vendredi matin. Après avoir déposé Kezia et Kendall à l'école, Marshall revenait dire au revoir à la jeune femme – il n'était pas rare qu'ils fassent l'amour une dernière fois –, puis il partait au travail. Il prenait ensuite l'avion pour San Francisco aux alentours de midi, et passait quelques heures au bureau avant de rentrer à Ross. Une organisation savamment orchestrée. Quand bien même, cela lui déchirait le cœur de quitter Ashley en sachant qu'il ne la reverrait pas avant cinq jours, quatre s'il trouvait une excuse pour retourner plus tôt à Los Angeles. C'était parce qu'il souffrait du manque qu'il s'échappait au golf tout le week-end.

Invariablement, Ashley déprimait le vendredi après-midi. Dès le début de leur relation, elle avait accepté les règles établies par Marshall : ne pas chercher à le contacter, ni à San Francisco ni au bureau de Los Angeles, ni par téléphone ni par texto. Parfois, elle paniquait à l'idée de ne pas pouvoir le joindre. Et s'il leur arrivait quelque chose, à elle ou aux filles ? En cas d'urgence, elle était autorisée à le prévenir, bien sûr, mais c'était terrible malgré tout de ne pas pouvoir l'appeler simplement pour entendre sa voix. Quand il n'était pas chez elle, à Malibu, c'est comme s'il devenait un fantôme, et cette réalité l'accablait un peu plus à mesure que les années passaient. A trente ans, Ashley attendait davantage de la vie.

Lorsque son amie Bonnie lui rendit visite ce vendredi-là, elle la trouva assise dans son atelier, le regard perdu dans le vide. Ce n'était pas la première fois qu'elle lui voyait cette mine abattue, et elle en connaissait parfaitement la raison. Bonnie détestait Marshall pour ce qu'il faisait subir à son amie, et de surcroît, avec le plein consentement de cette dernière. Par amour pour lui et pour leurs filles, Ashley avait accepté de renoncer à la femme qu'elle était avant de le connaître et avait endossé le rôle de la maîtresse cachée. Elle vivait dans l'illusion qu'il finirait par quitter son épouse, quand Bonnie avait la certitude qu'il n'en ferait jamais rien, quoi qu'il dise.

Ashley portait les mêmes vêtements que la veille, parce qu'ils avaient gardé l'odeur de Marshall. Lui faisait exactement le contraire : il se changeait de pied en cap avant de repartir à San Francisco, pour ne pas éveiller les soupçons de sa femme. Ashley n'imaginait même pas à quel point il avait pensé au moindre détail. Il était devenu expert en double vie.

— Salut, murmura-t-elle en apercevant Bonnie.

— Je connais ce regard.

Bonnie était sa plus vieille amie – elles se connaissaient depuis l'enfance. Assistante de production sur des longs-métrages, elle travaillait par intermittence et se trouvait actuellement entre deux missions. Célibataire depuis un an, elle passait beaucoup de temps avec Ashley, ayant à cœur de la divertir et de lui faire oublier sa peine.

— Qu'est-ce que tu veux faire, ce week-end ? lui demanda-t-elle en allant chercher un Coca Light dans le frigo.

Bonnie suivait constamment un régime, sans jamais réussir à perdre ses cinq ou dix kilos en trop.

— Je ne sais pas, répondit Ashley d'une voix sombre. Il va peut-être pleuvoir.

— Ce n'est pas sûr. Et s'il pleut, on peut emmener les filles au cinéma.

Elle observa son amie en silence. Généralement, il lui fallait deux jours pour se remettre du départ de Marshall, mais il lui arrivait parfois de rester au fond du trou jusqu'à son retour. Bonnie ne supportait pas de la voir dans cet état.

— Combien de temps as-tu l'intention de subir ça, encore ? lâcha-t-elle soudain d'un ton exaspéré. Ça fait huit ans que ça dure. Tu sais très bien qu'il ne quittera pas sa femme tant qu'il pourra vous avoir toutes les deux. Et vu qu'elle n'est au courant de rien, c'est à toi de le pousser à prendre une décision. Il ne le fera pas sinon.

— Je ne peux pas, gémit Ashley. J'ai trop peur qu'il la choisisse.

— Il l'a déjà choisie en restant avec elle, rétorqua Bonnie. Il mène une double vie, avec tous les avantages de la situation, et c'est en train de te tuer à petit feu.

Elle en voulait autant à Marshall de faire souffrir son amie qu'à celle-ci de se laisser faire. Ashley participait à sa propre destruction, comme tant d'autres femmes avant elle, et Bonnie enrageait d'assister à ce spectacle sans pouvoir intervenir.

— Et... et s'il m'abandonne ? bredouilla Ashley d'un air paniqué.

— Ça fera mal, mais tu finiras par trouver quelqu'un d'autre. Un type bien, prêt à partager sa vie avec toi. Toute sa vie et pas seulement deux jours par semaine.

— Sa fille part à la fac dans un an. Je crois qu'il attend ce moment-là, il ne veut pas la perturber. Tu sais, c'est une gamine très difficile...

Ashley répétait les excuses que Marshall lui servait depuis des années. Bonnie les connaissait par cœur.

— Ce n'est plus une gamine, Ash. Si je me souviens bien, elle a seize ans. Marshall a toujours trouvé de bonnes raisons de ne pas divorcer : ses fils, sa femme, sa carrière... Tu ne te rends pas compte qu'il te mène en bateau depuis huit ans ?

Elle marqua une pause, exaspérée.

— Tu es la plus belle femme que je connaisse, même les actrices avec lesquelles je travaille ne le sont pas autant que toi. Mais le temps passe, Ashley. Un de ces jours, tu vas te réveiller, tu auras cinquante ans, et tu auras gâché ta vie avec un type marié qui te garde enfermée dans un placard. Tu mérites bien mieux que ça.

Ashley acquiesça ; son amie avait sans doute raison. Mais fréquenter Marshall, c'était comme jouer aux machines à sous à Las Vegas : l'espoir la poussait à continuer, encore un mois, encore un an... Elle commençait pourtant à le soupçonner de se satisfaire pleinement de cette situation. C'était plus facile pour lui de ne quitter ni son épouse, ni sa maîtresse. Et il voulait par-dessus tout éviter un scandale qui mettrait sa carrière en péril. Voilà ce qui le retenait vraiment, plus que la crainte de leur faire de la peine.

— Je te souhaite de rencontrer un mec super dont tu tomberas follement amoureuse, reprit Bonnie. Mais cela n'a aucune chance d'arriver si tu restes terrée ici, à attendre que Marshall daigne te rejoindre.

Il paraissait évident qu'Ashley n'était pas disponible émotionnellement. Elle aimait Marshall, davantage encore que huit ans auparavant, et n'avait plus de vie en dehors de lui. Elle se sentait unie à lui comme par les liens du mariage... à la nuance près qu'il était marié à une autre. Bonnie n'osait pas exprimer tout haut sa pire crainte : que, pour Marshall, Ashley ne soit qu'un bon coup. Cet homme ne lui inspirait aucune confiance.

— Et si on allait au cinéma avec les filles, ce soir ?

— Pourquoi pas, répondit Ashley sans grande conviction.

Bonnie était prête à tout pour lui changer les idées, même si la tâche promettait d'être difficile.

Avant d'aller chercher Kezia et Kendall à l'école, Ashley accepta de faire un tour sur la plage. Bonnie lui raconta des anecdotes amusantes sur le dernier tournage auquel elle avait participé. En voyant rire Ashley, elle eut l'impression de retrouver l'amie qu'elle avait connue autrefois : une jeune femme insouciante, belle et heureuse. Restait à espérer qu'elle aurait le courage de reconquérir son âme avant qu'il ne soit trop tard.

En arrivant à Palo Alto le vendredi après-midi, Marshall se rendit directement à son bureau, où l'attendaient plusieurs réunions importantes. Ses deux clients japonais débarquaient le soir même avec leurs épouses. Sa secrétaire avait réservé une table chez Gary Danko pour le lendemain soir, et Marshall leur avait promis deux journées de golf au country club de Lagunitas. Cette visite occupait toutes ses pensées : le marché qu'il espérait conclure avec eux était crucial pour UPI.

Sur la route qui le ramenait à Ross en fin de journée, il appela Ashley, qui lui dit son intention d'emmener les filles au cinéma avec Bonnie. Marshall n'appréciait pas cette dernière. Elle comptait parmi ses plus fervents détracteurs ; il était certain qu'elle tentait de monter la jeune femme contre lui. Néanmoins, il savait que sa relation avec Ashley était solide, qu'elle l'aimait autant que lui l'aimait. Ils étaient liés par les plaisirs de la chair, par la passion qui les dévorait, et par les deux petites filles qui en étaient les fruits. Cela comptait bien plus que tout ce que Bonnie pouvait dire.

Tandis qu'il traversait le pont du Golden Gate, Marshall se mit à penser à Liz et au week-end qu'ils avaient planifié pour leurs visiteurs japonais. Il ne doutait pas un seul instant qu'elle se montrerait parfaite, comme à son habitude. Le professionnalisme avec lequel elle s'acquittait de ses fonctions forçait le respect. Ashley était une artiste, une femme sensuelle qui donnait à Marshall l'impression d'être vivant, mais jamais elle n'aurait pu tenir le rôle d'épouse de P-DG avec autant de finesse et de génie. Les talents de Liz étaient essentiels à la bonne marche de sa vie professionnelle. C'était pour cette raison qu'il ne pouvait se résoudre à la quitter : en tant que dirigeant d'une des plus grosses entreprises du pays, il devait raisonner au-delà des sentiments.

Il rentra chez lui épuisé, comme chaque vendredi soir. Liz avait préparé un dîner léger. La maison était calme, Lindsay étant sortie avec des amis.

— Je crois que je vais aller me coucher tôt, annonça Marshall après avoir remercié Liz pour le repas.

Il lui déposa un baiser sur la tête.

— Je m'en doutais, répondit-elle. Tu as l'air fatigué. La semaine a été dure à Los Angeles ?

— On a eu beaucoup de réunions, mais tout semblait rentré dans l'ordre quand je suis parti.

Il monta à l'étage pendant que Liz débarrassait la table. Dans l'après-midi, elle s'était replongée dans son guide de conversation japonaise pour être en mesure d'accueillir convenablement leurs hôtes. Elle aurait pour mission de divertir les épouses pendant que les hommes parleraient affaires. Cela ne l'inquiétait nullement : chez elle, c'était une seconde nature. Liz éprouvait d'ailleurs beaucoup de satisfaction à aider Marshall dans son travail, bien plus que si elle avait exercé le métier d'avocate. Et elle savait combien son mari lui en était reconnaissant.

Avant qu'elle ne le rejoigne au lit, Marshall envoya un texto à Ashley pour lui répéter qu'il l'aimait, puis il en effaça aussitôt la trace. La jeune femme connaissait la règle : ne jamais répondre quand il était à Ross. Lorsque Liz monta se coucher, vingt minutes plus tard, il dormait déjà profondément. Ashley avait épuisé ses forces physiques. Liz s'allongea à côté de lui en souriant, heureuse qu'il soit de retour.

5

Le samedi matin, Fiona jouait au tennis avec sa sœur, quand elles n'étaient pas prises l'une ou l'autre par leurs occupations. Jillian avait six ans de plus qu'elle, mesurait un mètre quatre-vingts, était aussi brune qu'elle était blonde, et ressemblait autant à leur père que Fiona à leur mère. Résidant à Palo Alto, elle continuait de suivre des patients à l'école de médecine de Stanford depuis qu'elle y avait fait son internat en psychiatrie, vingt-cinq ans plus tôt. Jillian menait une belle carrière, qui lui valait le respect de ses pairs. Elle avait écrit deux ouvrages pour les profanes : l'un sur les dangers du mariage et les moyens de les éviter en préservant un bon équilibre au sein du couple ; l'autre sur le problème de la dépression dans notre société moderne. Elle travaillait actuellement à l'écriture d'un troisième livre, axé sur la façon dont le pouvoir et le succès affectaient différemment les hommes et les femmes.

Jillian n'avait pas voulu se marier ni avoir d'enfants. Elle était bien trop attachée à son indépendance. Cela ne l'avait pas empêchée de connaître plusieurs relations sérieuses et beaucoup d'histoires sans lendemain... En fait, elle ne restait jamais seule très longtemps. Mais au bout de quelques années avec le même partenaire, elle se lassait et s'en choisissait un nouveau après en avoir auditionné plusieurs. Quel que soit leur degré d'intelligence, elle les traitait tous comme des objets sexuels, ce qui, passé la surprise initiale, n'était pas pour leur déplaire. A cinquante-cinq ans, elle n'avait pas honte de vivre une sexualité débridée. Les hommes l'adoraient, et elle gardait de bons rapports avec eux même après avoir rompu. Quant aux enfants, elle expliquait que sa nièce et son neveu suffisaient à combler ses désirs de maternité. C'était une tante formidable, très proche de Mark et d'Alyssa, mais elle était convaincue qu'elle ferait une piètre mère. « Je suis trop égocentrique, disait-elle. Avec moi, un enfant ne recevrait jamais l'attention dont il a besoin. Et un mari non plus. »

— Tu sais que tu me sers de cobaye pour mon livre ? lança-t-elle à Fiona alors qu'elles faisaient une pause. En fait, je t'étudie depuis des années. Et voilà ce que j'ai conclu : chez les hommes, le pouvoir agit comme un aphrodisiaque, tandis que chez les femmes, c'est plutôt un anesthésiant.

Sur ces mots, elle frappa une balle de service puissante, que Fiona ne put rattraper tant elle était intriguée par l'affirmation de sa sœur.

— Tu en es le parfait exemple, continua Jillian. Depuis combien de temps tu ne t'es pas envoyée en l'air ?

Fiona s'offusqua :

— Tu crois vraiment que je vais répondre à cette question ?

— Si tu ne peux pas répondre, c'est que tu ne te

souviens même pas de la dernière fois que ça t'est arrivé.

— Bien sûr que si, je m'en souviens, rétorqua Fiona, vexée. C'était il y a deux ans...

— Deux ans ! C'est vraiment pas sérieux, pour une femme de ton âge. Surtout que tu ne fais pas tes quarante-neuf ans. Si tu n'avais pas aussi bien réussi dans la vie, tu pourrais sortir avec tous les mecs que tu veux. Le problème, c'est que ta carrière leur fout la trouille. Un homme de ton rang aurait toutes les minettes à ses pieds et ne se gênerait pas pour en profiter. Parce que les hommes de pouvoir se sentent désirables, le sexe les motive. Les dirigeantes, elles, sont plongées dans leur travail et oublient qu'elles sont des femmes. Pour elles, le succès est synonyme d'isolement.

Le match s'acheva, comme souvent, sur la victoire de Jillian. Il fallait qu'elle soit malade ou très fatiguée pour perdre.

— Je ne sais pas si le pouvoir m'anesthésie, répondit Fiona tandis qu'elles quittaient le court et se désaltéraient. Mais c'est sûr que c'est aliénant.

— Les femmes dans ta position ne peuvent pas se sentir séduisantes, dans la mesure où les hommes ne les regardent pas. Et ils ne les regardent pas parce qu'ils se croient menacés par leur pouvoir. Alors ils les traitent comme des confrères, ce qui a un effet dévastateur sur l'image qu'elles se font d'elles-mêmes.

— Peut-être, concéda Fiona. Je ne m'étais jamais figuré les choses ainsi.

— C'est bien ce que je dis. Tu ne penses même plus au sexe, tellement tu es occupée par ton travail.

Tous les P-DG que je connais ont des maîtresses, souvent peu recommandables, d'ailleurs. Tu as déjà vu une femme haut placée avoir une liaison avec un homme qu'elle aurait rencontré dans un pseudo-salon de massage ?

Fiona éclata de rire. Mais Jillian était très sérieuse.

— Regarde-toi. C'était quand, la dernière fois qu'on t'a invitée à dîner ?

— Je ne sais plus... Ça fait un moment, c'est vrai. Mais c'est aussi bien : j'ai connu les pires rendez-vous arrangés qu'on puisse imaginer.

— Toutes les chefs d'entreprise que j'ai interrogées m'ont dit la même chose. Bien souvent, elles tombent sur des salauds qui s'intéressent à elles pour les mauvaises raisons.

— Et comment tu expliques que mes collègues masculins s'amusent plus ?

— Parce qu'ils le cherchent, sans doute. Et puis, les hommes qui réussissent sont considérés comme des héros, alors que les femmes de pouvoir sont forcément des garces.

Malheureusement, Jillian avait raison. Fiona était bien placée pour le savoir, elle avait déjà subi les conséquences de ces stéréotypes. A la longue, cela lui avait coupé toute envie de s'engager dans une relation.

— Ce n'est pas juste, reprit sa sœur. Les femmes P-DG ne sont pas toutes des garces.

Fiona se mit à rire.

— Tu me rassures. Et moi, je fais partie des gentilles ou des méchantes, alors ?

— Tu dirais quoi, toi ? lâcha Jillian avec un petit sourire de psy.

— Je ne sais pas. Peut-être un peu des deux.

— Bienvenue parmi les humains, ma chère sœur. Moi non plus je ne suis pas tous les jours charmante, et pourtant je ne fais pas ton boulot.

— Je suis obligée d'être ferme, tu sais, sinon on me marcherait sur les pieds. Surtout le président du conseil... A l'époque où j'étais mariée, j'essayais de laisser mon armure au bureau et d'être simplement une femme quand je rentrais à la maison. A en croire David, j'ai lamentablement échoué.

— Regarde la fille qu'il a fini par épouser, répliqua Jillian. C'est ce genre-là qu'il apprécie. Tu voudrais vraiment lui ressembler ? Elle est très gentille, mais son plus grand accomplissement dans la vie, c'est de confectionner des lapins de Pâques et des flocons de neige en trois dimensions. Allons, Fiona, tu n'as pas envie de te contenter de ça.

Le contraire l'aurait déçue, Jillian tenait sa sœur en haute estime. Mais David n'avait pas su reconnaître les multiples talents de son ex-femme.

Malgré leurs choix de vie très différents, et bien que Jillian fût plus entière que Fiona, les deux femmes se ressemblaient sur certains points. Battantes et perfectionnistes, elles excellaient dans leurs domaines respectifs et se montraient plus exigeantes avec elles-mêmes qu'avec les autres. C'était sans doute une façon pour elles d'honorer les attentes de leurs défunts parents.

— Non, je ne voudrais pas ressembler à Jenny, répondit Fiona après un instant de réflexion. Mais je ne suis pas sûre que ma situation soit plus enviable. Tu remarqueras qu'il n'y a personne dans mon lit, le soir. Personne qui frappe à ma porte, le week-end. Ce n'est pas tout à fait normal.

— C'est ce que je te disais : les flocons de neige et les lapins de Pâques sont bien moins intimidants qu'une femme qui dirige une grosse société. Et si tu étais un mec, toutes les filles voudraient sortir avec toi.

— Tu me conseilles quoi, alors ? Changer de sexe pour avoir une chance de séduire ?

Fiona préférait en rire – elle ne se sentait pas désespérée le moins du monde. Certes, elle aurait apprécié de temps en temps d'avoir quelqu'un à qui parler le soir, ou à côté de qui se réveiller le matin, mais elle était convaincue d'être plus heureuse toute seule.

— Non, il te faut juste un gars qui ait du cran, qui ne soit pas jaloux de toi, et qui ait assez de jugeote pour voir au-delà du titre sur la porte.

— Cet homme n'est pas encore né, répliqua Fiona. Peut-être que je suis trop vieille…

— A quarante-neuf ans ?! N'importe quoi ! Tu pourrais vivre encore cinquante ans. Tu sais, j'ai un patient qui s'est marié l'an dernier à quatre-vingt-neuf ans, et il est en pleine forme. Même les personnes âgées tombent amoureuses.

— Oui, mais elles sont à la retraite. Moi, je n'ai pas beaucoup de temps libre, et j'ai l'impression que tant que je continuerai à faire ce travail, aucun homme n'osera m'approcher. Or il est hors de question que j'échange mon job contre un rendez-vous galant ! La situation actuelle me convient, c'est comme ça depuis six ans.

— Tu ne fais vraiment aucun effort, la réprimanda Jillian.

— Mais je te dis que je n'ai pas le temps ! Je me

tue au boulot toute la journée et, quand j'ai fini de lire les dossiers que je rapporte chez moi le soir, je n'ai même plus la force de me mettre en pyjama. Sans compter mes enfants, avec qui j'essaie de rester en contact et que je vois dès que je peux. Comment veux-tu que je rencontre quelqu'un ? De toute façon, si par miracle on m'invite au restaurant, une crise survient au boulot et je reçois quatorze coups de fil pendant le dîner. Aucun homme n'est prêt à supporter ça.

Les partenaires de Jillian se montraient nettement plus tolérants avec elle, malgré son caractère bien trempé.

— Quand tu trouveras le bon, il s'en accommodera, répondit-elle avec assurance. Il te faut peut-être quelqu'un qui fasse le même boulot que toi...

— Deux P-DG ensemble ? Bonjour le cauchemar ! Et puis, mes homologues masculins ne sont pas fous, ils ne sortent pas avec des bourreaux de travail comme moi. Ils choisissent plutôt des petites jeunes de vingt-deux ans, go-go danseuses ou actrices de porno. A côté, je ne fais pas le poids.

— Tu n'as pas rencontré les bons mecs, c'est tout.

— Ils n'existent pas. Ou alors ils sont mariés.

— Et trompent leurs femmes.

— Ceux-là ne m'intéressent pas.

— Peu importe, il faut que tu sortes plus. Que tu t'amuses un peu.

— Hum, c'est possible, concéda Fiona. Quand je serai en retraite.

Jillian lui lança un regard noir. Préférant changer de sujet, elle l'interrogea sur l'affaire de fuite d'informations confidentielles qui touchait actuellement NTA. Fiona lui résuma la situation, évoquant l'enquête qui allait être menée pour trouver le coupable. Jillian fut furieuse d'apprendre que Harding Williams lui en avait encore fait voir de toutes les couleurs.

— C'est quoi, son problème, bon sang ?

— Rappelle-toi, Jed Ivory était son meilleur ami à Harvard. Harding me tient pour responsable de son divorce. Depuis, il me traite comme une moins que rien.

— Pour l'amour du ciel, tu n'étais qu'une gamine ! Jed était déjà séparé de sa femme quand tu l'as rencontré. Et Harding oublie que son copain en a engrossé une autre pendant qu'il te faisait croire au grand amour !

— Il a toujours défendu Jed, parce qu'ils étaient ensemble à Princeton. Une question de solidarité masculine, d'esprit de corps entre anciens élèves... De toute façon, je crois que Harding déteste les femmes, exception faite de sa sainte épouse dont il nous rebat continuellement les oreilles.

— Je te parie qu'elle a de la barbe et de la moustache.

Fiona éclata de rire.

— C'est vrai que ce n'est pas une beauté, mais il a l'air de penser le contraire – tant mieux pour lui. J'aimerais juste qu'il me lâche les baskets, qu'il arrête de me punir pour le miniscandale que j'ai, selon lui, provoqué il y a vingt-cinq ans. C'est tellement vieux que j'avais presque oublié Jed quand j'ai recroisé la route de Harding. Difficile de croire qu'il m'en veuille encore.

Les deux sœurs rejoignirent leurs voitures, bras dessus bras dessous. Fiona aimait ces moments passés avec Jillian, qui se révélait toujours de bon conseil.

— Je pense que tu es sur une piste intéressante avec ce nouveau livre, lui dit-elle. Je n'y avais jamais réfléchi, mais c'est vrai que le pouvoir agit comme un aphrodisiaque chez les hommes.

L'idée selon laquelle le succès aurait un effet anesthésiant sur les femmes – et sur leur sexualité – lui plaisait en revanche nettement moins. Mais il y avait fort à parier que Jillian n'avait pas complètement tort.

— Oui, je crois que j'ai mis le doigt sur quelque chose, répondit cette dernière. Je le constate depuis des années chez mes patients. C'est fou comme les hommes ont tendance à se mettre dans le pétrin dès qu'ils ont du pouvoir. Ils montent des combines pas possibles, qu'aucune personne saine d'esprit ne tenterait. Ça finit par leur exploser à la figure et tout le monde est surpris. Moi, je ne le suis plus. Par contre, j'aimerais qu'il y ait un peu plus de fantaisie de ce genre dans ta vie, ajouta-t-elle en serrant sa petite sœur dans ses bras. Il faut que tu fasses des efforts.

— Pourquoi ? répliqua Fiona. Je suis heureuse comme ça, et je n'ai pas de temps à consacrer à une relation.

— Si, tu en as. C'est juste que tu n'as pas envie de le prendre et que tu as peur de souffrir à nouveau. Sous prétexte que tu as eu de mauvaises expériences, tu as arrêté de chercher.

— Peut-être.

— Les hommes bien, ça existe, insista Jillian. C'est juste que tu n'as pas eu de chance jusquelà. David n'était pas fait pour toi. Il était jaloux de ta carrière. Il aurait rêvé d'être à ta place, mais il n'avait pas la volonté de consacrer autant de temps que toi à son travail, et même, il n'aurait pas été assez intelligent pour atteindre ton niveau. Donc, il s'est vengé sur toi. C'est une réaction typique, quand une femme réussit mieux que son mari. Pas très honorable, mais typique.

— Je crois que ça m'a vaccinée du mariage, avoua Fiona.

— Mais pas des relations amoureuses, j'espère.

Fiona haussa les épaules.

— A quoi bon ? Toi non plus, tu n'as personne en ce moment.

Depuis quelques mois, Jillian faisait une pause. Le décès brutal de son dernier amant, victime d'une crise cardiaque à cinquante-neuf ans, l'avait beaucoup peinée. Ils avaient vécu une belle histoire pendant deux ans.

— On n'est pas pareilles, répliqua Jillian. Les relations à long terme te correspondent plus qu'à moi. J'aurais tué David au bout d'un an, avec ses idées archaïques. Mais vous avez eu deux gamins super, c'est au moins ça.

Fiona avait subi un nombre incalculable d'insultes et de brimades de la part de son mari. Par amour pour ses enfants, elle continuait à les encaisser sans broncher chaque fois qu'un événement important, comme une remise de diplôme, l'obligeait à le voir. David trouvait toujours une remarque désobligeante à lui faire. Cela ne l'atteignait pas, mais cela ennuyait

Mark et Alyssa, qui avaient maintes fois demandé à leur père d'arrêter – sans succès.

— On se voit samedi prochain ? demanda Fiona en ouvrant la porte de sa voiture. Tu m'en diras plus sur ton livre.

— Tu sais déjà tout, puisque tu le vis au quotidien, répliqua Jillian. Un de ces jours, il faudra que je t'interroge officiellement !

— Quand tu veux.

Fiona rentra chez elle d'excellente humeur et fut encore plus heureuse de trouver sa fille à la maison. Alyssa était venue laver son linge et récupérer des vêtements propres. Elle avait déjà fait main basse sur la jupe qu'elle convoitait.

— Alors, comment va tante Jill ? s'enquit-elle.

— Bien. Elle écrit un nouveau livre. Sur l'effet du pouvoir sur les hommes et les femmes. Selon elle, cela transforme les premiers en obsédés sexuels et les secondes en nonnes.

Alyssa sourit. Mais la théorie de Jillian l'intriguait, elle qui rêvait d'une carrière comme celle de sa mère, en dépit des embûches qu'il fallait déjouer. Elle n'ignorait pas que le travail de Fiona avait tenu un rôle majeur dans le divorce de ses parents. Mark avait quant à lui décidé de fuir le monde de l'entreprise, trop risqué à ses yeux et ne pouvant mener qu'à une existence malheureuse. Sachant ce que le succès avait coûté à sa mère, il lui semblait insensé que sa sœur ait envie de suivre la même voie.

Alyssa resta pour le déjeuner. Fiona prépara une salade, qu'elles mangèrent sur la terrasse au bord de la piscine. C'était une journée magnifique.

— Tu sais quoi, maman ? J'ai un nouveau petit ami.

Un sourire éclatant illuminait le visage d'Alyssa.

— Vraiment ? Comment est-il ? demanda Fiona, ravie que sa fille lui confie ses secrets.

— Très gentil. Il est en licence et fait partie de l'équipe de football. Il s'appelle John Weston – son père est le P-DG de UPI.

— Tu sors avec le fils de Marshall Weston ? s'exclama Fiona.

Elle avait eu l'occasion de rencontrer ce dernier à Washington, lors des sessions d'une sous-commission du Sénat.

— Marshall Weston est l'incarnation du parfait P-DG américain, ajouta-t-elle. Je crois qu'il a fait du football à l'université, lui aussi. En tout cas, il en a la carrure.

— Je sais, je l'ai rencontré le week-end dernier. C'est un de tes plus grands admirateurs.

— Il dit ça par politesse, répliqua Fiona en chassant le compliment d'un geste de la main. Dis-moi, c'est sérieux, avec ce garçon ?

Alyssa n'avait pas eu de relations durables depuis le lycée, mais quelque chose dans son attitude laissait supposer que c'était différent cette fois-ci.

— Peut-être, répondit-elle. C'est un peu tôt pour le savoir, mais en tout cas il me plaît beaucoup. On prend notre temps. Sa mère est super gentille, et j'ai bien aimé son père aussi. Johnny est très proche de lui. Il a un frère plus âgé qui étudie le droit à Berkeley, et une petite sœur qui les rend tous dingues. Elle est mignonne, mais c'est une sacrée emmerdeuse.

La description fit rire Fiona. Une famille comme les autres, en somme…

— Je te le présenterai peut-être le week-end prochain, proposa Alyssa.

— Avec plaisir.

Elles discutèrent ensuite des vacances d'été qui
approchaient : Alyssa avait prévu de partir avec des
amis, tandis que Mark en était encore au stade des
projets – peut-être un voyage en Afrique au mois
d'août avec sa petite copine. Et, comme chaque
année, Fiona louerait une maison à Malibu pendant
trois semaines en juillet. Il leur tardait de s'y réunir.

Alyssa repartit avec son linge sec en promettant
de passer dans la semaine. Fiona lui était reconnaissante de lui rendre visite aussi souvent. Comme sa
vie aurait été vide, sans ses enfants ! Tandis qu'elle
s'installait au bord de la piscine avec un peu de
lecture, elle repensa au conseil de sa sœur : faire
plus d'efforts pour rencontrer quelqu'un. Fiona doutait qu'elle puisse trouver l'homme idéal. Et quand
bien même, réussirait-elle seulement à lui faire une
petite place dans son quotidien ? Son statut actuel de
célibataire était tellement plus simple... Il n'y avait
personne pour lui reprocher sa carrière, personne
pour la critiquer à longueur de journée. Depuis six
ans, malgré quelques moments de solitude, elle se
sentait heureuse et sereine. Jillian avait donc bien
raison : le succès l'avait anesthésiée. L'amour lui
était devenu indifférent.

6

Le dîner chez Gary Danko se déroula sans accroc. Les clients japonais furent séduits par la qualité des mets, et ils discutèrent affaires toute la soirée avec Marshall pendant que Liz faisait la conversation à leurs épouses.

— Je crois que le marché est en bonne voie d'être conclu ! lui confia Marshall, enchanté, sur le chemin du retour.

Comme d'habitude, Liz avait été parfaite – charmante, polie, discrète… Il se sentait tellement redevable, tellement chanceux de l'avoir à ses côtés, qu'il lui fit l'amour ce soir-là. Mais immédiatement après, alors qu'il la tenait encore dans ses bras, il ne put s'empêcher de penser à la jeune femme qu'il aimait depuis huit ans à Los Angeles, et dont il connaissait par cœur chaque centimètre carré de peau. La force de son désir pour Ashley était telle qu'il lui fallut se retenir de l'appeler rien que pour entendre sa voix.

Après presque trente ans de vie commune, ses rapports sexuels avec Liz étaient devenus mécaniques, routiniers, alors que tout n'était que passion et envoûtement avec Ashley.

Tard dans la nuit, n'arrivant pas à dormir, il lui envoya un texto enflammé depuis sa salle de bains.

Le dimanche matin, Marshall retourna jouer au golf avec ses hôtes japonais. Lorsqu'ils se quittèrent, quelques heures plus tard, les deux hommes lui confirmèrent qu'ils acceptaient le marché. Le week-end avait été une réussite.

Ce soir-là, John vint dîner avec Alyssa. Liz et Marshall appréciaient beaucoup la jeune femme. Même Lindsay la Terrible, impressionnée par l'étendue de ses connaissances en matière de rap, décréta qu'elle était « cool ». Lorsque les deux jeunes gens reprirent la route du campus, Alyssa assura à John que sa petite sœur n'était pas si difficile que cela. Ils restèrent un long moment dans la voiture, à bavarder et à s'embrasser, avant de regagner chacun leur logement. D'avoir rencontré Marshall et Liz, qui formaient à ses yeux un couple parfait, Alyssa regrettait de ne pas avoir connu le même bonheur que John : celui de grandir avec des parents qui s'aiment et se respectent.

Le lendemain, Fiona passa une journée épouvantable. Elle s'était une fois de plus accrochée avec Harding Williams au sujet de l'enquête, qu'il s'obstinait à qualifier de « chasse aux sorcières », et elle s'en voulait d'avoir perdu son sang-froid. Elle était tellement lassée de son arrogance et de son attitude supérieure ! Il s'en était fallu de peu qu'elle ne le traite de vieil imbécile...

Quand sa fille l'appela, en plein milieu d'après-midi, elle fut heureuse pour une fois d'être distraite de son travail. Au moins une voix aimante... Ce qu'Alyssa lui raconta de son dimanche avec John confirmait l'a priori positif qu'elle avait de Marshall Weston. Un homme qui avait une famille aussi solide ne pouvait qu'être respectable. Fiona avait hâte de rencontrer son fils.

La journée de Marshall avait bien mieux démarré. La signature du contrat avec les Japonais l'avait mis de bonne humeur, et il savait que les administrateurs et les actionnaires seraient satisfaits. Pour lui, il s'agissait d'un joli coup, conclusion heureuse de plusieurs mois de travail acharné. Mais alors qu'il finissait de dicter son rapport au président du conseil, Marshall reçut un appel du conseiller juridique de UPI, qui souhaitait le rencontrer au plus vite. En fin d'après-midi, Simon Stern se présenta dans son bureau ; après avoir échangé avec lui quelques banalités, il alla fermer discrètement la porte. Marshall était bien loin d'imaginer les raisons d'un tel mystère.

— Nous avons un problème, commença Simon, la mine grave. Un avocat nous a contactés aujourd'hui. Il semblerait qu'une ancienne employée, Megan Wheeler, ait l'intention de vous poursuivre en justice pour harcèlement sexuel et licenciement abusif. Elle prétend avoir eu une liaison avec vous il y a deux ans ; vous lui auriez obtenu un poste, avant de la renvoyer quand elle a voulu mettre fin à votre relation.

Simon Stern se tut, attendant nerveusement la réaction de Marshall. Celui-ci n'aurait pas eu l'air plus choqué s'il lui avait déposé une bombe sur les genoux.

— Vous plaisantez ? Cette fille est complètement folle !

— C'est possible.

Simon Stern priait pour que la jeune femme abandonne sa plainte, mais il n'avait guère d'espoir. D'après son expérience, les personnes qui intentaient un procès pour harcèlement sexuel se montraient très déterminées. Il s'agissait généralement de femmes qui s'étaient senties humiliées, soit à cause d'une aventure mal vécue, soit parce qu'elles avaient été éconduites ; dans un cas comme dans l'autre, elles ne renonçaient pas avant d'avoir obtenu vengeance – et beaucoup d'argent.

— Vous la connaissez ? demanda-t-il à Marshall.

— Son nom me dit vaguement quelque chose. Je crois qu'on avait fait appel à elle pour organiser des événements clients, mais je serais incapable de vous la décrire. Ce qui est certain, c'est que je n'ai jamais eu de liaison avec elle !

— Elle dit qu'elle a été votre maîtresse pendant huit mois et que vous vous retrouviez régulièrement à l'hôtel. Vos souvenirs sont bons, elle était effectivement organisatrice d'événementiel. Je ne sais pas pour quelle obscure raison on l'a salariée au lieu de la garder comme contractuelle... Mais selon elle, c'est vous qui lui avez proposé ce poste – et elle a été rondement payée pour l'occuper. J'ai vérifié auprès des ressources humaines, elle apparaît sur le registre du personnel pendant sept mois. Au niveau du timing, son histoire colle.

— Je vous jure que je n'ai jamais couché avec elle ! insista Marshall, désespéré.

Il avait l'impression de voir toute sa carrière défiler

devant ses yeux, sur le point de s'achever dans la honte et la disgrâce.

— Elle prétend avoir des preuves de votre relation, des lettres et des e-mails truffés d'allusions sexuelles.

Simon ne comprenait pas comment Marshall aurait pu être assez stupide pour laisser des traces écrites de sa liaison – si toutefois celle-ci avait réellement existé. Quoi qu'il en soit, il était obligé de lui rapporter tous les propos de l'avocat.

— Et ce n'est pas tout, continua-t-il. Apparemment, Megan Wheeler a survécu à un cancer du sein, ce dont vous étiez au courant, selon elle. Or, les lois qui encadrent le licenciement des anciens malades sont encore plus sévères que celles qui punissent le harcèlement sexuel. Elle nous tient à la gorge. Et si cette histoire arrive aux oreilles d'un journaliste, ce ne sera vraiment pas bon pour nous.

— Cette femme ment! s'indigna Marshall, le teint blême. Je n'ai jamais fait d'avances sexuelles à personne. Je ne suis pas idiot à ce point!

— C'est bien ce que j'ai pensé, le rassura Simon. Il faut attendre de voir les preuves en question – si ça se trouve, elle a rédigé ces lettres elle-même et on sera en mesure de le prouver. En tout cas, son avocat a attaqué fort. Ça n'a pas l'air d'être un tendre. Il touche peut-être des honoraires en fonction du résultat, auquel cas il attend un règlement à l'amiable. Et s'il y a du vrai dans cette histoire, c'est ce que nous ferons, avec l'accord du conseil, évidemment. Je pense que les administrateurs voudront à tout prix éviter le scandale. L'avocat nous a prévenus qu'on recevrait une convocation la semaine prochaine. Je crois qu'il faut en discuter avec Connie au plus vite.

Connie Feinberg, présidente du conseil d'administration, était une femme intelligente et raisonnable. Marshall l'appréciait beaucoup, mais qui savait comment elle réagirait ? L'entreprise n'avait jamais connu de procès pour harcèlement sexuel à un si haut niveau – et Marshall jusque-là avait joui d'une réputation irréprochable.

— Elle demande combien ? s'enquit-il d'une voix étranglée.

Il se voyait déjà licencié, sa carrière brisée, son honneur bafoué... Les larmes lui montèrent aux yeux tandis qu'il pensait aux répercussions que cela aurait sur Liz et les enfants.

— Elle demande un million de dollars, répondit Simon. L'avocat nous a fait comprendre qu'elle se contenterait de ça, mais qu'ils en réclameraient cinq s'ils devaient aller jusqu'au procès. Quelque chose me dit qu'elle ne lâchera pas l'affaire. Et il a bien insisté sur le fait que c'était une revendication légitime...

— N'importe quoi ! Je n'ai jamais couché avec cette femme. Je me souviens d'elle, maintenant. Elle était un peu vulgaire, habillée comme une poule, mais elle nous a organisé plusieurs manifestations qui ont bien marché. Et après ça, je ne l'ai jamais revue.

— Je vous crois, Marshall. Je suis navré de cet incident. Malheureusement, il y a des personnes malhonnêtes en ce bas monde, et les hommes de votre position sont pour elles des cibles évidentes.

Marshall acquiesça, écœuré. Outre Connie Feinberg, il allait devoir prévenir Liz, au cas où cette histoire paraîtrait dans la presse. Ashley aussi, et ses enfants... C'était un vrai cauchemar, et il aurait payé cher pour se réveiller.

— J'appellerai Connie, dit-il en soupirant. Qu'est-ce qu'on fait, maintenant ?

— S'il y a une parcelle de vérité dans les propos de cette femme, on négociera. Pour le moment, on attend. Son avocat doit nous transmettre les copies des fameux courriers – et il y aurait aussi des photos. J'imagine que tout est faux. Vous n'êtes pas le premier patron à qui cela arrive, et pas le dernier non plus. En tout état de cause, nous devons attendre les directives du conseil.

Marshall resta assis un long moment à son bureau après le départ de Simon, les larmes aux yeux, puis il appela Connie Feinberg à son domicile. A la tête d'une entreprise familiale respectée, Connie faisait une excellente présidente du conseil. Lorsque Marshall lui exposa la situation, elle parut contrariée, mais pas vraiment surprise : elle avait déjà connu des affaires similaires. Son propre frère avait été poursuivi pour harcèlement sexuel, avant que son accusatrice ne soit confondue et ne retire sa plainte.

— J'apprécie votre appel, Marshall, dit-elle gentiment. C'est une fâcheuse histoire, mais au moins, cette femme ne vous accuse pas de l'avoir violée – ça s'est déjà vu. Avec un peu de chance, l'histoire se tassera sans faire trop de vagues. Toutefois, même si elle ment, cela peut valoir le coup de négocier un dédommagement raisonnable. Certes, on céderait à une tentative d'extorsion, mais il pourrait s'avérer plus judicieux de payer pour protéger votre réputation et la nôtre, plutôt que d'opposer votre parole à celle d'une femme rapace capable d'aller jusqu'au procès. Je vais organiser une audioconférence avec les membres du conseil, et je vous ferai part de leurs sentiments à ce sujet. En ce qui me concerne, je suis d'avis d'acheter son silence avant que cela n'aille plus loin.

— Mais ce serait lui donner raison ! répliqua Marshall. Je refuse de reconnaître une faute que je n'ai pas commise. Et cela me désole d'imaginer que UPI pourrait perdre de l'argent au profit de cette folle.

— Parfois, c'est comme ça que notre justice fonctionne, répondit Connie avec pragmatisme.

Ils savaient tous deux que les arrangements à l'amiable étaient monnaie courante, que la plainte soit fondée ou non.

— Ces quinze dernières années, vous avez été un formidable atout pour cette entreprise, ajouta-t-elle. Et encore plus depuis que vous êtes P-DG. Nous avons le devoir de vous protéger contre ce genre d'attaques. Votre réputation nous est aussi chère que la nôtre. J'imagine que c'est une situation très pénible pour vous et votre femme.

— Je ne lui ai encore rien dit. J'ai préféré vous appeler dès que j'ai appris la nouvelle.

— Et je vous en remercie. Attendons de voir où cela nous mène. Je crois que Simon devrait se préparer à négocier un arrangement, si cette solution vous convient.

— Je ferai ce qu'il y a de mieux pour UPI, répondit-il sombrement.

Marshall fit le trajet du retour dans un état second. Qu'allait-il dire à Liz ? Par chance, Lindsay dînait chez son petit ami. Lorsqu'il s'assit à la table de la cuisine, Liz comprit aussitôt qu'il était arrivé quelque chose de grave. Il lui exposa la situation, avant d'éclater en sanglots.

— Je ne comprends pas... Je n'ai jamais adressé la parole à cette femme ! Jamais je ne ferais du mal à l'entreprise, à toi ou aux enfants.

Liz le serra dans ses bras tandis que ses larmes coulaient de plus belle. Il lui fallut une demi-heure pour se ressaisir.

— Je ne crois pas un mot de ce qu'elle dit, lui assura-t-elle. On s'en sortira, Marshall, quel que soit le prix à payer. Tu sais que tu es innocent, c'est l'essentiel.

Ils étaient encore dans la cuisine quand Connie Feinberg rappela :

— Je tenais à vous rassurer, Marshall, le conseil vous soutient à cent pour cent. Vous êtes trop précieux à l'entreprise pour qu'on vous laisse tomber sur ce coup-là. Nous avons décidé à l'unanimité de négocier avec Megan Wheeler pour nous sortir au plus vite de ce mauvais pas. Pas question de se montrer agressifs avec elle, elle risquerait de se tourner vers les médias.

— Je ne sais comment vous remercier, répondit Marshall d'une voix remplie de gratitude.

Liz et lui discutèrent jusqu'au retour de Lindsay, après quoi ils allèrent se coucher. Ils avaient décidé de ne pas informer les enfants, jugeant inutile de les inquiéter si l'affaire pouvait être réglée discrètement en interne.

Marshall était ébranlé par les accusations de Megan Wheeler. Cette nuit-là, il dormit très peu, et il se réveilla avant l'aube. Après avoir attendu un long moment allongé pour ne pas déranger Liz, il sortit du lit et alla regarder le lever du soleil par la fenêtre.

— Déjà debout ? murmura Liz.

— J'ai peur.

Elle le rejoignit et l'enlaça par la taille.

— Tout va s'arranger.

— Je ne te mérite pas, dit-il humblement.

— Bien sûr que si.

Et elle le pensait de tout son cœur.

Au volant de son Aston Martin, Marshall se rassura peu à peu en songeant au soutien et à la confiance inébranlable de sa femme. Il n'était pas tant à plaindre, malgré tout. Sa seule hâte à présent était de régler ce problème au plus vite, pour qu'il ne soit plus qu'un mauvais souvenir.

7

Le mercredi, Marshall ne se rendit pas à Los Angeles comme il en avait l'habitude. Une confrontation avait été programmée le matin, dans une salle de conférences de UPI, entre Simon Stern et lui d'un côté et Megan Wheeler et son défenseur de l'autre. La jeune trentenaire portait des stilettos et une robe noire moulante qui, bien que peu adaptés à la circonstance, mettaient en valeur sa silhouette spectaculaire. Elle regarda Marshall droit dans les yeux pendant que son avocat exposait les chefs d'accusation. Il décrivit les préjudices subis par sa cliente du fait de son licenciement, expliquant qu'elle avait dû fermer son agence de communication événementielle lorsqu'elle avait été embauchée par UPI et qu'elle n'avait pas réussi à relancer son activité après avoir été renvoyée. Marshall serra les dents quand l'homme évoqua la détresse émotionnelle dans laquelle leur liaison l'avait plongée.

L'avocat remit ensuite une enveloppe kraft à Simon Stern, qui en sortit deux lettres ainsi que plusieurs e-mails supposément rédigés par Marshall. Simon les lut sans ciller, avant de les tendre à l'intéressé. Aucun des courriers, écrits à l'ordinateur, n'avait été signé, mais il y était question des nuits que Marshall et Megan Wheeler étaient censés avoir passées ensemble, avec force détails des actes sexuels auxquels ils s'étaient livrés. C'en était pénible à lire.

— Qu'est-ce qui nous prouve que Mme Wheeler n'a pas inventé ces lettres de toutes pièces ? demanda Simon.

Pour toute réponse, l'avocat lui tendit une autre enveloppe. Celle-là contenait trois photos. Sur deux d'entre elles, la jeune femme apparaissait en tenue d'Eve dans des positions suggestives. Le photographe était visible dans un miroir, et il ressemblait fort à Marshall. Le troisième cliché montrait ce dernier endormi sur un lit, complètement nu. Les images, tirées d'un vrai appareil et non d'un téléphone portable, ne semblaient pas avoir été trafiquées. C'était la preuve irréfutable que Marshall Weston et Megan Wheeler avaient eu des relations sexuelles ensemble.

Sans un mot, Simon remit les photos à Marshall, qui blêmit en les découvrant. Imperturbable, Megan Wheeler continuait de le fixer du regard. Pour elle, c'était du business tout ça. Il n'était pas question de promesses non tenues, de cœur brisé ou d'amour déçu. Elle voulait se venger. Et sa colère avait un prix.

Simon rangea les clichés dans l'enveloppe. Il s'agissait de copies – la jeune femme conservait sans doute les négatifs comme moyen de pression.

— Nous sommes prêts à offrir un million de dollars à Mme Wheeler à titre de dédommagement, déclara le conseiller juridique de UPI. En échange, nous demandons une confidentialité totale sur cette affaire et la rétractation de ses accusations contre M. Weston.

Les membres du conseil d'administration avaient donné leur feu vert pour deux millions maximum : à leurs yeux, Marshall les valait, étant le P-DG le plus compétent que l'entreprise ait jamais eu à sa tête. Peu leur importait qu'il soit coupable ou innocent – ils souhaitaient juste que Megan Wheeler disparaisse, si possible avant de livrer Marshall et UPI en pâture aux journalistes. Mais pourquoi avait-elle attendu plus d'un an pour se décider à consulter un avocat ?

Celui-ci, cependant, ne semblait pas impressionné par la proposition de Simon.

— Je dois vous informer que nous avons publié un communiqué de presse ce matin, annonça-t-il sans montrer la moindre émotion. Il y est expliqué que M. Weston a entretenu une liaison avec Mme Wheeler, qu'il l'a fait licencier et que nous le poursuivons pour harcèlement sexuel.

Marshall sentit la nausée l'envahir. L'homme respirait la malhonnêteté, mais il était visiblement très malin – tout comme sa cliente. Simon Stern s'efforça de rester impassible.

— Vous avez pris là une décision prématurée et bien peu judicieuse. Nous étions disposés à négocier avec vous en toute bonne foi.

— Il n'y a pas de bonne foi dans cette affaire, répliqua sèchement l'avocat. Votre client s'est servi de son pouvoir et de son influence pour obtenir un poste à Mme Wheeler, très certainement pour l'inciter à coucher avec lui, puis il l'a renvoyée quand elle a voulu mettre fin à cette relation. Il savait de surcroît qu'elle avait subi une chimiothérapie et une radiothérapie six mois plus tôt en traitement d'un cancer du sein. Il a profité de sa faiblesse d'une manière répugnante. C'est clair comme de l'eau de roche.

— Ce qui me semble clair à moi, c'est que votre cliente veut être payée très cher pour avoir couché avec M. Weston. Cela porte un nom, monsieur : c'est de l'extorsion. Et le fait que vous ayez prévenu les médias ne simplifie pas les choses. Ce faisant, vous avez terni la réputation de mon client. Pourquoi verserions-nous la moindre indemnité à Mme Wheeler ?

Simon se tut un instant, laissant le silence planer dans la salle de conférences, puis reprit :

— Si nous acceptons de la dédommager, elle devra rétracter publiquement ses allégations. Nous vous demanderons également de nous remettre les négatifs de ces photos ainsi que les originaux des courriers. Quant au règlement, nous n'irons pas au-delà de deux millions. C'est notre dernière offre.

D'un regard, Simon intima l'ordre à Marshall de se taire. Ce dernier ne pouvait cacher la haine qu'il éprouvait à l'égard de Megan Wheeler, dont les yeux brillaient de satisfaction.

— Il me semble que la réputation de votre P-DG devrait valoir bien plus, répliqua l'avocat, qui cherchait à savoir jusqu'où il pouvait aller.

Mais Simon était à bout de patience. Même s'il déplorait la situation délicate dans laquelle Marshall les avait placés, son rôle était de l'en sortir, et non pas de le juger. Le conseil d'administration avait choisi de le soutenir, quoi qu'il arrive.

— Nous ne céderons pas au chantage, prévint-il calmement. Il s'agit d'une négociation, et nous vous proposons deux millions. Si vous refusez, nous irons au procès, et nous gagnerons.

Avec les photographies, rien n'était moins sûr... Mais Simon n'avait pas l'intention de capituler.

— J'estime qu'en tant que rescapée d'un cancer du sein Mme Wheeler mérite au moins trois millions, insista l'avocat.

— Ce n'est pas M. Weston qui lui a donné ce cancer.

Sur ces mots, Simon se leva et fit signe à Marshall d'en faire autant. Alors qu'ils se dirigeaient vers la porte, l'avocat consulta sa cliente du regard, et celle-ci acquiesça d'un signe de tête. Deux millions, cela lui suffisait. Elle ne voulait pas risquer de tout perdre.

— Nous acceptons votre offre, annonça le juriste.

— Très bien. J'imagine que cette histoire a été relayée partout dans la presse et sur Internet. D'ici à la fin de la journée, j'attends une rétractation complète de la part de votre cliente, ainsi qu'un accord de confidentialité signé de sa main, déclara Simon d'un ton glacial.

— Dès que nous aurons le chèque, répliqua l'avocat en se levant à son tour.

— Je vais vous le rédiger de ce pas.

Simon et Marshall quittèrent la salle de conférences, avant de prendre l'ascenseur en silence.

— Je suis désolé, lâcha Marshall lorsqu'ils furent parvenus à son bureau. Je ne savais pas qu'elle avait ces photos. Je devais être vraiment soûl. Ou alors elle m'a drogué.

Simon ne fit aucun commentaire. Megan Wheeler

ne l'avait pas drogué pendant huit mois, ni forcé à lui obtenir un emploi... Non content de leur avoir menti, Marshall venait de faire perdre deux millions de dollars à l'entreprise.

— Je vais appeler Connie tout de suite, murmura-t-il.

Simon opina et prit congé. Il devait rédiger l'accord de confidentialité et l'envoyer à l'avocat de Megan Wheeler dans l'après-midi.

Ce fut l'un des pires appels que Marshall ait jamais eu à passer. Forcé d'avouer la vérité à Connie Feinberg, il proposa de payer les deux millions de sa poche.

— Cela finirait par se savoir, et le scandale serait alors inévitable, répondit-elle. Non, notre seul recours, c'est de la dédommager avec l'argent de UPI. Les grosses sociétés règlent souvent les conflits à l'amiable pour éviter les procès ; si vous payez vous-même, cela ressemblera à du chantage. En revanche, on peut envisager de soustraire ces deux millions à votre prime de fin d'année, si le conseil d'administration en décide ainsi.

La sanction paraissait bien clémente en comparaison de ce que Marshall aurait pu craindre. Il était prêt à renoncer à deux millions de dollars, si cela lui permettait de sauver sa peau et sa carrière.

— Le conseil conclura certainement que c'est le prix à payer pour avoir un P-DG de votre qualité, reprit Connie. D'autres entreprises ont connu des situations similaires, et tout le monde a survécu. Les gens finiront par oublier.

— Je ne trouve pas les mots pour vous exprimer ma gratitude et mes regrets, répondit Marshall. Je peux vous promettre que cela ne se reproduira plus.

— J'en suis convaincue. Je sais que ces choses-là arrivent. Espérons juste que c'était la première et la dernière fois. Je vais demander à Simon de rédiger la déclaration que cette femme doit faire à la presse.

— Je crois qu'il y travaille en ce moment.

— Très bien. Nous dirons aux actionnaires que nous avons préféré payer des dommages et intérêts pour nous épargner le coût, la perte de temps et la mauvaise publicité d'un procès.

C'était aussi ce que Marshall comptait expliquer à sa femme, qui n'avait aucune raison d'apprendre l'existence des photos et des lettres. Il l'appela donc et la prévint qu'elle risquait de lire des histoires déplaisantes dans la presse, mais que celles-ci serait démenties dans la soirée, ou le lendemain au plus tard.

— Tu es sûr que ça va ? lui demanda-t-elle d'une voix paniquée.

— Tout sera bientôt rentré dans l'ordre. Megan Wheeler refusait de retirer ses accusations si on ne lui payait pas des dommages et intérêts. C'est de l'extorsion, mais le conseil ne voulait pas d'un procès, même si on avait toutes les chances de le gagner. Tu ferais bien de préparer les enfants à ce qu'ils vont entendre aux informations. Dis-leur que ce ne sont que des mensonges.

Marshall téléphona ensuite à Ashley. Il lui expliqua d'une voix calme qu'une ancienne employée, qui n'avait pas supporté d'être licenciée, tentait de se venger en l'accusant de harcèlement sexuel.

— Qu'est-ce que c'est que cette histoire ? demanda Ashley, aussitôt méfiante.

— Une folle qui a voulu soutirer de l'argent à

l'entreprise. Ça arrive. On a été obligés de négocier pour se débarrasser d'elle, et elle va reconnaître publiquement dans la journée qu'elle a tout inventé.

— Vraiment ? Est-ce que vous n'avez pas plutôt acheté son silence parce qu'elle disait la vérité ?

Ashley posait les bonnes questions, mais Marshall avait préparé ses réponses :

— Si elle disait la vérité, elle n'aurait pas accepté un arrangement à l'amiable, parce qu'elle aurait gagné le procès. Je n'ai jamais couché avec cette femme, Ashley. Elle ment. Liz me croit, et le conseil aussi. Pas toi ?

Il paraissait blessé qu'elle doute de sa bonne foi. La jeune femme hésita avant de répondre.

— Je te connais mieux que Liz. Et je suis bien la preuve que tu es capable d'avoir une liaison dans son dos.

— Je ne nous considère pas comme une liaison, répliqua-t-il, peiné. Notre couple a tenu plus longtemps que la plupart des mariages. Nous avons deux enfants et, je l'espère, un avenir. Cette femme a surgi de nulle part, c'est juste une bimbo qui s'est trouvé un avocat malhonnête pour nous extorquer de l'argent.

— J'espère sincèrement que c'est l'entière vérité, murmura tristement Ashley.

— Je n'ai pas besoin de coucher avec une autre que toi, lui assura-t-il avec émotion. Je viens à Los Angeles demain, on pourra en reparler. Je voulais juste te prévenir de ce que tu risquais d'entendre aux informations aujourd'hui, et te dire de ne pas t'inquiéter.

Ashley était troublée. Lorsqu'elle regarda le journal télévisé à midi, elle crut se sentir mal. L'histoire sonnait vrai à ses oreilles. Cinq minutes plus tard, elle reçut un coup de téléphone de Bonnie, qui venait d'apprendre la nouvelle sur Internet.

— Qu'est-ce qui se passe, avec Marshall ? demanda-t-elle, stupéfaite.

— Il dit que cette femme est folle, qu'elle en a juste après l'argent de UPI. Ça arrive aux grandes entreprises : les gens brandissent la menace d'un procès pour obtenir un règlement à l'amiable.

— Je me demande combien ça a pu leur coûter, répondit Bonnie cyniquement.

Ashley ne voulut pas avouer ses propres doutes ; elle ne savait plus que croire. Cette affaire avait ébranlé sa confiance en Marshall.

A quatorze heures, le chèque était établi et remis à l'avocat de Megan Wheeler. Celle-ci signa l'accord de confidentialité et de rétractation, et sa déclaration fut publiée à temps pour paraître aux informations de dix-sept heures. En une journée, l'affaire avait été étouffée... Tout le monde savait que les P-DG des grandes entreprises, et les hommes de pouvoir en général, étaient parfois la cible de ce genre d'accusations. A tort ou à raison.

Sur la demande du conseil d'administration, Marshall tint une conférence de presse en fin de journée. Vêtu d'un costume sombre bien taillé, d'une chemise blanche et d'une cravate sobre, il remercia UPI et le conseil pour leur soutien, Mme Wheeler pour avoir choisi la vérité et reconnu son innocence, et son épouse pour sa confiance indéfectible. Ce disant, il sourit à Liz, qui se tenait à côté de lui, digne et aimante. Lorsque les caméras zoomèrent sur leurs mains jointes, Ashley, qui les regardait à la télévision, se mit à pleurer. Liz paraissait tellement sereine, tellement fière à ses côtés ! Comme si le bonheur dont elle jouissait aux côtés de son mari était sans nuages... Quand Marshall eut fini sa déclaration, elle quitta la scène derrière lui, l'image même de l'épouse respectable qui épaule son mari. Ashley savait ce que Bonnie allait dire : il ne la quitterait jamais. De toute évidence, ils se vouaient l'un à l'autre un profond respect. Secouée de sanglots, Ashley comprit dans un accès de panique que Marshall avait probablement couché avec cette Megan Wheeler, que son entreprise avait dû payer pour lui épargner un énorme scandale, et qu'il était bien plus attaché à sa femme qu'il ne voulait l'admettre. De les voir ensemble à la télévision, main dans la main, Ashley eut l'impression que le monde s'écroulait autour d'elle. Plus jamais elle ne croirait aux belles paroles de Marshall.

Ce soir-là, il parla à chacun de ses enfants pour discuter des derniers événements. Lindsay se dit embarrassée, tandis que John assura son père de sa sympathie et de son soutien. Quant à Tom, à en juger par ses réponses cassantes au téléphone, il ne crut pas un mot de ses explications ; il se retint tout juste de le traiter de menteur et d'infidèle.

En allant se coucher, Marshall songea à Ashley, qu'il aurait à convaincre le lendemain. Mais le pire était passé, il n'avait pas perdu son travail ni été publiquement disgracié. Malgré ses traits tirés, Liz semblait rassurée lorsqu'elle le rejoignit au lit.

— Quelle journée ! soupira Marshall.

— Ce sont des choses qui arrivent, répondit-elle avec philosophie.

A aucun moment Liz n'avait douté de son mari – au contraire, elle le plaignait d'avoir eu à traverser cette épreuve. Pour sa part, Marshall avait l'impression qu'il venait de frôler la mort. Heureusement, le cauchemar était terminé. Immensément soulagé, il ferma les yeux et s'endormit.

8

Le lendemain, Marshall embarqua à bord du jet privé pour se rendre à Los Angeles. Il avait emporté une mallette remplie de dossiers pour le trajet, qu'il passa finalement à regarder par le hublot en tentant de chasser de son esprit l'image de Megan Wheeler. C'était effrayant, la facilité avec laquelle elle avait failli le mener à sa perte. L'incident lui donnait une bonne leçon ; il prenait conscience de l'erreur monumentale qu'il avait commise en couchant avec cette femme. Dieu merci, elle s'était rétractée...

A l'aéroport, Marshall demanda à son chauffeur de le conduire directement à son appartement. Sans prendre le temps de se changer, il récupéra sa Jaguar et fila vers Malibu. C'était une chaude journée ensoleillée ; il avait ôté sa veste et sa cravate et déboutonné le col de sa chemise. Comme d'habitude, il roulait trop vite, pressé de retrouver Ashley pour la rassurer après leur conversation de la veille. Elle n'avait pas répondu aux messages qu'il lui avait envoyés depuis.

En s'arrêtant devant le garage, il fut soulagé d'y voir la voiture de la jeune femme. Les filles étant au centre de loisirs, il n'aurait pas à attendre le soir pour lui parler. Il s'inquiétait de sa réaction face aux accusations de Megan Wheeler : elle ne semblait pas croire en son innocence. Par chance, les seules personnes qui connaissaient la vérité avaient toutes signé l'accord de confidentialité, qui leur imposait de garder le silence. Quant aux négatifs des photos, Megan Wheeler les leur avait remis.

Il trouva Ashley dans son atelier, en tee-shirt blanc et short en jean rose. Une tasse de thé à la main, elle avait le regard tourné vers la fenêtre. Lorsqu'il lui toucha l'épaule, elle sut que c'était lui, mais resta immobile. Enfin, elle se décida à lever les yeux vers lui, et il put lire sur son beau visage toute la douleur qu'elle éprouvait.

La veille, Ashley avait senti son cœur voler en éclats quand Marshall lui avait appris ce dont on l'accusait et lorsqu'elle l'avait vu aux côtés de son épouse aimante – cette femme dont elle s'était évertuée jusque-là à ignorer l'existence. Leurs deux mains jointes en disaient long sur l'amour qu'ils se portaient.

— Tu n'es pas au bureau ? demanda-t-elle.

Il tira un tabouret pour s'asseoir à côté d'elle.

— Je voulais te parler. Je suis désolé d'avoir eu à t'annoncer ça. Moi aussi, cette histoire m'a contrarié, mais c'est fini, maintenant.

— Je sais.

Ashley posa sa tasse et se tourna vers lui. Elle avait l'impression de voir un étranger.

— J'ai suivi ta conférence de presse, hier soir. Ils lui ont donné combien, pour qu'elle renonce au procès ?

— Deux millions de dollars, qui seront retirés de

ma prime de fin d'année. Cela m'écœure qu'elle soit récompensée pour ses mensonges, mais c'est comme ça que ça marche. Au moins, l'affaire est réglée. Aller en justice aurait été un cauchemar, même si on avait toutes les chances de gagner.

Ashley acquiesça. Marshall s'abstint de lui demander si elle le croyait, craignant la réponse.

— A quand remonte ta liaison avec cette femme, alors ? s'enquit-elle en se forçant à le regarder dans les yeux.

— Je n'ai pas eu de liaison avec elle. Je te l'ai dit : elle s'est fait virer, ça ne lui a pas plu, et elle a décidé de s'en prendre à moi. C'était mesquin, mais ça a marché.

— Je ne te crois pas.

Il ne lui avait jamais entendu cette voix. Ashley semblait à des années-lumière de lui, et cela l'effrayait. Il aurait voulu la prendre dans ses bras pour la ramener à lui, mais il n'osa pas, de peur qu'elle ne le repousse ou ne se mette à crier.

— Peut-être que tu ne me crois pas, Ash, mais c'est pourtant vrai : je n'ai pas couché avec elle. Je ne la connais même pas.

Il avait effacé de sa mémoire les photos et les lettres qui prouvaient le contraire. Son unique préoccupation, c'était Ashley et leur relation qu'il essayait de sauver, tout comme il s'était battu la veille pour préserver son emploi et son mariage.

— Tu m'as aussi menti à propos de Liz, reprit-elle. Tu m'as dit que votre couple battait de l'aile depuis des années.

— C'est la vérité. Il n'y a plus d'amour entre nous.

97

— Vous vous teniez la main pendant la conférence de presse. Je vous ai vus, insista-t-elle tandis que les larmes roulaient sur ses joues.

Lorsque Marshall en essuya une du bout du pouce, Ashley ne réagit pas, telle une jolie statue aux doux cheveux bouclés.

— Pour elle aussi, ç'a été dur, expliqua-t-il. Tout le monde a été humilié publiquement, l'entreprise, ma famille, moi. Cette fille nous a tous atteints. Y compris toi. Je suis vraiment navré que tu en souffres.

— J'ai souffert au moins autant de te voir main dans la main avec Liz. Elle ressemblait à toutes ces femmes de politiciens qui se tiennent à côté de leurs maris pendant qu'ils nient avoir eu une liaison ou qu'ils le reconnaissent en pleurant. Ces femmes qui leur pardonnent devant tout le monde pour qu'on ait une bonne opinion d'eux. Elle t'aime, Marshall. Je l'ai compris hier pour la première fois. Et tu l'aimes aussi, c'était flagrant dans ta façon de la regarder. C'est pour ça que tu ne l'as pas quittée, ça n'a rien à voir avec tes enfants. Il n'y a pas de place pour moi dans ta vie.

— Si c'était vrai, je ne serais pas là, répliqua-t-il gentiment. Je vous aime, toi et les filles, plus que tout au monde. Quand Lindsay partira faire ses études l'an prochain, je serai prêt, et Liz aussi. Je crois qu'elle sait que c'est inévitable et que mon cœur n'y est plus depuis des années. Mais hier, c'était différent, il fallait jouer le jeu devant les caméras. Cette affaire a été très médiatisée.

— Pour moi, ça n'avait pas l'air d'un jeu, répliqua Ashley.

Elle se leva pour aller se poster devant la fenêtre. Marshall la suivit et l'enlaça. Sa chevelure blonde lui effleurait le menton, et il percevait son odeur qu'il aimait tant – un mélange de savon et de parfum. Elle ne chercha pas à se dégager.

— Il n'y avait rien de vrai dans ce geste, lui murmura-t-il à l'oreille. C'était pour la télé. Par contre, ce que l'on vit toi et moi, c'est réel, et ça le sera toujours.

— Et cette autre femme ?

— Eh bien ?

— Ne me mens pas, Marshall. Je sais que tu as couché avec elle. Je le sens.

Elle se retourna pour le regarder dans les yeux. Marshall hésita, conscient qu'il avait gros à perdre. Puis il décida de lui dire la vérité – une partie du moins. Elle n'avait pas besoin, par exemple, de connaître des détails comme l'existence de photos et de lettres, ou la durée de sa liaison avec Megan Wheeler ; mais il était obligé de lui en dire plus qu'à Liz, car Ashley savait, contrairement à cette dernière, qu'il était capable de tromper et de mentir.

— C'est arrivé il y a deux ans, un soir où j'étais complètement soûl, avoua-t-il. A l'époque, on n'arrêtait pas de se disputer, toi et moi. J'ai couché avec elle une fois, et je ne l'ai plus jamais revue. C'est tout.

Ashley et Marshall avaient en effet traversé une période difficile pendant laquelle elle l'avait menacé de le quitter s'il ne divorçait pas. Et Lindsay avait choisi ce moment pour commencer sa crise d'adolescence, puis Liz était tombée malade – moins gravement qu'ils ne l'avaient craint au départ, fort heureusement. Par la suite, les jumelles avaient fait leur rentrée à l'école et Ashley s'était calmée. Jusqu'à aujourd'hui... Marshall pensait qu'en lui rappelant les circonstances elle comprendrait peut-être mieux son écart de conduite.

— Comment savoir si tu me dis la vérité ? demanda-t-elle avec méfiance.

— Tu ne peux pas, mais tu sais par contre que je t'aime. C'est pour ça que je suis là.

— Oui, et tu aimes aussi Liz, répliqua-t-elle en se remettant à pleurer.

Elle enfouit son visage dans la chemise de Marshall tandis qu'il la serrait contre lui. Elle craignait qu'il ne quitte jamais sa femme, une femme qui l'aimait peut-être autant qu'elle.

— J'ai beaucoup de respect pour Liz, expliqua-t-il. Nous avons trois enfants ensemble et une longue histoire commune – presque trente ans !

— Huit ans pour nous et deux enfants, ce n'est pas rien non plus, rétorqua Ashley, un peu honteuse de s'abaisser à de telles comparaisons.

Marshall lui prit le menton pour l'embrasser.

— On a bien plus que ça, tous les deux. On vit quelque chose de très spécial que je n'ai jamais connu avec aucune autre femme.

Cela ne l'avait pas empêché de coucher avec Megan Wheeler... mais sur ce point, il avait été honnête avec Ashley – du moins le pensait-elle.

— Et puis, un de ces jours, on vivra ensemble, continua-t-il. Je veux juste attendre que Lindsay ait fini le lycée. Ensuite, ce sera notre tour.

Ashley ne répondit pas. Alors, Marshall l'embrassa, et avant qu'elle comprenne ce qui se passait, ils se retrouvèrent nus, submergés par un désir incontrôlable. Ils ne se donnèrent pas la peine d'aller jusqu'à la chambre et firent l'amour sur le vieux canapé de l'atelier. Comme chaque fois qu'elle s'abandonnait dans ses bras, Ashley oublia tout ce qui l'angoissait, toutes les fois où Marshall l'avait déçue. Mais tandis qu'ils reprenaient leur souffle, serrés l'un contre l'autre, la mémoire lui revint. Impossible d'effacer de son esprit l'image de Liz, et la certitude qu'elle-même n'était que la femme avec qui il couchait à Los Angeles deux jours par semaine. Rien, dans leur relation, n'était réel, hormis leurs deux petites filles.

Marshall prit une douche et s'habilla rapidement, étant attendu pour un déjeuner de travail.

— Je t'aime, Ashley, c'est tout ce que tu as à savoir, murmura-t-il en la quittant. On se voit ce soir.

La jeune femme acquiesça, l'esprit encore embrumé par leur étreinte passionnée. Elle aurait voulu qu'il reste avec elle le vendredi soir pour compenser la nuit du mercredi qu'il n'avait pas passée à Malibu. Mais il rentrait toujours chez lui pour le week-end. Il prétendait qu'il jouait au golf avec des clients ; depuis qu'elle avait eu un aperçu de sa vie d'homme marié, Ashley ne pouvait s'empêcher de se demander ce qu'il faisait aussi avec sa femme.

Elle écouta le bruit de la Jaguar qui s'éloignait, puis monta se laver. Elle venait d'enfiler son short et son tee-shirt quand Bonnie fit son apparition. Celle-ci avait été embauchée pour travailler sur un autre film, mais ne devait commencer que dans deux semaines.

— Le prince charmant est en ville ? demanda-t-elle en se servant une canette de Coca-Cola.

— Il est arrivé aujourd'hui, et il repart demain.

Ashley n'avait aucune envie de se disputer avec son amie au sujet de Marshall, dont les frasques récentes étaient difficilement défendables.

— J'ai regardé sa conférence de presse hier soir, lâcha Bonnie tandis qu'elles s'installaient dans des chaises longues sur la terrasse.

— Moi aussi.

— On dirait qu'il s'en est bien sorti. Ils ont dû donner un sacré paquet d'argent à cette fille pour qu'elle retire ses accusations.

— C'est possible, répondit Ashley évasivement.

Tandis qu'elle prenait le soleil avec son amie, un sentiment d'abattement la gagna peu à peu. Marshall l'avait trompée, il ne s'installerait pas avec elle avant au moins un an, et ses liens avec sa femme étaient bien plus solides qu'il ne l'avait prétendu. Ashley ne se sentait pas l'énergie ni le droit de s'ingérer dans une relation aussi forte. Elle n'était plus en colère – seulement triste.

— Ça va, Ash ? s'enquit Bonnie gentiment.

— Plus ou moins.

Bonnie devinait ce qui la tracassait. Elle aussi avait remarqué la proximité entre Marshall et sa femme durant la conférence de presse. Mais elle n'en avait pas été surprise – cela n'avait fait que confirmer ses pires craintes.

— Qu'est-ce que tu dirais de sortir avec les filles ce week-end ? On pourrait les emmener à Venice, ou même à Disneyland. Ça te ferait du bien de prendre l'air.

Ashley avait besoin de s'amuser un peu, au lieu de rester enfermée chez elle à pleurer en attendant le retour de son amant.

— Pourquoi pas, répondit-elle sans enthousiasme.

— Tu as le choix, tu sais, fit remarquer Bonnie. Tu n'es pas obligée de rester avec lui si ça te met dans cet état. Tu peux le quitter. Tu peux même aller voir un psy qui t'aidera à franchir le pas, si tu ne te sens pas capable d'y arriver toute seule.

Bonnie s'efforçait de faire entendre raison à son amie, mais cela ne menait jamais nulle part.

Ashley se remit à pleurer. Elle n'avait pas fait grand-chose d'autre ces deux derniers jours. En huit ans, elle n'avait pas vu une seule photo de Liz. La voir à la télévision lui avait fait un choc. Liz était restée très belle malgré son âge. Dans sa robe noire d'une grande sobriété, elle avait donné à Ashley l'image d'une parfaite femme au foyer, et surtout, d'une parfaite épouse de P-DG – ce qu'elle-même ne serait jamais. Ashley se demanda si ce n'était pas finalement l'une des principales raisons pour lesquelles Marshall refusait de la quitter.

— Je n'ai pas vraiment le choix, murmura-t-elle.

— Pourquoi ?

Bonnie craignit un instant que son amie ne soit enceinte.

— Parce que je l'aime trop.

Avec le vent qui ramenait ses boucles blondes autour de son visage, Ashley ressemblait à un ange.

— Je ne peux pas le quitter. J'en mourrais.

— Mais si tu restes avec lui, il risque de te détruire, répliqua Bonnie d'un ton grave.

Ashley leva vers elle un regard plein de lucidité.

— Je sais.

— Ne le laisse pas gâcher ta vie, je t'en prie.

Ashley se contenta d'acquiescer. Pendant un long moment, elles restèrent ainsi, au soleil sur la terrasse, sans échanger un mot. Bonnie se faisait du souci. Elle venait de comprendre que Marshall Weston était maître tout à la fois du corps *et* de l'âme de son amie. Face à cet homme au pouvoir extraordinaire, Ashley n'était qu'une plume dans le vent.

9

Le lendemain de l'apparition télévisée de Marshall Weston, Fiona reçut un coup de téléphone de Logan Smith, journaliste économique réputé pour ses points de vue incisifs et parfois impopulaires. Il avait révélé nombre d'affaires de corruption et de blanchiment d'argent, et excellait dans le traitement des sujets controversés. Fiona, qui lisait régulièrement ses articles dans le *Wall Street Journal*, le *New York Times* et autres magazines économiques, croyait savoir qu'il avait reçu le prix Pulitzer, sans se rappeler pour quoi.

Craignant qu'il ne veuille aborder le sujet de la fermeture du site de Larksberry, Fiona hésita à répondre. Puis elle songea que son refus de lui parler pouvait être mal interprété et se résigna à prendre l'appel.

— Fiona Carson à l'appareil, dit-elle sèchement.

En tant que P-DG, et avec toutes les responsabilités qui lui incombaient, elle pouvait se permettre de se montrer irritable de temps en temps.

— Bonjour, madame Carson, je m'appelle Logan Smith.

Fiona sourit. Le nom du journaliste était aussi

connu que le sien dans le monde des affaires. Etait-il réellement modeste, ou faisait-il semblant ? Quoi qu'il en soit, il avait une voix grave agréable, plutôt jeune. Fiona n'avait aucune idée de son âge : tout ce qu'elle connaissait de lui, c'étaient les articles qu'il écrivait, et dans lesquels il se montrait parfois très dur avec les grosses entreprises. Lorsqu'il enquêtait, il ne négligeait aucun détail, quitte à mettre ses interlocuteurs mal à l'aise. C'est comme investi d'une mission sacrée qu'il partait à la recherche de la vérité.

— Je sais qui vous êtes, répondit-elle avec une pointe d'amusement. C'est pour ça que j'ai pris l'appel. Que puis-je pour vous, monsieur Smith ?

— Je voulais connaître votre avis sur les accusations de harcèlement sexuel portées contre Marshall Weston. Je suis en train d'écrire un article sur les pratiques sexuelles des hommes de pouvoir, sur leurs perversités. Cela vous inspire-t-il des commentaires ?

Fiona grimaça. Discuter de sexualité avec cet inconnu était la dernière de ses envies.

— Je croyais que la jeune femme avait retiré sa plainte, dit-elle pour botter en touche. N'est-ce pas de l'histoire ancienne ?

— Pas vraiment. Certes, elle s'est rétractée, mais on ne sait pas exactement pourquoi. Ce n'est un secret pour personne qu'il y a en général beaucoup de manœuvres en coulisses pour faire disparaître les plaintes comme celle-ci. Ils ont peut-être acheté son silence... On parle d'un accord qui aurait été signé pour éviter le procès. Vous savez mieux que moi ce que ça veut dire...

— Dieu merci, non ! répliqua Fiona. Je n'ai jamais

fait l'objet de plaintes pour harcèlement sexuel, ni au travail, ni ailleurs.

— C'est justement l'une de mes théories, répondit Logan Smith avec enthousiasme. Les femmes ne se livrent pas à ce genre d'occupations. Avez-vous déjà entendu parler d'une dirigeante d'entreprise impliquée dans un scandale sexuel ou ayant eu une liaison avec un jeunot ? Non, sans doute pas. Concernant Weston, pensez-vous que les accusations de cette femme étaient fondées ? Ou bien s'agissait-il d'un stratagème pour lui extorquer de l'argent, auquel cas elle aurait retiré sa plainte faute de preuves ?

Voilà une question que tout le monde se posait, mais à laquelle peu de personnes pouvaient répondre. Fiona n'était pas assez naïve pour s'aventurer sur ce terrain glissant.

— Je n'en ai aucune idée, répondit-elle. Je ne le connais même pas.

— Vraiment ? Il n'y a pas des endroits où les P-DG se retrouvent en secret, des club-houses ou que sais-je encore ?

Fiona se mit à rire. Logan Smith ne manquait pas d'humour ni de finesse, ce qui le rendait d'autant plus dangereux. Elle n'avait pas l'intention d'entrer dans son jeu.

— J'aimerais bien, ce serait amusant ! repartit-elle. Pour répondre à votre question, il m'est arrivé de croiser Marshall Weston au Sénat, lors d'auditions de sous-commissions où nous comparaissions tous les deux. Nous nous sommes serré la main, et voilà tout. Je ne connais pas ses penchants – cela ne m'intéresse absolument pas.

— Quelle déception, se lamenta le journaliste. Et

moi qui espérais vous soutirer quelques indiscrétions à son sujet. Des petits potins entre rivaux...

— Nous ne sommes pas rivaux, le corrigea-t-elle. Nos entreprises ne sont pas concurrentes. Et d'après ce que j'ai entendu dire, il fait un excellent travail.

— Et vous, vous savez tenir votre langue. Ma tentative d'extorsion d'informations est un véritable fiasco... Sinon, que pensez-vous de ma théorie sur les différences de comportements sexuels chez les hommes et les femmes P-DG?

Même s'il la faisait rire, Logan Smith n'obtiendrait pas de commentaires de Fiona sur ce point non plus. Pour tout dire, il n'obtiendrait rien du tout, hormis deux minutes de son temps et ses salutations.

— Vous devriez plutôt en parler à ma sœur, dit-elle aimablement. Elle s'appelle Jillian Hamilton, elle est psychiatre à Stanford et elle écrit justement un livre en ce moment sur ce sujet, qui la passionne autant que vous. Elle m'a tenu sensiblement le même discours que le vôtre.

— Dans quel contexte? A propos de quelqu'un de connu?

— Non, à propos des hommes et des femmes en général, répondit Fiona. Jillian prétend qu'elle m'utilise comme cobaye pour ses recherches.

— Et quelles sont ses conclusions?

— Que les femmes P-DG travaillent autant que leurs homologues masculins, mais qu'elles sont bien plus sages.

— Qu'est-ce que je vous disais! Je crois que votre sœur et moi sommes sur une bonne piste. Le pouvoir fait perdre la tête aux hommes; avec eux tout devient sexuel. Les femmes, elles, feraient presque vœu de chasteté pour se consacrer entièrement à leur travail. Pour en revenir à Marshall Weston, vous n'avez vraiment rien à me dire ?

Fiona crut bon de ne pas l'informer que sa fille fréquentait un des fils Weston. Cela ne le regardait pas, et il risquait d'en déduire qu'elle était proche de lui.

— Je ne me permettrais pas de porter des jugements sur un homme que je ne connais pas.

— Ça n'a jamais arrêté personne, fit-il remarquer en riant.

— Je vous le répète, vous devriez en discuter avec ma sœur.

— Peut-être un jour, mais pas pour l'instant. En fait, j'avais une autre question à vous poser. Seriez-vous d'accord pour que je fasse un portrait de vous ?

Fiona fut à la fois surprise et soulagée par cette requête – elle avait craint qu'il ne l'interroge sur sa vie sexuelle. Elle avait toutefois pour habitude de refuser les interviews, ne tenant pas à attirer l'attention des médias.

— Vous me flattez, monsieur Smith, mais c'est encore non. Je ne cherche pas la publicité – je préfère faire mon travail en coulisses.

— C'est ce qui vous rend si intéressante, répliqua-t-il. Depuis plusieurs années que je vous observe, je constate qu'on entend très peu parler de vous. Vous vous contentez de diriger votre entreprise, et ce avec une efficacité remarquable : le cours de l'action NTA augmente toutes les cinq minutes. Pour tout vous dire, chaque fois que j'ai gagné de l'argent en Bourse, c'était grâce à vous.

— Je suis heureuse de l'apprendre, répondit Fiona

en souriant, sensible aux compliments qui touchaient à son travail. Mais le public n'a pas besoin d'en savoir plus. Dans quelle école je suis allée, ce que je mange au petit déjeuner, si je me fais faire des brushings – tout cela n'a aucune importance.

Logan Smith pouvait comprendre ce point de vue. Toutefois, s'il venait à être par trop partagé, il se retrouverait vite au chômage.

— Vous avez étudié à Harvard, si je ne m'abuse ?

— Il existe plein de bonnes universités dans ce pays…

Fiona pensait notamment à sa fille, qui étudiait à Stanford, ainsi qu'à plusieurs de ses amis – précisions qu'elle garda néanmoins pour elle.

— Vous ne révélez jamais rien de personnel, n'est-ce pas ? se plaignit le journaliste. Les gens méritent pourtant de mieux vous connaître, en particulier vos actionnaires. Vous êtes une héroïne dans le monde de l'entreprise, et vous refusez d'agir comme telle. Si vous étiez un homme, vous feriez bien plus de bruit et vous plastronneriez au bras d'une bimbo.

— C'est ce que pense ma sœur aussi. Vous devriez vraiment vous rencontrer, vous avez beaucoup de points communs.

— On s'ennuierait sûrement à mourir. Et on serait toujours en train de se disputer pour savoir qui a pensé quoi le premier. Je ne crois pas trop à l'adage « Qui se ressemble s'assemble ».

— Je ne vous suggérais pas de l'inviter à dîner ! répliqua Fiona, même si l'idée lui semblait excellente. Juste de discuter avec elle.

— Vous me donnerez son numéro un de ces jours. Pour l'heure, je vais me réfugier dans le bar du coin et pleurer dans ma bière, parce que vous ne m'avez rien donné d'exploitable pour mon article – que je suis censé rendre bientôt, soit dit en passant. Et vous n'acceptez même pas une interview... Je dois perdre la main.

Fiona Carson était surtout d'une discrétion à toute épreuve, ce qui ne l'étonnait guère. En revanche, il avait été surpris de la découvrir si aimable, si drôle. Et il respectait sa pudeur. Certains des hommes qu'il interviewait étaient dotés de tels ego qu'il pouvait à peine les faire tenir sur une page.

— Merci pour votre appel, dit-elle sincèrement. C'était un plaisir de bavarder avec vous.

Lorsqu'ils eurent raccroché, Logan Smith fit une recherche sur Jillian Hamilton, curieux de savoir s'il avait déjà lu un livre d'elle. Les références de la psychiatre étaient impressionnantes, tout autant que la liste de ses écrits. A en juger par les photos disponibles sur Internet, elle devait avoir une dizaine d'années de plus que lui. C'était une femme séduisante, visiblement très grande – bien trop à son goût. Il nota son nom, songeant qu'elle se révélerait peut-être une source d'informations intéressante. Quand bien même, c'était Fiona qu'il désirait interviewer, et il ignorait comment la convaincre d'accepter. Logan n'avait pas cherché à la flatter en la couvrant de compliments : il l'admirait réellement. Peut-être retenterait-il sa chance dans quelques semaines... En attendant, il lui fallait dénicher des informations sur Marshall Weston et, surtout, trouver quelqu'un qui consente à s'exprimer sur les accusations dont il avait fait l'objet.

Le samedi, après avoir joué au tennis, Fiona et sa sœur s'installèrent dans un café pour bavarder. Jillian avait suivi la conférence de presse dans laquelle Marshall Weston était apparu aux côtés de sa femme. A ses yeux, l'affaire du scandale avorté illustrait parfaitement sa théorie.

— Il m'a semblé plus que coupable, confia-t-elle tandis que les deux sœurs savouraient un cappuccino.

— Ah bon ? s'étonna Fiona. Je n'ai pas eu cette impression, moi. Ça montre à quel point je suis perspicace...

— Son innocence était jouée. Le fait d'adresser des excuses à tout le monde, de remercier cette femme de s'être rétractée... C'était à vomir. Et le coup de prendre son épouse par la main ? Ça sentait la culpabilité à plein nez. Je suis sûre qu'il la trompe à tour de bras et qu'elle n'est pas au courant.

— Qu'est-ce qui t'a rendue si cynique ?

Fiona percevait de l'amertume dans les propos de sa sœur. Pourtant, celle-ci n'avait pas, à sa connaissance, eu de mauvaises expériences avec les hommes.

— J'ai beaucoup de patients P-DG. Je suis bien placée pour savoir à quel point ils sont malhonnêtes : ils trompent leurs femmes sans aucune gêne. Avec tout ce que j'entends, je peux te dire que jamais je ne fréquenterai ce genre de types. Et Marshall Weston m'a tout l'air d'en faire partie.

— Je l'ai trouvé plutôt sympathique, les quelques fois où je l'ai rencontré, répliqua Fiona. Alyssa est folle de son fils. D'après elle, ils forment une belle famille.

— C'est toujours l'impression que ça donne. Et

puis un beau jour, une Megan Wheeler surgit de nulle part, et le gars se retrouve au cœur d'un scandale sexuel. L'épouse est choquée, tout le monde pleure... J'en connais même qui entretiennent une seconde famille ! La femme les aide dans leur carrière, elle leur est totalement dévouée, mais ils sont amoureux d'une autre, généralement plus jeune et plus jolie. Quand la vérité finit par éclater, ils sont surpris que leur épouse et leurs enfants soient en colère et les traitent de salauds, ce qu'ils sont, pourtant. Pas assez courageux pour divorcer, trop égoïstes pour renoncer à leur petit à-côté. Bref, ils veulent le beurre et l'argent du beurre.

Fiona était intriguée. Jamais il ne lui serait venu à l'esprit de tromper David, alors même qu'ils avaient été malheureux pendant des années. D'entendre sa sœur, elle se demanda si son ex-mari avait eu une liaison de son côté. Peut-être avec une femme moins menaçante, moins occupée... Si c'était le cas, il avait su rester discret.

— Ils prennent de sacrés risques, fit-elle remarquer.

— Ça, c'est sûr. Mais je crois que c'est ce qui les fait vibrer. Mener une double vie. Avoir deux femmes, l'une pour le sexe, l'autre pour les affaires. Tout tourne autour d'eux et de leurs besoins.

— Et qu'est-ce qui fait, selon toi, que la deuxième femme supporte cette situation ? Elle doit bien être au courant que le type est marié ?

— La plupart du temps, la maîtresse est amoureuse. Ce qui nous ramène à la question du pouvoir : ces femmes-là sont attirées par les hommes qui dirigent le monde. Pour elles, c'est excitant. Pour moi, pas du tout : je préfère cent fois sortir avec des types de moindre envergure. Ils sont plus humains.

— Tu en es où, de ton livre, au fait ?

— Ça avance, doucement mais sûrement. Je me sers beaucoup de mes patients pour étayer mes théories.

— Tu sais, cette semaine j'ai parlé avec quelqu'un qui partage ton point de vue. Un journaliste. Il voulait que je commente les accusations de harcèlement sexuel dont Marshall Weston a fait l'objet, mais je m'en suis bien gardée. Je lui ai parlé de toi et de ton livre. C'est un type brillant. Il te plairait peut-être...

— A quoi il ressemble ? demanda Jillian, curieuse.

— Aucune idée, on s'est juste parlé au téléphone. J'ai lu certains de ses articles, il écrit bien. D'après sa voix, il a l'air assez jeune, mais je sais que ça ne t'arrête pas, ça. Il s'appelle Logan Smith.

— Ah, je le connais ! Il a gagné le prix Pulitzer pour une série d'interviews avec Nelson Mandela. Un travail fantastique. Je crois qu'il a étudié à Harvard, lui aussi.

Logan Smith n'en avait rien dit à Fiona. En réalité, il n'avait pas du tout parlé de lui pendant leur conversation : il ne s'était intéressé qu'à elle.

— Il m'a proposé d'écrire un article sur moi, mais j'ai refusé. Je déteste ce genre de publicité.

— N'empêche, tu devrais le rencontrer quand même. Je crois qu'il n'est pas si jeune que ça, il doit avoir dans les quarante-cinq ans, à peine plus jeune que toi.

— Il ne m'a pas invitée à un rendez-vous galant ! s'exclama Fiona en riant. Il voulait juste m'interviewer.

— Eh bien, tu sais quoi ? Qu'il m'appelle. Je te dirai si ça vaut le coup de faire sa connaissance, plaisanta Jillian.

Elles devisèrent ensuite de leurs projets pour l'été. Jillian avait prévu de rejoindre des amis en Toscane.

— Ça ne te ferait pas de mal de changer un peu de destination, dit-elle à sa sœur.

Fiona n'avait pas le temps d'organiser de vraies vacances. La maison de Malibu, qu'elle louait à un producteur de Hollywood, était l'endroit rêvé pour se détendre et profiter de ses enfants. Elle aurait aimé que Jillian leur rende visite, mais celle-ci partait souvent en juillet elle aussi.

Quand Fiona eut sa fille au téléphone ce soir-là, elle lui demanda comment John réagissait à la semaine éprouvante que son père venait de vivre.

— Ç'a été dur, répondit Alyssa, mais l'affaire est vite retombée. John n'a pas douté un seul instant de l'innocence de son père, alors que son grand frère est persuadé que UPI a payé cette femme pour la faire taire.

Fiona crut bon de ne pas préciser que Jillian partageait cet avis. De son côté, étant moins cynique que sa sœur, elle ne voyait aucune raison de croire à la culpabilité de Marshall Weston. En tout état de cause, elle était pressée de rencontrer John, avec qui Alyssa semblait filer le parfait amour.

Durant tout le mois de juin, elle s'absorba dans son travail. Les semaines qui précédaient et suivaient ses congés étaient toujours intenses.

Le 1er juillet, elle s'envola pour Los Angeles. Jillian, qui partait en Toscane le même jour, lui téléphona avant de monter dans son avion.

— Je te ramènerai un Italien, lui promit-elle.

— Je ne saurais pas quoi en faire, répondit Fiona en riant.

— Oh, je suis sûre que tu trouverais une idée. Amuse-toi bien avec les enfants. Je t'appellerai.

— Tu vas me manquer, Jillian. Prends soin de toi.

Sa grande sœur était sa seule famille depuis la mort de leurs parents. Elle aimait la savoir près d'elle. Mais elle ne doutait pas qu'elles passeraient l'une et l'autre des vacances de rêve, qu'elles emploieraient à faire ce qui leur plaisait le plus à chacune : rencontrer du monde et vivre de nouvelles aventures pour Jillian, être avec ses enfants, se baigner dans l'océan et paresser sur la plage pour elle.

10

Avant que ses enfants ne la rejoignent, Fiona s'assura que tout était en ordre dans la maison ; elle fit quelques courses, acheta des magazines et décora les pièces avec des bouquets de fleurs. Comme ils venaient là depuis sept ans, ils s'y sentaient presque chez eux ; pour Mark et Alyssa, l'été n'aurait pas eu le même goût sans ces trois semaines à Malibu. Quant à Fiona, c'était le seul répit qu'elle s'autorisait, en plus de leur séjour au ski à Noël. Elle n'imaginait pas prendre des vacances sans ses enfants.

Mark arriva de New York sans sa petite amie, qui n'avait pas pu se libérer. Fiona ne l'avait pas vu depuis le mois de mars. Il était mince et pâle comme un New-Yorkais, mais il avait l'air en bonne forme malgré tout. Tandis qu'ils déjeunaient sur la terrasse, il lui parla en long et en large de son prochain voyage au Kenya, où sa copine et lui partiraient comme bénévoles pour aider à la mise en place de canalisations d'eau dans un village. Deux heures plus tard, Alyssa fit son apparition, chargée d'une valise remplie de bikinis et de shorts en jean – le reste, elle prévoyait de l'emprunter à sa mère. Fiona perdait régulièrement la moitié de sa garderobe au profit de sa fille, à l'exception des tailleurs qu'elle mettait pour travailler, et qu'Alyssa détestait. Celle-ci lui disait souvent de choisir des tenues plus « sympa » pour aller au bureau. Fiona en riait, doutant que le style d'Alyssa convienne pour une femme P-DG. Elle ne se voyait pas tenant tête à Harding Williams en minijupe, à moins de vouloir absolument le conforter dans la mauvaise opinion qu'il avait d'elle.

La société d'investigation chargée de trouver la source des fuites au sein du conseil d'administration n'avait toujours pas remis ses conclusions à Fiona. Les enquêteurs rencontraient plus de difficultés que prévu, mais promettaient de lui fournir une réponse bientôt. Quoi qu'il arrive, Fiona refusait de s'en soucier pendant son séjour à Malibu : les moments qu'elle partageait avec ses enfants étaient sacrés. Elle était si heureuse qu'ils soient toujours partants pour passer des vacances avec elle.

L'après-midi, ils allèrent nager et se promener sur la plage, et Mark profita comme chaque année de la planche de surf que le propriétaire laissait à leur disposition. Grand et brun, Mark ressemblait à son père au même âge, en plus beau. Il n'avait hérité de Fiona que ses yeux verts. Alyssa, elle, était le portrait craché de sa mère.

— Qu'est-ce que vous voulez faire, ce soir ? leur demanda Fiona tandis qu'ils se prélassaient sur la terrasse. Vous préférez sortir, ou manger ici ?

— On n'a qu'à faire un barbecue, suggéra Mark. Je m'occupe du poulet et des légumes.

Les deux femmes approuvèrent, et Alyssa proposa de préparer une salade. Tous trois n'étaient pas de gros mangeurs, ils aimaient la cuisine simple et saine. Ce qui leur importait le plus, c'était d'être ensemble. Fiona se réjouissait à l'idée de se réveiller chaque matin sous le même toit que ses enfants, en sachant qu'elle passerait toute la journée en leur compagnie. Cela lui déchirait le cœur de devoir se séparer d'eux à la fin du séjour.

Après avoir dîné, ils regardèrent un film sur l'immense écran de la salle de projection, installés dans de gros fauteuils en cuir. Ils disposaient également d'une piscine intérieure dans un bâtiment séparé, mais ne l'utilisaient que rarement, préférant se baigner dans l'océan.

Alors qu'une première semaine idyllique venait de s'écouler, Fiona eut la surprise de recevoir un coup de téléphone de Logan Smith sur son portable, dont elle ne lui avait pourtant pas donné le numéro. Elle ne put s'empêcher de ressentir cet appel comme une intrusion dans son intimité.

— Il y a un problème ? s'enquit-elle aussitôt, craignant qu'il n'ait eu accès avant elle aux résultats de l'enquête visant le conseil d'administration.

— Pas du tout ! J'avais dit que je vous recontacterais. J'ai bien l'intention de vous faire changer d'avis sur cette interview dont je vous ai parlé la dernière fois !

— C'est pour ça que vous m'appelez ?

Fiona semblait choquée. Sa voix avait perdu toute l'amabilité de leur première conversation.

— Ce n'est peut-être pas le bon moment ? s'inquiéta le journaliste, soudain gêné.

— De fait, je suis en vacances avec mes enfants.

Et je vous ai déjà dit que je ne voulais pas être interviewée. Ni maintenant, ni jamais.

— Je suis désolé. Vraiment. J'espère au moins que nous sommes sur le même fuseau horaire et que je ne vous ai pas réveillée en pleine nuit.

Si ça se trouvait, elle était dans quelque lieu exotique, à Tahiti, en Europe ou en Nouvelle-Zélande...

— Non, ça va, répondit-elle laconiquement. Comment avez-vous eu mon numéro ?

— On me l'a donné quand j'ai appelé à votre bureau.

Il avait l'impression d'avoir commis un crime en la dérangeant pendant ses vacances en famille. Néanmoins, Fiona sembla s'adoucir :

— Mon assistante est en congé, c'est l'intérimaire qui a dû vous répondre. Excusez-moi, je ne voulais pas vous paraître impolie, mais j'aime me consacrer entièrement à mes enfants quand je suis avec eux. Mes collaborateurs savent qu'ils ne doivent me contacter qu'en cas de réelle urgence. Je serai de retour dans deux semaines, vous pourrez éventuellement me rappeler à ce moment-là. Mais je vous le répète, je ne répondrai à aucune interview.

Logan Smith vit s'envoler tous ses espoirs de rédiger un article sur Fiona : à l'évidence, elle ne changerait pas d'avis. Il admirait ce désintérêt total pour la publicité médiatique, ainsi que l'importance qu'elle attachait visiblement à sa famille. Fiona Carson était une personne bien, très éloignée du stéréotype du P-DG. Dans les mêmes circonstances, un homme n'aurait sans doute pas été choqué qu'on cherche à le joindre.

— Laissez-moi vous inviter à déjeuner à votre

retour, s'aventura à proposer Logan. Ainsi, je pourrai me faire pardonner et vous prouver que je ne suis pas aussi mal élevé que vous semblez le croire.

— Je ne vous trouve pas mal élevé ! Juste un peu trop insistant. Vous courez après un article que vous n'obtiendrez pas de moi. Je ne travaille pas aux relations publiques, je suis P-DG. C'est bien suffisant.

— Votre modestie vous honore, Fiona. Les hommes de votre rang que je connais feraient n'importe quoi pour avoir leur photo dans le journal. Vous, vous ne m'accordez même pas cinq minutes d'interview. Mince, j'ai quand même gagné un Pulitzer ! Je suis doué, vous savez.

Son cri du cœur la fit rire.

— Je sais que vous êtes doué, monsieur Smith. J'ai lu vos articles, et ma sœur a adoré vos entretiens avec Mandela. Simplement, je ne veux pas qu'on parle de moi dans la presse. Je ne suis pas une star de cinéma, je dirige une entreprise. Il n'y a rien de sexy là-dedans, et la façon dont je m'y prends ne regarde personne. Tant que mes actionnaires sont contents, ça me suffit. Le grand public n'a pas besoin de me connaître. J'aime rester anonyme et vivre tranquillement ma vie avec mes enfants. Bref, vous vous trompez de cible. Et vous ne m'utiliserez pas non plus comme source : je ne trahis pas les secrets.

— Très bien. Je crois que j'ai compris. Je vous demande sincèrement pardon, répéta Logan Smith, à la fois embarrassé et découragé. Je vous rappellerai pour vous inviter à déjeuner, même si vous me direz sûrement que vous n'avez pas le temps.

— En l'occurrence, c'est vrai...

— Je vous souhaite de bonnes vacances.

Dès qu'ils eurent raccroché, Fiona appela son bureau et demanda à l'intérimaire de ne plus communiquer son numéro de portable. La jeune femme s'excusa de son erreur et lui promit de ne pas recommencer.

Par la suite, Fiona oublia complètement l'incident tandis qu'elle profitait de ses vacances avec ses enfants. Alyssa fut aux anges quand John les rejoignit. Pendant les quatre jours qu'il passa en leur compagnie, Fiona constata avec plaisir qu'il était intelligent et courtois, et adorable avec Alyssa. Elle n'avait jamais vu sa fille aussi heureuse. C'est sans la moindre hésitation qu'elle leur permit de partager la même chambre. Bien qu'il eût deux ans de moins que Mark, John était très mûr pour son âge, et les deux garçons sympathisèrent très vite.

— Ça a l'air sérieux, entre vous, fit remarquer Fiona à sa fille alors que John et Mark étaient partis surfer. J'espère que vous ne parlez pas déjà mariage.

— On s'amuse, maman, c'est tout, la rassura Alyssa. Le mariage, ce ne sera pas avant dix ans – si je me marie un jour. Je te rappelle que je veux faire une école de commerce et travailler d'abord quelques années. Johnny a demandé Harvard, lui aussi. Ce serait bien qu'on soit acceptés tous les deux là-bas, ou à Stanford, mais tout ça, c'est encore loin. Ne t'inquiète pas, on ne fait pas de plans sur la comète, on profite juste du moment présent.

— Vous avez bien raison, ma puce, approuva Fiona. Même si John me plaît beaucoup...

— A moi aussi. Il voudrait te présenter ses parents. On pourrait peut-être dîner tous ensemble en septembre ? Ce ne sera pas possible avant, parce qu'ils passent l'été au lac Tahoe – sa mère et sa sœur, du moins, son père les rejoint seulement le week-end. Apparemment, il travaille autant que toi.

Fiona n'était pas surprise.

— La maman de John a un diplôme de droit, continua Alyssa, mais elle n'a jamais exercé. Je trouve ça dommage. C'est une vraie femme au foyer : elle s'est occupée des enfants, et maintenant elle aide son mari à recevoir ses clients. Quelle horreur !

Fiona sourit. Sa fille ne comprenait pas comment toute une génération de femmes avaient pu rester à la maison alors qu'elles avaient reçu une éducation.

— C'est ce qu'on attend d'une épouse de P-DG, expliqua-t-elle. Ou ce qu'on attendait, car aujourd'hui, la majorité des femmes travaillent. Peut-être qu'elle reprendra une activité quand la petite sœur de John partira à l'université.

— Elle fait déjà du bénévolat dans un foyer pour sans-abri, précisa Alyssa.

Cet engagement avait beau lui paraître généreux, elle préférait de loin la vie que sa mère avait choisie. Après ses études, elle comptait bien suivre la même voie. Fiona lui avait prouvé qu'il était possible de mener de front travail et vie de famille. Alyssa savait que ses parents avaient divorcé non pas à cause de la carrière de sa mère, mais parce que son père n'avait pas supporté son succès. Lorsqu'elle en avait discuté avec John, elle avait été rassurée d'apprendre qu'il partageait son point de vue : Liz et David venaient d'un autre temps. A notre époque moderne, il était normal qu'une femme travaille, et John serait fier d'Alyssa si elle réussissait. Néanmoins, il était trop tôt pour se projeter aussi loin dans l'avenir, même si tous deux espéraient en secret que leur histoire dure toujours.

Fiona était impatiente de rencontrer les Weston en septembre. Certes, elle se sentait peu d'affinités avec les femmes comme Liz – dont elle aurait détesté prendre la place –, mais ils avaient un fils adorable, ce qui en disait déjà long sur leurs qualités.

La veille du départ de John, ils dînèrent dans un restaurant italien, où ils passèrent une excellente soirée. John avait déjà l'impression de faire partie de la famille. Quand Fiona lui confia qu'il allait lui manquer, il avoua qu'il n'avait pas non plus envie de les quitter. Heureusement, Alyssa avait prévu de lui rendre visite au lac Tahoe, et Mark se ferait également un plaisir de les rejoindre un week-end, avant de partir au Kenya.

Alors que John taquinait Alyssa sur ses piètres performances à la pêche et ses réticences à décrocher le poisson de l'hameçon, deux femmes accompagnées de petites filles jumelles s'installèrent à la table voisine. Alyssa adressa un sourire aux fillettes, qui le lui rendirent timidement, tandis que Fiona s'extasiait sur leur beauté. Elles ressemblaient comme deux gouttes d'eau à leur mère, une magnifique jeune femme à la chevelure blonde et bouclée, dont le regard, toutefois, était empli de tristesse.

Cependant, John continuait de se moquer d'Alyssa... Celle-ci, soudain excédée, s'exclama :

— John Weston ! Arrête ça tout de suite, sinon je ne viens pas au lac Tahoe !

Tout en riant, il se pencha pour l'embrasser. Fiona fut la seule à remarquer que la mère des fillettes avait brusquement tourné la tête. Elle dévisageait John intensément, comme hypnotisée. Quelque chose dans son expression lui serra le cœur. Pendant l'heure qui suivit, tandis que Mark, Alyssa et John bavardaient à bâtons rompus, l'inconnue ne quitta pas des yeux ce dernier, examinant chacun de ses gestes comme si elle cherchait à reconnaître en lui quelqu'un qu'elle avait perdu. Elle chuchota un mot à l'oreille de son amie, qui, à son tour, se mit à observer le jeune homme.

Enfin, Fiona et les enfants quittèrent le restaurant. Ashley tourna alors vers Bonnie son visage dévasté. Par le plus grand des hasards, le demi-frère de ses filles s'était tenu à quelques centimètres d'elles. Il leur avait même souri.

Ashley avait reconnu John Weston dès qu'elle avait entendu son nom. Il ressemblait tellement à son père ! Le voir en chair et en os lui avait infligé une piqûre de rappel douloureuse : elle et ses filles n'existaient pas dans le monde de Marshall, et cela ne changerait peut-être jamais.

Un peu plus tard, elle brava l'interdit et appela ce dernier sur son portable, en larmes. Marshall revenait du lac Tahoe, où il avait passé le week-end avec Liz, Lindsay et leurs amis. Lorsqu'il entendit sa maîtresse s'émerveiller sur la beauté de John et sur sa ressemblance avec lui, il fut choqué. Effrayé. Elle semblait faire une fixation sur son fils.

— Tu lui as parlé ? demanda-t-il aussitôt.

— Non, bien sûr. Je ne pouvais pas, répondit-elle tristement. Dire que Kezia et Kendall sont ses sœurs et qu'il ne sait même pas qu'elles existent. Ce n'est pas juste.

— Un jour, ils feront connaissance, lui promit-il.

Pendant un long moment, Ashley resta silencieuse. La double vie de Marshall lui pesait tant, et encore plus depuis qu'il lui avait avoué sa liaison avec Megan Wheeler. Elle ne le croyait pas lorsqu'il prétendait n'avoir eu avec elle qu'une aventure d'un soir. Comment faire confiance à un homme qui, depuis huit ans, mentait à son épouse ?

— Tu sais, Ashley, ce n'est pas facile pour moi non plus, ajouta-t-il comme s'il cherchait à s'attirer sa compassion.

Mais cela ne marchait plus. Il n'avait tenu qu'à lui de prendre une décision, et il ne l'avait pas fait.

Ce soir-là, la jeune femme s'endormit en pleurant à chaudes larmes, certaine que leur situation n'évoluerait jamais.

11

Lorsque Fiona reprit le travail, elle ne toucha pas terre pendant plusieurs jours, croulant sous les réunions, les rapports à lire et à signer, les problèmes à régler dans plusieurs usines, et les courriers et appels à retourner. Elle commençait tout juste à voir le bout du tunnel quand elle reçut un coup de téléphone de Logan Smith sur sa ligne de bureau. Il n'aurait pas osé la rappeler sur son portable, même s'il en avait précieusement conservé le numéro.

— Allô ? répondit-elle d'une voix distraite, tandis qu'elle cherchait un papier dans les piles qui s'entassaient sur sa table.

— Fiona ? C'est Logan à l'appareil. Logan Smith.

Elle ne put s'empêcher de sourire. Combien de Logan croyait-il qu'elle connaissait ?

— Bonjour, monsieur Smith. Comment allez-vous ?

— Très bien. Alors, ces vacances ?

— Formidables. C'est dur de se séparer des enfants après avoir passé trois semaines avec eux, mais j'ai été tellement occupée depuis mon retour que je n'ai pas eu le temps d'y penser.

Logan nota qu'elle s'animait dès qu'il était question de sa famille. C'était le sésame pour la faire sortir de sa réserve.

— Que puis-je pour vous ? s'enquit-elle, de nouveau professionnelle. J'espère que vous n'allez pas encore me parler d'une interview...

— Non, pas du tout. J'ai beaucoup aimé discuter avec vous la dernière fois. Et comme je m'en veux de vous avoir importunée pendant vos vacances, je voulais vous inviter à déjeuner.

— Pour me poser des questions ?

— Non, juste pour bavarder. Vous pourrez me parler du livre de votre sœur, si vous le souhaitez.

Fiona craignit de se montrer impolie en lui opposant encore un refus. Et après tout, Logan Smith était plutôt sympathique. Elle entendait presque la voix de sa sœur l'exhortant à accepter... Sauf qu'il ne s'agissait en rien d'un rendez-vous galant, bien sûr.

— Je n'ai pas l'habitude de m'arrêter pour déjeuner, répondit-elle, mais pourquoi pas. A condition que vous me promettiez de ne publier aucun de mes propos.

— Marché conclu. Je n'essaierai pas de vous soutirer des secrets de fabrication ou des commentaires sur les pratiques sexuelles de vos collègues P-DG. Ce qui nous laisse la météo et le sport comme sujets de conversation.

— Cela risque de poser problème, répliqua-t-elle en riant. Je n'y connais rien en sport.

— Météo ce sera, alors. On dirait qu'il va pleuvoir, aujourd'hui...

— Par contre, je n'ai pas le temps d'aller jusqu'en ville, prévint Fiona sur un ton d'excuse.

— C'est ce que j'ai pensé. J'ai un rendez-vous à Palo Alto cet après-midi, ce serait peut-être l'occasion ?

Fiona réfléchit un instant, tout en jetant un regard paniqué sur les dossiers qui s'amoncelaient sur son bureau.

— Je peux me libérer une heure, pas plus.

— Ce sera parfait.

Logan était flatté qu'elle lui accorde un peu de temps malgré son planning surchargé. Il suggéra un restaurant sans prétention qui proposait des salades et des sandwichs. Et afin qu'elle le repère parmi les clients, il précisa qu'il portait une chemise bleue, une veste de tweed et un jean ; de son côté, il n'aurait aucun mal à la reconnaître.

Lorsqu'elle se rendit en voiture au restaurant, Fiona se fit la réflexion qu'elle n'était pas sortie à midi depuis des mois, hormis pour des déjeuners de travail. Elle trouva Logan assis à une table en terrasse, occupé à lire ses e-mails sur son téléphone portable. Il se leva dès qu'il la vit s'approcher. Elle était vêtue d'un de ses tailleurs habituels dont elle avait laissé la veste dans la voiture, assorti d'un chemisier de soie blanc et de talons hauts – son « uniforme », pour employer ses propres termes. Avec son chignon strict, elle incarnait la parfaite femme d'affaires.

En prenant place en face de Logan, elle fut surprise par son charme : cheveux bruns grisonnant aux tempes, yeux noisette pétillants, sourire facile, il avait tout à fait l'allure d'un journaliste, à la fois intellectuel, curieux et alerte. Jillian ne s'était pas trompée : il devait avoir à peu près son âge.

— Désolée pour le retard, s'excusa-t-elle, tout en mettant son téléphone sur vibreur. Je ne peux pas quitter mon bureau sans que, systématiquement, on me retienne au moment où je passe la porte. Merci pour l'invitation, au fait.

— Je devais me faire pardonner, après vous avoir dérangée pendant vos congés.

— Vous ne pouviez pas savoir.

Fiona commençait à se détendre. Elle avait oublié combien il était agréable de s'échapper du bureau en pleine journée.

— J'essaie de faire en sorte que mon travail n'affecte pas ma vie privée, expliqua-t-elle. Quand je suis avec mes enfants, je suis toute à eux. J'en ai fait une règle.

— Ils ont de la chance. Mes parents étaient médecins, et je ne crois pas avoir jamais eu une seule conversation avec eux sans qu'ils l'interrompent pour répondre au téléphone – quand ils ne partaient pas carrément en courant. Mon père était chirurgien orthopédique, ma mère pédiatre. Elle exerce toujours, d'ailleurs, dans une petite ville du Vermont. A soixante et onze ans, elle est en pleine forme.

— Comment avez-vous atterri ici ?

— Par accident, comme beaucoup de gens qui s'installent sur la côte Ouest. Je suis venu en vacances un été, je suis tombé amoureux de la région et n'en suis plus reparti. Mais je voyage beaucoup, principalement à Los Angeles et à New York. J'adore mon travail.

Ils interrompirent leur conversation le temps de prendre leur commande : salade César pour tous les deux.

— Moi aussi, j'aime ce que je fais, répondit Fiona. J'ai gardé mon fils à la maison jusqu'à ses trois ans, mais je n'aurais pas pu tenir plus longtemps sans travailler. C'est vital, pour moi. Alors il a fallu jongler pour concilier carrière et vie de famille, et ça n'a pas toujours été facile. Je ne vous cache pas que j'ai culpabilisé, surtout quand les enfants étaient petits. Mais finalement, j'y suis arrivée.

Logan était admiratif. A seulement quarante-neuf ans, Fiona Carson était une figure majeure du monde de l'entreprise depuis près de vingt ans, et elle avait réussi de surcroît à assumer son rôle de mère.

— Votre mari vous a-t-il aidée à élever vos enfants ? demanda-t-il, curieux de savoir comment fonctionnaient les couples dans la sphère des puissants.

Fiona eut un petit rire.

— Non. Il considérait que c'était mon job. Je me suis donc occupée d'eux en plus de mon travail, comme beaucoup de femmes. David n'a pas supporté que je fasse carrière. Il voulait que je le rejoigne dans l'entreprise familiale, mais j'étais certaine que cela créerait des tensions entre nous. J'ai préféré chercher un emploi ailleurs, ce qui ne nous a pas empêchés de nous disputer. En réalité, il voulait une femme au foyer. Il l'a eue à sa deuxième tentative.

— Et pour vous ? Pas de deuxième chance ? s'enquit Logan.

Fiona l'intriguait, il avait envie de tout connaître d'elle. Sa biographie mentionnait son divorce, mais elle venait de lui en apprendre les raisons.

— Je n'ai pas le temps, répondit-elle. Je suis bien assez occupée avec mon travail et mes enfants.

Et elle ne semblait manquer de rien. De toute évidence, elle était heureuse, satisfaite de sa vie – une qualité que Logan appréciait chez elle, tout autant que sa beauté. Il la trouvait encore plus séduisante en vrai que sur les photos qu'il avait vues sur Internet. Et il ne pouvait s'empêcher de l'imaginer avec les cheveux détachés et des tenues plus décontractées…

— Quel âge ont vos enfants ? lui demanda-t-il.

— Instinctivement, je suis toujours près de répondre deux et cinq ans, confia-t-elle en souriant. Malheureusement, ils en ont déjà dix-neuf et vingt-deux. Ma fille va entrer en licence à Stanford. Le commerce la passionne autant que moi, elle veut faire une maîtrise de gestion. Mon fils, lui, c'est le saint de la famille : il est en train de passer un master en travail social à Columbia, et il part cette semaine dans un village au Kenya avec sa petite copine pour installer des canalisations d'eau.

— Ils m'ont l'air d'être des jeunes gens intéressants, observa Logan avec une pointe d'admiration.

— Oui, ils sont super. Vous avez des enfants ?

— Pas que je sache.

— C'est dommage.

Fiona savait néanmoins que tout le monde n'éprouvait pas le besoin d'être parent. Sa sœur en était le parfait exemple. Pour sa part, Logan avait décidé depuis longtemps qu'il n'était pas fait pour être père.

— Vous avez peut-être raison, répondit-il sans conviction. Tout de suite après l'université, je me suis marié avec une superbe fille de Salt Lake. Dès qu'elle a eu la bague au doigt, elle m'a dit qu'elle voulait retourner vivre dans sa ville natale et faire plein de bébés. J'étais censé travailler dans l'imprimerie de son père. J'ai essayé pendant un temps, mais j'ai vite compris que, si je restais six mois de plus là-bas, je me suiciderais. Alors j'ai pris mes jambes à mon cou et je suis allé à San Francisco. C'était il y a vingt ans. Depuis, mon ex-femme s'est remariée et a eu six enfants, et je suis très heureux pour elle.

« Au départ, je voulais être reporter free-lance, parcourir le monde, poursuivit-il. Ou bien journaliste sportif. Je me suis retrouvé à couvrir des affaires passionnantes dans la Silicon Valley, ce qui m'a valu d'être estampillé journaliste d'investigation spécialisé dans l'entreprise. J'ai mis au jour quelques activités criminelles ; ça m'a tellement plu que je suis devenu accro. Peut-être que je suis un détective dans l'âme, que je suis doué pour ça. Mais j'aime aussi les histoires humaines, comme celle de Mandela. Pouvoir l'interviewer a été la plus belle expérience de ma vie. Ce n'est pas souvent qu'on rencontre des opportunités comme celle-ci.

— Ma sœur a lu ces entretiens, elle les a trouvés fabuleux.

Tout en mangeant leurs salades, Fiona et Logan continuèrent à bavarder de choses et d'autres. Logan se retint d'aborder le sujet des fuites au sein du conseil d'administration de NTA, ne voulant pas lui donner à penser qu'il l'avait invitée pour lui soutirer des informations. S'il lui avait proposé ce déjeuner, c'était parce qu'il avait envie de mieux la connaître.

Il était fasciné par sa simplicité et sa modestie. Rien ne laissait deviner qu'elle comptait parmi les femmes les plus importantes du pays, ni qu'elle dirigeait une entreprise colossale. A son amabilité et son intelligence s'ajoutait un humour irrésistible, surtout lorsqu'elle évoquait sa sœur.

— C'est un sacré personnage, visiblement, commenta-t-il en riant.

— Je crois qu'elle vous plairait.

Maintenant qu'elle le connaissait un peu, Fiona était certaine que Jillian tomberait sous le charme de Logan Smith. En plus d'être brillant et cultivé, il était très séduisant, d'une manière simple et décontractée.

— Ma sœur est en Toscane en ce moment, précisa-t-elle. Elle joue très bien au tennis… et vous, vous y jouez aussi ?

— Vous ne seriez pas en train de faire de la retape pour elle ? lâcha-t-il avec un grand sourire.

— Oh, elle n'a pas besoin de mon aide ! Jillian a tous les hommes qu'elle veut. Quand elle était gamine, c'était une grande perche. Aujourd'hui, elle mesure plus d'un mètre quatre-vingts, et pourtant, ils tombent tous à ses pieds, qu'ils soient petits ou grands, jeunes ou vieux. Elle fait partie de ces gens qu'on ne peut pas ne pas aimer.

Même David, qui reprochait tant de défauts à Fiona, avait trouvé Jillian amusante.

— Et vous ? Comment étiez-vous étant petite ? s'enquit Logan.

C'était une question qu'il ne posait pas habituellement lors d'un premier rendez-vous, et, de même, Fiona n'y aurait pas répondu dans d'autres circonstances. Mais ils se sentaient tellement à l'aise qu'ils se confiaient tout naturellement l'un à l'autre.

— J'étais timide, avoua-t-elle. J'avais des lunettes, et j'ai eu des dents de lapin jusqu'à ce qu'on me mette un appareil.

— Et finalement, vous vous êtes transformée en cygne.

Fiona rougit.

— Pas vraiment. Je porte des lentilles. Et quand je suis stressée, je suis obligée de mettre un protège-dents la nuit pour ne pas trop serrer les mâchoires.

— Ça fait peur ! s'exclama-t-il en riant. Mais avec la pression que vous devez subir dans votre travail, je suis étonné que vous ne portiez pas aussi un casque et des protège-tibias. Je ne sais pas comment vous faites. Avoir cent mille employés sous ma responsabilité, ça me tuerait. Moi, on me demande juste de rendre mes articles dans les temps.

— C'est stressant aussi, répliqua-t-elle. J'aime ce que je fais. Ça aide.

Fiona était tellement différente des P-DG arrogants que Logan interviewait tous les jours... Et celui qu'il devait rencontrer dans l'après-midi ne dérogeait pas à la règle. Quand ces hommes narcissiques passaient des heures à se faire mousser, Fiona Carson lui parlait de ses lunettes et de son protège-dents. Cela révélait une humilité touchante.

— Comment décririez-vous votre travail, en un mot ? lui demanda-t-il.

Elle n'hésita pas une seconde :

— Difficile. Et en deuxième, amusant. A votre tour.

Logan réfléchit un moment. Il n'avait pas l'habitude qu'on lui retourne ses questions.

— Fascinant, surprenant, chaque jour différent, finit-il par répondre. Les gens que je rencontre m'intéressent toujours, même quand je ne les apprécie pas. Et ils ne sont jamais comme je les imaginais. Cela se vérifiait sans conteste pour Fiona, qui se révélait encore plus extraordinaire qu'il ne l'avait pensé. Quel dommage qu'il ne puisse pas l'interviewer ! Elle aurait fait un fabuleux sujet. Mais Logan y renonçait volontiers si, en échange, ils devenaient amis.

De son côté, Fiona avait accepté l'invitation par politesse, mais elle passait finalement un très bon moment. Jillian avait raison : cela valait le coup de rencontrer de nouvelles personnes. Lorsqu'elle regarda l'heure, elle constata avec regret qu'il était temps qu'elle retourne travailler. Elle avait un rendez-vous dans vingt minutes.

— Merci de m'avoir accordé ce déjeuner, lui dit Logan tandis qu'il la raccompagnait à sa voiture après avoir réglé l'addition. C'était un plaisir de pouvoir mettre un visage sur votre voix. Vous êtes différente de ce à quoi je m'attendais. En fait, vous êtes quelqu'un de normal.

— Bien sûr que je suis normale ! C'est fou, les gens pensent toujours qu'ils vont voir le magicien d'Oz, ou plutôt la méchante sorcière de l'Ouest.

Ayant croisé un certain nombre de sorcières dans sa vie, Logan aurait davantage comparé Fiona au personnage de Dorothy... Elle n'était pas prétentieuse, elle savait écouter les autres, et elle avait une innocence qui lui plaisait : comme si elle considérait que tout le monde était aussi honnête et irréprochable qu'elle. Fiona était sûrement de ces personnes qui accordent aux gens le bénéfice du doute et qui les poussent, par leur seule présence, à donner le meilleur d'eux-mêmes.

— J'espère que votre interview se passera bien cet après-midi, dit-elle en s'installant derrière le volant.

Logan parut surpris.

— Vous n'avez pas de chauffeur ?

— Non, je préfère conduire moi-même, c'est plus simple. J'utilise les services d'un chauffeur seulement pour me rendre à l'aéroport.

— Moi aussi, reconnut-il avec un grand sourire. Prenez soin de vous, et merci encore. Je suis pour qu'on renouvelle l'expérience. Et j'ai hâte de rencontrer votre sœur.

— Je vous enverrai son numéro par mail. Vous devriez vraiment l'appeler. Elle n'est pas timide, vous pouvez me croire ! Je suis sûre qu'elle adorerait faire votre connaissance et vous parler de son livre.

— Je préfère vous laisser me la présenter.

— Comme vous voulez. Merci pour le déjeuner ! lança Fiona en agitant la main, avant de s'éloigner en voiture.

Tandis qu'il rejoignait la sienne, Logan n'en revenait pas de l'agréable moment qu'ils venaient de passer ensemble. Si on lui avait demandé de décrire Fiona en un mot, il aurait répondu : « Formidable. »

Après s'être garée au parking de NTA, Fiona s'aperçut en consultant son BlackBerry qu'elle avait un message du responsable de la société d'investigation. Elle le rappela de son bureau.

— Serait-il possible que nous nous voyions cet après-midi ? s'enquit-il.

— C'est urgent à ce point ? s'étonna-t-elle.

— Je le pense.

Pourquoi était-il si pressé, subitement, alors que lui et ses hommes avaient pris leur temps pour mener l'enquête ? Fiona ne pouvait pas le recevoir avant dix-huit heures, mais cela n'entama pas la détermination de l'ancien agent du FBI. Quand elle sortit de sa dernière réunion, fatiguée par sa longue journée de travail, il l'attendait déjà dans son bureau.

Elle l'invita à s'asseoir dans l'espace réception, où il lui tendit une épaisse enveloppe contenant les résultats de leurs recherches. Fiona lui demanda de les lui résumer afin de gagner du temps.

— Vous devriez fermer la porte, suggéra-t-il.

Elle ne put retenir un sourire. Se croyait-il dans un film d'espionnage ? Tout le monde avait quitté les lieux, y compris ses assistantes...

— Alors, savez-vous qui a transmis les renseignements à la presse ? reprit-elle.

— Oui, j'en ai eu la confirmation hier, et j'ai vérifié une nouvelle fois l'information ce matin. Aucun procédé illégal n'a été employé au cours de cette enquête, qui a été menée, comme vous l'aviez exigé, dans la plus grande transparence.

Fiona acquiesça, satisfaite.

— Donnez-moi donc le nom du coupable, je lirai votre rapport ce soir à la maison.

Elle sentit un frisson lui parcourir le dos tandis que l'enquêteur plongeait son regard dans le sien.

— La fuite provient de Harding Williams, déclarat-il simplement.

Fiona en resta bouche bée. C'était impossible. Ils devaient faire erreur. Harding avait beau être arrogant et désagréable, il avait beau la détester, son intégrité était au-dessus de tout soupçon.

— Vous êtes sûr ? Le président du conseil ?

— Lui-même. Il a une liaison depuis un an avec une très jolie jeune femme, une journaliste, qu'il retrouve une fois par semaine dans un hôtel. Leur histoire a peut-être commencé innocemment, mais la demoiselle a réussi à lui soutirer des informations, sans que l'on sache si elle a usé de chantage ou non. Elle s'est vantée auprès d'un de mes agents d'avoir une source au sein même du conseil d'administration de NTA. Et Harding Williams a confié à son coiffeur qu'il avait une aventure avec une petite jeunette. Elle a trente-deux ans.

Harding avait donc plus de deux fois son âge... L'enquêteur sortit de l'enveloppe la photo d'une ravissante jeune fille, brune aux yeux clairs, et exhibant un décolleté généreux. Fiona la regarda un long moment, avant de la lui rendre.

— Harding Williams a une liaison avec cette femme ? répéta-t-elle, incrédule.

— Toutes les preuves sont dans le dossier. J'ai des photos d'eux en train de s'embrasser. Il a l'air fou d'elle.

Fiona eut une pensée pour la femme effacée avec laquelle il se targuait d'être marié depuis quarante-quatre ans. Et dire qu'il traitait Fiona comme une malpropre à cause d'une relation inoffensive qu'elle avait eue dans sa jeunesse ! Comment pouvait-il se regarder dans la glace ? Il avait abusé de sa position de confiance en tant que pré-

sident du conseil, manqué à son devoir de confidentialité, mis en péril le cours des actions de son
entreprise... C'était un hypocrite et un menteur.
Fiona était tellement choquée qu'elle avait du mal
à y croire. Et pourtant, l'enquêteur possédait des
photos de Harding entrant et sortant de l'hôtel,
ainsi que des reçus de l'établissement ; et la jeune
femme était bien la journaliste qui avait publié
les informations confidentielles. Il n'y avait aucun
doute possible.

L'enveloppe à la main, Fiona se leva et remercia
l'ancien agent du FBI. Quand elle aurait soigneusement étudié le dossier, elle convoquerait une réunion d'urgence du conseil d'administration. Compte
tenu de ce qu'elle venait d'apprendre, il paraissait
inéluctable que Harding Williams soit démis de ses
fonctions. Ce n'était pas la conclusion qu'elle avait
espérée, quand bien même il avait été odieux avec
elle.

Sur le chemin du retour à Portola Valley, Fiona
peinait à se remettre de ses émotions. Comment
Harding avait-il pu fouler aux pieds tous les principes éthiques et moraux auxquels il prétendait
adhérer ? Voilà qui étayait la théorie de Jillian et
de Logan quant au comportement des hommes
face au pouvoir... On dit qu'il n'y a pire imbécile qu'un vieil imbécile : Harding Williams en
était le parfait exemple. Fiona éprouva un profond dégoût. Harding ne valait pas mieux que
les autres.

Ce soir-là, elle ne prit pas la peine de dîner. Elle
s'assit à son bureau et lut le rapport du premier au
dernier mot. Lorsqu'elle eut refermé le dossier, elle

appela le président du conseil pour lui demander une entrevue le lendemain matin.

— J'ai autre chose à faire, répondit-il d'un ton irascible. J'ai des rendez-vous. Ça attendra après-demain.

— Je suis navrée, Harding, mais il faut absolument que je te voie demain. A dix heures ?

Fiona avait une réunion à huit heures avec le contrôleur des finances et le comptable de l'entreprise. Elle espérait ne pas en avoir pour plus de deux heures.

— Qu'y a-t-il de si urgent ? grommela Harding.

— J'ai des rapports importants à te faire signer, prétendit Fiona.

— Bon, bon. Mais tu pourrais quand même éviter de me prévenir à la dernière minute.

— Entendu, Harding. A demain.

Après avoir raccroché, Fiona envoya un e-mail à chacun des membres du conseil d'administration – à l'exception du président – pour les convier à une réunion le surlendemain. Si elle n'était pas pressée d'affronter Harding Williams, elle n'avait pas peur pour autant de prendre ses responsabilités en tant que P-DG. Il lui tenait à cœur de protéger son entreprise.

Avant d'aller se coucher, elle rédigea un message à Logan pour le remercier de son invitation. Le déjeuner avec le journaliste lui semblait tellement loin ! Lorsqu'elle mit son protège-dents en place, elle faillit rire tout haut en voyant son reflet dans le miroir. « Ça fait peur ! » avait-il plaisanté quand elle lui avait confié ce petit secret. Il n'avait pas tort... Mais la malhonnêteté de Harding Williams faisait peur, elle aussi. Au moins, il ne la tourmenterait plus. Le président tout-puissant était sur le point de tomber...

Soulagée d'un énorme poids, Fiona dormit comme un bébé.

12

Le lendemain, Harding Williams fit irruption dans le bureau de Fiona sans attendre que l'assistante ait annoncé son arrivée. Assise à sa table de travail, Fiona l'attendait patiemment en feuilletant des dossiers. Il avait vingt minutes de retard.

Au petit déjeuner, elle avait relu le rapport d'enquête pour s'assurer qu'aucun élément important ne lui avait échappé. Mais toutes les preuves étaient là, assorties de photos des deux amants. Sur l'une d'elles, on les voyait même s'embrasser dans une ruelle sombre. Pauvre Mme Williams...

— Bonjour, Harding, dit Fiona d'une voix calme, tandis qu'il se plantait devant elle, furieux.

Elle se leva pour fermer la porte du bureau.

— Je t'en prie, assieds-toi.

— Je n'ai pas de temps à perdre, lâcha-t-il brutalement. J'ai des rendez-vous en ville cet après-midi. Je ne peux pas accourir à Palo Alto toutes les cinq minutes pour tes beaux yeux.

— Dans ce cas, je vais faire court, répondit-elle. Je veux que tu démissionnes. Je crois que tu devines pourquoi. Et j'aimerais, pour notre bien à tous les deux et celui du conseil, que cela soit fait proprement.

Harding parut sidéré, tant par ce qu'elle venait de dire que par la froideur de son ton. Elle soutint son regard sans ciller.

— Tu as violé tes devoirs de président du conseil, transgressé l'accord de confidentialité que tu avais signé – et qui constitue un document légal, soit dit en passant –, et mis en péril cette entreprise en livrant des informations à une journaliste avec qui il semblerait que tu entretiennes des relations sexuelles. Malgré ta malhonnêteté manifeste, et bien que tu ne mérites plus aucun respect de ma part, je suis prête à te donner la possibilité de démissionner aujourd'hui. Je te suggère d'évoquer dans ta lettre des raisons de santé. Tu étais censé partir en décembre, personne ne sera surpris. Si tu refuses, tu seras renvoyé par le conseil demain matin.

Muet de stupeur, Harding se leva et se mit à faire les cent pas dans la pièce. Quand il se tourna vers Fiona, ses yeux lançaient des éclairs.

— Comment oses-tu me parler sur ce ton ? rugit-il.

Cela ressemblait fort à une tentative d'intimidation.

— Et toi, comment as-tu osé trahir la confiance du conseil ? rétorqua-t-elle d'une voix glaciale. Ton indiscrétion a affecté la vie de milliers de personnes et aurait pu faire s'écrouler le cours de nos actions. Tout ça pour impressionner une fille deux fois plus jeune que toi ! Comment as-tu osé ?

Le pouvoir avait changé de mains. La vérité était une arme puissante...

— Tu racontes n'importe quoi, fulmina Harding.

Sans un mot, Fiona prit sur son bureau les photos

compromettantes. Quand elle les lui tendit, elle crut qu'il allait tomber en syncope.

— C'est cette fille qui a signé l'article où apparaissaient les premières fuites, expliqua-t-elle. A mes yeux, c'est une preuve suffisante, et je suis sûre que le conseil sera d'accord avec moi. Ta vie sexuelle ne me regarde pas, mais quand tes maîtresses commencent à divulguer des informations confidentielles sur mon entreprise, là, ça me concerne. Tu représentes un danger pour l'organisation. Les règles de confidentialité nous interdisent de révéler les raisons de ton licenciement, mais si tu me forces la main, je ne me gênerai pas. A ta place, je n'aurais pas trop envie de faire l'objet de spéculations dans tous les journaux et sur Internet...

— Sale petite garce ! siffla-t-il, tremblant de rage.

— Ça, c'est ta maîtresse, pas moi. Et si tu fais référence à mon histoire de jeunesse avec Jed Ivory, sache que je n'étais qu'une gamine naïve dont ton ami a bien profité, même si tu n'as jamais voulu le reconnaître. Tu sais, moi non plus je ne t'aimais pas, mais je respectais au moins tes compétences, ta carrière, et je te croyais intègre. En fait, tu n'es qu'un imposteur. Tu te vantes d'être marié depuis quarante-quatre ans, tu fais de beaux discours sur la moralité, alors que tu n'en as aucune. Je veux que tu dégages du conseil d'administration au plus vite.

— Tu n'avais pas le droit de me faire pister ! s'indigna Harding.

— Ce n'est pas interdit. J'avais promis aux membres du conseil qu'aucun moyen illégal ne serait utilisé dans cette enquête, et j'ai tenu ma promesse. C'est toi qui as été assez bête pour te donner en spectacle et embrasser ta maîtresse en public. S'il s'était agi d'une autre femme, ton comportement aurait juste été répugnant. Mais là, c'est une journaliste, et tu lui as confié des secrets qu'elle s'est empressée de publier. Tu as dépassé les bornes.

— La fermeture de Larksberry aurait fini par être annoncée, tu en fais beaucoup trop, ma pauvre Fiona.

Mais il savait parfaitement que l'information aurait été présentée autrement, et au bon moment. Au lieu de cela, la jeune reporter s'en était servie pour causer du tort à NTA en montant le public contre l'entreprise et en semant le trouble parmi les employés.

— Si tu donnes ces photos à la presse, je porte plainte, la menaça-t-il.

— Ce ne sont pas des calomnies, Harding, répliqua Fiona, imperturbable. Tu ne peux pas faire un procès en diffamation quand les accusations sont fondées. Néanmoins, je te l'ai dit : rien ne sortira de ce bureau si tu acceptes de te retirer aujourd'hui. Tu pourras présenter ta démission au conseil demain matin à neuf heures – j'ai convoqué une réunion d'urgence, et je compte sur ta présence. Maintenant, la balle est dans ton camp : soit tu décides de partir discrètement, soit tu décides de faire tout un foin. A ta place, je choisirais la première solution.

— Les femmes comme toi ne devraient pas diriger des entreprises, dit-il d'une voix pleine de fiel. Tu ne sais pas ce que tu fais.

— Ce n'est pas le sujet.

Fiona lui tendit la lettre de démission qu'elle avait rédigée pour lui. Sans prendre le temps de la lire,

Harding en fit une boule et la jeta par terre, avant de quitter le bureau d'un pas furieux. Mais Fiona savait qu'il serait obligé d'en signer une le lendemain, sans quoi il serait renvoyé. Il était fini. Tandis qu'elle ramassait le papier chiffonné pour le mettre à la poubelle, son assistante entra, inquiète. Elle avait entendu des éclats de voix à travers la porte fermée.

— Voulez-vous un Advil ? demanda-t-elle.

Fiona se mit à rire. Non, ce n'était pas la peine. Jamais elle ne s'était sentie aussi bien. Son seul regret était d'avoir éprouvé de la culpabilité à cause de Harding vingt-cinq ans plus tôt et d'avoir ensuite supporté sans broncher ses invectives pendant six ans.

Ce soir-là, en rentrant chez elle, Fiona ne se sentait même pas fatiguée. Le lendemain à neuf heures, elle était fraîche et dispose lorsqu'elle rejoignit les membres du conseil d'administration, qui attendaient avec inquiétude de connaître la raison de cette convocation extraordinaire. Alors qu'elle venait de s'installer, Harding déboula dans la pièce, rouge de colère, et prit place dans son fauteuil de président.

— Je veux que vous sachiez quel genre de femme dirige cette entreprise ! vociféra-t-il à l'attention de ses collègues.

Ceux-ci le regardèrent avec stupéfaction. Fiona devinait la suite, mais elle n'en avait cure. Elle n'avait plus de combats à mener contre Harding Williams. Il avait perdu la guerre, et les membres du conseil allaient bientôt découvrir pourquoi.

— Quand elle était à Harvard, elle a eu une liaison avec un professeur marié ! lança Harding.

Elle l'a séduit et l'a poussé à divorcer. C'est une briseuse de foyer, une catin, une débauchée !

Il y eut un silence autour de la table. Harding avait l'air dérangé.

— Le professeur en question était déjà séparé de son épouse quand je l'ai rencontré, expliqua Fiona calmement. C'était un ami de Harding, il était connu pour coucher avec ses étudiantes. Il a divorcé de sa femme pour se marier avec une élève de vingt-deux ans qu'il avait mise enceinte. J'en avais vingt-quatre, et cela m'a brisé le cœur. Mais ce n'est pas la raison pour laquelle je vous ai réunis aujourd'hui.

Les membres du conseil se tortillèrent sur leurs chaises, gênés par le coup de sang du président et par la haine dont il avait fait montre à l'égard de Fiona, qu'ils respectaient en tant que femme et en tant que P-DG.

— Nous sommes ici parce que nos enquêteurs ont trouvé la source des fuites, reprit-elle. Malheureusement, le coupable est Harding. Il entretient une liaison depuis un an avec une journaliste, celle-là même qui a signé l'article en question. Je vous ai apporté des copies du rapport.

Elle se leva pour distribuer à chacun d'eux un dossier estampillé « Confidentiel ».

— Hier, j'ai vivement conseillé à Harding de démissionner en invoquant des raisons de santé. Il a refusé. J'aimerais lui renouveler ma proposition aujourd'hui. Ou alors, nous pouvons décider de le renvoyer. Cela m'est égal.

Elle se tourna vers Harding. Il s'était affaissé dans son fauteuil, vidé de sa colère. Des murmures choqués s'élevèrent autour de la table de conférence.

— Harding, as-tu quelque chose à dire ? demanda Fiona d'une voix claire.

— Je vais démissionner, se résigna-t-il. Mais je veux votre promesse que rien de tout cela ne sera divulgué à la presse.

Tous acquiescèrent. Il ne méritait pas une telle loyauté, mais le plus important était de régler l'affaire au plus vite. Exposer Harding risquait seulement de porter préjudice à l'entreprise.

— Tu as notre parole, déclara Nathan Daniels, l'aîné du conseil d'administration.

Harding sortit de la pièce sans présenter la moindre excuse, sans même les saluer. Il y eut un grand silence dans la salle, tandis que les autres membres tentaient de digérer ce qui venait de se passer. Harding était bien le dernier qu'ils auraient soupçonné de les avoir trahis. Personne ne l'aurait imaginé capable de se laisser étourdir par une aventure avec une jeune femme. Il avait risqué sa réputation et son honneur, et en même temps mis en danger l'entreprise.

Fiona leur rappela alors qu'ils devaient nommer un nouveau président et suggéra le nom de Nathan Daniels, qui était respecté de tous. La proposition fut adoptée à l'unanimité.

De retour à son bureau, Fiona demanda au service des relations publiques de rédiger un communiqué de presse annonçant le départ de Harding et la nomination de Nathan Daniels à sa succession. L'ancienneté de ce dernier au sein du conseil et sa fonction de président d'une grande banque faisaient de lui le meilleur choix possible, un choix qui contenterait sans nul doute les actionnaires. A treize heures, Fiona reçut la lettre de démission de Harding. Elle aurait été en droit de penser qu'elle avait remporté une victoire, mais tout ce qu'elle ressentait, c'était du soulagement Tout était fini. Le mystère avait été levé, et l'affaire traitée avec la compétence et la grâce caractéristiques de Fiona.

13

Le lendemain, Logan Smith fut le premier à appeler Fiona. En décrochant, elle se demanda s'il s'agissait d'une coïncidence ou s'il allait évoquer l'affaire. La réponse ne se fit pas attendre...

— C'est de Harding Williams que venait la fuite ? la questionna-t-il sitôt après l'avoir saluée.

Logan se révélait encore plus malin qu'elle ne le pensait – il avait flairé la vérité. Mais elle avait beau l'apprécier, elle n'avait pas l'intention de trahir les secrets de l'entreprise.

— Harding a des problèmes de santé, répondit-elle simplement. Nos statuts lui imposaient de se retirer le jour de ses soixante-dix ans, en décembre, et il n'a pas jugé utile de rester encore cinq mois dans son état.

— Il ne me semble pas du genre à partir cinq minutes avant l'heure, même à moitié mort, répliqua Logan. Je l'ai interviewé il y a deux ans, il m'a plutôt donné l'impression d'un dur à cuire.

— Tout le monde vieillit et peut tomber malade, même Harding Williams. Nous nous sommes fait du souci pour lui, mais c'était la meilleure décision à prendre.

— Ça sent le discours préparé, Fiona. Au fait, étiez-vous déjà au courant, l'autre jour, quand nous avons déjeuné ensemble ? C'est juste par curiosité, cela restera entre nous.

— Pour tout dire, non. Je n'ai appris son départ que plus tard dans la journée. Le conseil s'est réuni hier pour accepter sa démission. M. Williams ne pouvait plus exercer ses fonctions de président.

Ce n'était pas totalement faux, même si la décision était venue d'elle, et non de Harding. Fiona n'aimait pas mentir à Logan. Elle aurait volontiers clos la discussion, mais il avait encore une carte à jouer :

— On sait que Harding Williams ne voit pas d'un bon œil les femmes qui occupent des postes à hautes responsabilités. Il me l'a dit lui-même. Et le bruit court qu'il vous détestait tout particulièrement.

— C'était un très bon président, se contenta-t-elle de répondre.

— Je n'obtiendrai rien de vous, n'est-ce pas ?

— Vous m'appelez pour un article, ou en tant qu'ami ?

— Pour être honnête, un peu les deux. Vous êtes ma meilleure source dans cette affaire, et j'ai le sentiment que la démission de Harding cache quelque chose. C'est tellement soudain... Vous n'êtes pas obligée de m'expliquer ce qui s'est passé, mais au moins, ne me mentez pas.

— Alors ne me posez pas de questions auxquelles je ne peux pas répondre, répliqua-t-elle d'une voix lasse.

— D'accord. Je n'insiste pas davantage.

Logan respectait son intégrité. De plus, il savait

combien son travail était difficile. Quelles que soient les raisons qui avaient poussé Harding Williams à démissionner, Fiona en avait forcément subi les conséquences.

— En fait, je n'appelais pas que pour ça, dit-il, jugeant bon de changer de sujet. J'ai une autre interview demain dans votre secteur : accepteriez-vous de dîner avec moi ? Je connais un bar sympa à Palo Alto qui sert de la bière et de bons hamburgers. Je vous promets de ne pas vous parler de Harding Williams. Une petite soirée entre copains, c'est tout.

Fiona se mit à rire. Voilà bien longtemps qu'on ne lui avait pas proposé une sortie de ce genre.

— Pourquoi pas, répondit-elle après une brève hésitation. Mais pas trop tard, si possible. J'ai eu une semaine harassante.

— Je veux bien vous croire. La mienne n'a pas été de tout repos non plus. Six heures, cela vous conviendrait ?

— Ce serait parfait.

Fiona se faisait une joie de bavarder avec lui, sans compter qu'elle avait toujours dans l'idée de le présenter à sa sœur. Elle était certaine que leur différence d'âge ne leur poserait aucun problème, ni à l'un ni à l'autre.

Au cours de la journée, elle fut soulagée de constater que le départ de Harding était traité comme un non-événement dans la presse et sur Internet. Quelques journalistes se demandaient certes s'il existait un lien entre cette démission et la fuite d'informations confidentielles deux mois plus tôt, mais aucun n'était en mesure de le prouver.

En rentrant chez elle, Fiona appela sa fille, qui

passait quelques jours chez les Weston à Tahoe. Elles bavardèrent un moment mais Alyssa se garda de tout dire à sa mère : l'ambiance était moins bonne qu'elle ne s'y attendait dans la maison de vacances des parents de John. Même si Marshall et Liz faisaient des efforts pour elle, il y avait entre eux une tension palpable, qui mettait l'entourage mal à l'aise.

John lui expliqua peu après que cela datait du jour où son père avait été accusé de harcèlement sexuel.

— Ma mère n'a jamais cru aux allégations de cette femme. Mais elle a pris conscience qu'il était exposé à ce genre de plaintes, et ça l'a paniquée.

Les deux jeunes gens étaient assis sur le ponton du lac, les pieds dans l'eau glacée.

— Elle est très nerveuse, depuis, poursuivit-il. En plus, ma sœur les rend dingues, elle cherche toujours une raison de s'engueuler avec eux. Elle est certaine que mon père a trompé maman et elle ne se gêne pas pour le dire. Du coup, il est en colère contre elle, et ça fait une raison de plus pour que mes parents se disputent. J'imagine que ça finira par s'arranger...

John lui confia alors sa plus grande crainte :

— Je sais que c'est idiot, mais j'ai peur qu'ils divorcent. Mon père subit une telle pression au travail ! Et puis, tous les parents de mes copains sont séparés. Regarde les tiens.

David et Fiona avaient divorcé alors qu'Alyssa était âgée de treize ans. Elle avait eu le temps de s'en remettre. Mais cela lui faisait de la peine pour John, qui se disait impatient de retourner à la fac tant l'atmosphère familiale lui pesait. Et c'était pire encore quand son frère Tom leur rendait visite. Lui et Marshall se querellaient constamment. La récente affaire n'avait fait que conforter Tom dans la piètre opinion qu'il avait de son père.

— Une famille parfaite, hein ? murmura John tristement.

— Il n'y a pas de famille parfaite, répliqua Alyssa en se lovant contre lui. Mes parents se chamaillaient tout le temps, tu sais. Mon père détestait le travail de ma mère, il aurait voulu qu'elle reste à la maison pour s'occuper de nous. Il la harcelait à la moindre occasion, et il continue, encore aujourd'hui. Il a toujours une remarque désobligeante à lui faire quand il la voit. Je crois qu'il l'a dégoûtée à vie du mariage et des hommes. C'est pour ça qu'elle ne sort plus ; elle ne cherche pas à refaire sa vie avec quelqu'un : tout ce qu'elle veut, c'est avoir la paix. Mais j'ai peur qu'elle se sente seule, parfois...

— Mes parents ne se disputent pas autant, concéda John. Ma mère a juste du mal à encaisser l'histoire du procès avorté. Elle veut tellement que tout soit parfait... Sauf que la vie n'est pas ainsi faite. Elle aurait aimé que mon père passe un mois avec nous ici, mais il ne prend pas de congés, cette année. Et il va à Los Angeles toutes les semaines ! Ce n'est pas facile d'être P-DG. Je crois que je préférerais diriger ma propre entreprise, plutôt qu'une grosse boîte comme celles de mon père et de ta mère.

— Moi, j'adorerais, au contraire ! s'exclama Alyssa. Ça doit être génial. Maman est passionnée par son travail.

La jeune fille admirait sa mère, qui était son modèle en tout.

— Oui, mais à quoi bon, si elle finit toute seule ? fit remarquer John. J'aime mieux avoir une chouette vie de couple et une maison remplie de gamins.

— Deux, ça me suffirait. Comme mon frère et moi.

— Je pensais plutôt à cinq ou six, la taquina-t-il. Remarque, s'ils sont tous comme ma sœur, ça craint... Là, je me tire une balle. Franchement, je suis sûr que Lindsay passe son temps libre à chercher des moyens de les emmerder. Elle a dit à mon père que, pour ses dix-huit ans, elle se ferait faire un tatouage.

— Il a dû apprécier, observa Alyssa en riant.

Lindsay l'amusait : c'était une rebelle dans l'âme.

— Ma mère dit qu'elle n'est pas sérieuse, mais moi, je m'attends tout à fait à la voir revenir avec un horrible tatouage le jour de ses dix-huit ans !

John avait été soulagé de quitter cette ambiance conflictuelle pour passer quelques jours avec les Carson à Malibu. La famille d'Alyssa lui paraissait beaucoup plus heureuse, et Fiona bien plus détendue que son père malgré les hautes fonctions qu'elle occupait. En comparaison, sa mère à lui était trop perfectionniste, trop angoissée. Cela allait un peu mieux quand son père les rejoignait le week-end, à la nuance près qu'il leur avait acheté un jet-ski, devenu source d'inquiétude supplémentaire pour Liz.

Lorsque Marshall avait autorisé John à emmener Alyssa en bateau, ce fut l'occasion d'un nouvel accrochage avec sa femme. Alyssa les avait entendus se disputer ce soir-là.

« C'est trop dangereux, affirmait Liz. Il y a des

accidents tous les ans sur le lac, parfois mortels. Et si elle se blesse ?

— Pour l'amour du ciel, Liz ! John est un garçon responsable. Tu ne peux pas le traiter comme un gamin de cinq ans. Il joue au foot, c'est bien plus dangereux que de conduire un bateau sur un lac...

— Ce n'est pas la même chose », avait-elle voulu expliquer, mais il refusa de l'écouter.

Liz pleurait souvent depuis deux mois, comme si elle subissait le contrecoup de la plainte pour harcèlement. Elle s'était montrée forte au moment où Marshall avait eu besoin d'elle, et maintenant, elle craquait.

— Chérie, que se passe-t-il ? la questionna-t-il un soir, alors qu'il passait le week-end au lac Tahoe.

— Je ne sais pas. J'ai peur qu'il arrive malheur, à toi ou aux enfants.

Sous les traits de Megan Wheeler, le mal s'était approché d'un peu trop près de leur vie paisible, et plus rien ne lui semblait sûr. Elle craignait que Marshall n'ait un accident à Los Angeles, ou que son avion ne s'écrase. Alors qu'elle lui avait toujours fait confiance, elle était soudain terrifiée à l'idée qu'il la trompe. Elle se sentait vieille et laide.

— Tu devrais peut-être consulter un médecin, suggéra-t-il.

— Je verrai comment je me sens une fois rentrée à la maison, répondit-elle en se blottissant contre lui.

Marshall ne comprenait pas ce qui arrivait à sa femme, d'habitude si solide. Chaque semaine, c'était un soulagement pour lui de retourner travailler.

Cependant, les choses n'allaient pas mieux à

Malibu. Ashley était au plus bas. L'incident avec Megan Wheeler lui avait fait prendre conscience que Marshall pouvait très bien lui être à nouveau infidèle. Pour ne rien arranger, elle développait une véritable obsession pour Liz depuis qu'elle les avait vus ensemble à la télévision. Son statut de maîtresse lui était devenu insupportable, et elle ne ratait pas une occasion de harceler Marshall pour qu'il divorce et vienne s'installer avec elle.

Il avait l'impression d'être une balle de ping-pong renvoyée d'une femme en pleurs à une autre. C'était à en perdre la raison. S'il s'efforçait d'être patient avec Liz, Ashley lui mettait une telle pression qu'il laissait parfois exploser sa colère. Evidemment, cela n'arrangeait rien...

— Je ne peux pas vivre comme ça ! cria-t-il un matin, alors que les filles étaient parties au centre de loisirs et que Ashley venait de lui lancer qu'elle ne l'attendrait pas un an de plus.

Pourquoi Ashley ne se montrait-elle pas plus compréhensive ? C'était une grande fille, elle savait depuis le début qu'il avait une autre famille.

— Liz fait une dépression, expliqua-t-il en se passant les mains dans les cheveux, exaspéré. Je ne vais pas pouvoir supporter que tu craques toi aussi.

Ashley éclata en sanglots et courut s'enfermer dans la chambre. Elle en avait assez d'entendre parler de Liz. Une demi-heure plus tard, quand il la rejoignit, elle était encore en train de pleurer dans son lit. Marshall était désemparé. Ses deux femmes doutaient de lui et il ne se sentait bien nulle part. Du coup, il devenait agressif avec tout le monde et éprouvait des difficultés à se concentrer sur son travail, qui était pourtant son ultime refuge.

— Ashley, calme-toi, l'implora-t-il. Il faut que tu me croies. Je te jure que dans un an tout s'arrangera. Si je quitte Liz maintenant, mes enfants ne me le pardonneront jamais. Attends que Lindsay ait fini le lycée, et tes rêves se réaliseront.

Il lui tenait vraiment à cœur de se réconcilier avec elle. D'autant qu'ils ne faisaient presque plus l'amour et que cela le rendait fou. Ashley était l'amante de ses rêves... Si seulement tout pouvait redevenir comme avant !

A son retour au lac Tahoe le vendredi, Marshall trouva sa femme et sa fille en froid. Il se servit un verre d'alcool, qu'il alla boire au bord de l'eau. De penser au cauchemar qu'était devenue sa vie, une larme solitaire roula sur sa joue. Il se sentait complètement impuissant. L'affaire Megan Wheeler avait tout gâché... Au lieu de le soutenir, ses deux femmes l'étouffaient comme deux boas constrictors enroulés autour de son cou.

Marshall laissa son regard errer sur le lac. Il avait envie de s'enfuir. Ashley lui parlait de la responsabilité qu'il avait envers elle et les jumelles, un discours qui venait tout droit de Bonnie, c'était certain. Celle-ci montait la jeune femme contre lui. Et Liz souhaitait qu'ils passent plus de temps ensemble... Elle suggérait même de l'accompagner à Los Angeles en automne, si elle trouvait quelqu'un pour garder Lindsay. L'idée le paniquait. C'était comme si le monde entier s'acharnait contre lui. A cette pensée, Marshall posa son verre et plongea dans le lac.

Le choc de l'eau glacée le vivifia. Il nagea jusqu'au radeau.

Lorsqu'il rentra dans la maison, Liz et Lindsay, en larmes, se disputaient toujours... Il passa devant elles sans leur adresser la parole, s'enferma dans la chambre et s'allongea sur le lit. A cet instant, son téléphone portable lui annonça l'arrivée d'un message. C'était Ashley. Ces derniers temps, elle prenait de plus en plus de risques, comme pour le mettre à l'épreuve. « Je t'aime. Tu nous manques », disait-elle. Il effaça le message, ferma les yeux et tenta de s'endormir.

14

Le bar où Logan avait donné rendez-vous à Fiona était tel qu'il le lui avait décrit : un troquet sans prétention, dans lequel se massaient des étudiants de Stanford et quelques personnes venues profiter de la happy hour pour prendre une bière à la sortie du travail. Quand Fiona aperçut Logan au fond de la salle mal éclairée, elle réprima un sourire. Elle n'avait pas l'habitude de fréquenter ce genre d'établissements, mais cela lui donnait l'impression de rajeunir. Elle avait ôté la veste de son tailleur-pantalon, relevé les manches de son chemisier de soie, échangé ses talons hauts contre des chaussures plates qu'elle gardait dans le coffre de sa voiture, et libéré ses cheveux de son chignon strict... Elle ne voulait quand même pas passer pour la mère d'un des jeunes clients.

Vêtu d'un jean et d'une chemise bleue dont il avait lui aussi remonté les manches, Logan leva les yeux de son journal et se fendit d'un large sourire.

— Alors, vous avez trouvé facilement ?

— Sans problème. Comment allez-vous ? demanda-t-elle en s'asseyant en face de lui.

— Je suis content qu'on soit vendredi.

Malgré ses premières réticences, Fiona sentait qu'ils se liaient d'amitié. Cela lui faisait du bien. Ces moments de détente venaient la distraire de ses lourdes responsabilités. C'était d'ailleurs exactement ce que sa sœur lui avait prescrit : de s'amuser un peu. Comme d'habitude, Jillian avait eu raison.

— Vous avez passé une bonne journée ? s'enquit gentiment Logan.

Fiona espérait que l'intérêt affiché du journaliste n'était pas un stratagème pour lui arracher des confidences sur son travail... Elle décida néanmoins de se montrer honnête avec lui, comme on l'est avec un camarade que l'on retrouve pour boire un verre. Il faut dire que c'était nouveau pour elle : depuis qu'elle était célibataire et occupait ce poste éreintant, sa vie sociale se limitait à de rares soirées chez des amis et à des dîners d'affaires, nécessaires mais pas franchement distrayants.

— Pour tout vous dire, non, pas vraiment... Moi aussi je suis soulagée d'être en week-end. Et vous, votre journée ?

— J'ai interviewé un jeune entrepreneur, Harvey Eckles. Fascinant. A vingt-trois ans, il a déjà gagné des milliards sur Internet. Il n'a pas l'air très dégourdi comme ça, mais en fait c'est un génie, un vrai petit Einstein ! Je n'ai pas compris un mot de ce qu'il m'a raconté, ce qui explique sans doute qu'il soit milliardaire et pas moi.

— Votre boulot doit être passionnant. J'ai fait un stage dans un journal quand j'étais étudiante, mais je me suis rendu compte que j'étais incapable d'écrire un texte digne d'intérêt en dehors des rapports d'entreprise. J'ai eu 11 en écriture créative, la pire note de mon existence.

— Vous savez, moi, j'ai à peine décroché la moyenne à mon premier examen de journalisme, et ça ne m'a pas empêché de réussir dans cette voie. Vous deviez avoir trop de talent, plaisanta Logan. L'examinateur n'a pas dû comprendre !

La serveuse vint prendre leur commande : cheeseburger complet et Heineken pour Logan, simple hamburger-frites et Coca Light pour Fiona.

— Que faites-vous pour vous détendre, en général, le week-end ? lui demanda-t-il avec intérêt.

— Je travaille.

Ils se mirent à rire.

— Malheureusement, c'est vrai... Je ramène toujours un peu de boulot chez moi, sans quoi je prendrais trop de retard. Au bureau, je suis souvent interrompue, ne serait-ce que par les réunions. Alors, le week-end, je profite de Mark et d'Alyssa quand j'ai la chance de les voir, et le reste du temps, je comble le vide en me plongeant dans mes dossiers.

Logan devina à son regard que ses enfants lui manquaient. Et songea qu'elle était certainement célibataire, pour accepter de dîner avec lui et passer son temps libre à travailler. En fait, il reconnaissait les symptômes : ses propres week-ends ressemblaient à ceux de Fiona, à la différence près qu'il n'avait pas de progéniture pour occuper ses vacances et ses jours fériés. Ses amis lui suffisaient.

— Comment avez-vous réussi à mener de front carrière et vie de famille ?

La majorité des femmes qu'il connaissait avaient échoué sur ce plan : leurs enfants, perturbés, leur en voulaient de les avoir délaissés, ou bien elles regrettaient de ne pas en avoir eu.

— J'ai jonglé, répondit-elle avec assurance. Je passais des coups de fil professionnels tout en accompagnant Alyssa à la danse ou Mark au foot. Je travaillais le soir, une fois que tout le monde était couché. C'est sûr que je ne dormais pas beaucoup.

— Margaret Thatcher n'avait besoin que de trois heures de sommeil, et elle gouvernait un pays, fit remarquer Logan. Je crois que l'avenir appartient aux petits dormeurs. Ils conquièrent le monde pendant que nous autres ronflons tranquillement. Moi-même, je n'arrive à rien sans mes sept heures par nuit ; c'est pour ça que ne suis qu'un petit journaliste, alors que vous dirigez l'une des plus grosses entreprises des Etats-Unis.

— Hum..., fit-elle en balayant le compliment d'un geste. Vous savez, il y a des choses que je ne sais pas faire. Beaucoup de choses, en vérité. Par exemple, je suis nulle en sport. Sauf en tennis, parce que ma sœur m'y a fait jouer toute ma vie – et elle est très douée. Ensuite, mes enfants disent que je suis une piètre cuisinière. Mon fils cuisine mieux que moi, c'est dire ! Et si l'on en croit mon ex-mari, j'ai été une épouse minable pendant dix-sept ans. Sa deuxième femme, qui n'a jamais travaillé, fabrique elle-même ses décorations de Noël et concocte des mets délicieux. J'avais tout faux dès le départ, avec lui... Heureusement, nous avons fait de merveilleux enfants, nuança-t-elle avec un sourire.

— Je ferai appel à votre remplaçante pour décorer mon sapin, plaisanta Logan. Mais, pour être franc, je ne suis pas certain que fabriquer ses propres décorations de Noël fasse d'une femme une bonne épouse. C'est avec Martha Stewart que votre ex s'est remarié ?

Fiona éclata de rire.

— Non, c'est juste qu'elle déteste le monde de l'entreprise autant que lui. Je crois qu'ils s'amusent bien, tous les deux, ce qui n'était pas notre cas, à David et à moi. J'étais trop occupée à vouloir être une épouse et une mère parfaites, tout en essayant de bien faire mon travail. C'était assez intense.

Tout comme l'avaient été leurs disputes... Fiona préféra garder ces souvenirs malheureux pour elle.

— Vous n'étiez pas faits l'un pour l'autre, affirma Logan. Pas plus que ma femme et moi. Elle m'aurait enterré, à Salt Lake, en m'obligeant à travailler dans l'imprimerie de son père et à avoir un bébé par an. On fait des choix stupides quand on est jeune. Vous me direz, cela arrive aussi quand on est vieux : il y a dix ans, j'ai eu avec une femme une histoire qui a duré quatre ans. C'était une relation assez libre, mais je n'avais pas compris à quel point avant de découvrir qu'elle couchait avec au moins trois de mes amis. Elle considérait que la monogamie n'était pas naturelle chez l'être humain. Moi, j'avais encore quelques illusions à ce sujet... Aujourd'hui, elle vit avec mon meilleur ami. Ils ont eu deux enfants mais ne se sont pas mariés, et ça a l'air de leur convenir. On a chacun nos conceptions sur les ingrédients nécessaires pour qu'une relation fonctionne. Le truc, c'est de trouver quelqu'un avec les mêmes idées, ou au moins des idées compatibles. Moi, je n'ai jamais réussi. Comme vous, je travaille trop – ma dernière petite amie me reprochait d'être accro à mon boulot, et elle avait raison. En plus, je suis souvent aux quatre coins du monde. J'ai vécu six mois en Afrique du Sud à l'époque où j'ai interviewé Nelson Mandela, et j'aurais adoré rester plus longtemps. Dès que je peux, je voyage. Ça donne du piment à la vie.

— Je ne fais que des déplacements d'affaires, reconnut Fiona avec une pointe de regret dans la voix. Les enfants me tannent pour qu'on parte en vacances dans des pays exotiques, mais je n'ai pas le temps, ou bien cela me semble trop compliqué, ou alors je suis trop fatiguée. Je leur ai promis de les emmener au Japon. Peut-être bientôt...

Elle ne semblait toutefois pas très convaincue.

— Ma sœur, elle, est une vraie baroudeuse, poursuivit-elle. Cet été, elle est en Toscane chez des amis.

— Oui, mais d'après ce que vous m'avez dit, elle ne dirige pas une grande entreprise, et elle n'a pas d'enfants, répliqua Logan. Cela change tout. Je ne sais pas comment vous faites pour tout gérer. Et je suis sûr que vous n'étiez pas une « épouse minable », quoi qu'en dise votre ex-mari.

Pour occuper des fonctions aussi importantes et avoir de surcroît des enfants équilibrés, Fiona était forcément douée.

— Merci pour le vote de confiance, répondit-elle, mais David a peut-être raison. En tout cas, il m'en veut encore, même s'il a trouvé le bonheur avec « Martha Stewart ».

Quelque chose lui disait que le surnom resterait...

— C'est pitoyable, s'indigna Logan. Depuis combien de temps vous garde-t-il rancune ?

— Six ans.

— Et vous avez retrouvé quelqu'un, depuis ?

Journaliste dans l'âme, Logan était très curieux. Fiona n'en prenait pas ombrage, car lui-même se livrait volontiers. Il ne semblait pas avoir de secrets et se connaissait visiblement assez bien.

— Non, personne, répondit-elle honnêtement. Après mon divorce, je me suis astreinte à accepter d'innombrables rendez-vous, organisés par des amis qui avaient pitié de moi. Ils ont tous été catastrophiques. La plupart des hommes s'enfuient en courant quand ils apprennent que vous êtes P-DG. Ceux qui restent sont sourds, muets ou aveugles, ou les trois à la fois. Ou bien ils viennent de sortir de prison. De toute façon, je n'ai pas le temps, et ma vie me plaît telle qu'elle est.

— Et comment est-elle ?

— Paisible, bien remplie, et saine. Ça me convient parfaitement. Personne ne me reproche mes défauts et mes erreurs, personne ne me déteste à cause de ma carrière. Je ne crois pas qu'on puisse à la fois être en couple et avoir un travail comme le mien. J'ai essayé, ça ne marche pas. Très peu d'hommes sont prêts à accepter que leur compagne gagne plus d'argent qu'eux. Mon ex-mari me l'a fait payer pendant dix-sept ans. C'était un vrai cauchemar, même si je ne voulais pas le reconnaître à l'époque. Pourquoi aurais-je envie de renouveler l'expérience ?

— Les hommes ne sont pas tous aussi stupides que votre ex-mari, et ils n'ont pas tous un ego aussi fragile, fit remarquer Logan sans ambages. Un type bien dans sa peau devrait être capable de respecter votre carrière, et non de la jalouser. Qu'auriez-vous à perdre à nouer une nouvelle relation ?

Même s'il semblait poser la question de manière théorique, Fiona espérait qu'il ne se portait pas volontaire. Elle ne voulait pas d'une liaison avec lui ni avec personne d'autre. Elle était heureuse toute seule, n'en déplaise à sa sœur.

— Je risquerais d'y perdre mon cœur, ma raison et mon temps, trois choses auxquelles je tiens, bizarrement. Sans parler de mon amour-propre. Je me suis sentie terriblement coupable de l'échec de mon mariage, et je n'ai aucune envie d'éprouver ce sentiment de nouveau. J'ai mis six ans à me réconcilier avec moi-même. Pourquoi renoncerais-je à cet équilibre ? Et puis, vous savez, les hommes qui réussissent en affaires sont des héros, tandis que les femmes sont immédiatement suspectes. On les traite comme si elles étaient des hommes déguisés.

— Si ça, c'est un déguisement, répliqua Logan en caressant des yeux ses longs cheveux blonds, alors il est sacrément réussi. Pour moi, il n'y a pas de doute : vous êtes bien une fille.

Logan avait déjà interviewé des dizaines de femmes de pouvoir, et il ne se laissait ni berner ni impressionner par les signes extérieurs de leurs fonctions. Ce qui l'intéressait, c'était la personne, et non le titre. Or, il appréciait Fiona en tant qu'être humain, et pressentait qu'ils pourraient être amis s'ils avaient l'opportunité de passer du temps ensemble. A ses yeux, elle se sous-estimait.

— Je ne suis vraiment pas d'accord avec vous, insista-t-il. De même que vous avez pu travailler en élevant vos enfants, je crois qu'il est possible d'entretenir une relation tout en menant une grande carrière. Je n'ai pas encore rencontré la bonne personne – je ne l'ai pas vraiment cherchée, en fait –, mais je sais qu'elle est là, quelque part. Et vous, en devenant P-DG, vous n'avez pas renoncé à être une femme. Il n'y a pas à choisir l'un ou l'autre.

— Mais je n'ai pas le temps de trouver l'âme sœur, protesta Fiona. Et pas l'envie non plus. Je ne vois pas l'utilité de me rajouter des problèmes. A quarante-neuf ans, je me sens trop vieille pour ça.

— Et si vous vivez jusqu'à quatre-vingt-dix ans ? Vous voulez vraiment passer quarante ans toute seule ? Je trouve ça triste.

Fiona songea que ses dix-sept ans de mariage n'avaient pas été gais non plus. Elle ne voulait pas prendre le risque de revivre cette épreuve. D'autant que ces six dernières années avaient été les plus heureuses de sa vie.

— Il y a peut-être des gens qui ne sont pas faits pour vivre en couple, avança-t-elle. Je crois que j'en fais partie.

— Vous avez des blessures de guerre, c'est tout. Avec un peu de bonne volonté, vous trouverez l'homme qu'il vous faut.

— Mais je n'en ai pas envie ! répéta-t-elle fermement. Et croyez-moi, les hommes ne se bousculent pas pour sortir avec des femmes P-DG. Ce sont les risques du métier. Nos homologues masculins s'amusent comme des fous, alors que tout ce que l'on fait, nous, c'est travailler.

— C'est un bien mauvais partage des tâches, remarqua Logan. Cependant, les hommes s'amusent peut-être, mais regardez où cela les mène : bimbos, stars du porno, chantage, excuses publiques... Et voilà comment ils se retrouvent dans l'obligation de cirer des pompes pour se sortir de leur pétrin. Il y a plus amusant, quand même.

Fiona se mit à rire.

— Je suis d'accord. Ce qui est arrivé à Marshall Weston il y a deux mois en est un bon exemple. Et encore, il s'en est bien sorti. Les plaignantes ne se rétractent pas toujours aussi vite.

— Je suis sûr que ça n'a pas été facile pour lui non plus. Qui sait à quelles contorsions ils ont dû se soumettre pour le tirer d'affaire ? Un accord a été signé, mais les termes sont restés confidentiels. Ils ont dû la payer une fortune.

— Marshall Weston est un excellent P-DG, souligna Fiona, qui espérait ainsi clore la conversation.

— C'est un beau parleur. Je l'ai interviewé, vous savez.

Et Logan n'avait pas été séduit par l'homme : impossible de le cerner, tant il se montrait mielleux. Logan détestait ce type d'interlocuteurs, il avait l'impression avec eux de se trouver face à un mur de briques. En comparaison, Fiona était tellement ouverte, tellement sincère !

— J'ai d'ailleurs rencontré sa femme quand je suis allé interviewer Marshall dans leur maison, à Ross. C'est l'archétype de la parfaite épouse de P-DG, qui fait tout bien et sait rester en retrait tout en étant quand même présente. Ces femmes-là sont insaisissables, de vrais robots destinés à l'usage exclusif de leur mari et censés répondre au moindre de leurs besoins. Elles me donnent la chair de poule. J'ai toujours peur qu'un jour, après avoir été traitées comme des machines pendant des années, elles pètent les plombs et se mettent à tirer sur les gens depuis le clocher d'une église.

Fiona devait reconnaître que Liz Weston lui avait paru un peu tendue, lors de la conférence de presse de Marshall... Au cours de sa carrière, elle avait rencontré beaucoup de femmes comme elle, qui se mettaient entièrement au service de leur mari et dont le sentiment d'accomplissement se mesurait à l'aune du succès de Monsieur. Fiona n'aurait pas supporté de vivre ainsi par procuration, de renoncer à son identité et à ses propres projets. De sacrifier ses rêves. Elle trouvait effrayant que ces femmes se contentent de leur mariage et du statut qu'il leur conférait. Et sa façon de voir les choses s'appliquait dans les deux sens : pour rien au monde, elle n'aurait eu envie d'un mari de façade, qui se mette à son service – non pas qu'elle en ait beaucoup croisé : ce rôle était généralement réservé à la gent féminine. En conséquence, toutes les femmes de pouvoir qu'elle connaissait avaient fini célibataires, comme elle. C'était le prix à payer. Fiona devait porter seule son fardeau, livrer seule ses batailles.

— Vous aimez le base-ball ? lui demanda soudain Logan, alors qu'ils savouraient leurs hamburgers.

Il n'avait pas eu l'intention de l'entraîner dans une discussion sur les relations amoureuses ; cela s'était fait naturellement, et Fiona l'avait une fois de plus surpris par sa franchise.

— Oui, beaucoup. Et aussi le football, même si je ne vais jamais voir de matchs.

— Laissez-moi deviner, la taquina-t-il. Vous n'avez pas le temps, et personne avec qui y aller ?

Eh bien, il ne tient qu'à vous que cela change : je suis fan de base-ball et j'ai un abonnement saisonnier. Cela vous dirait de m'accompagner, un jour ?

— C'est une excellente idée, répondit Fiona en souriant.

— Parfait. Que dites-vous de samedi prochain ? Il y a un match à domicile.

Comme elle acquiesçait, il lui précisa quelles équipes allaient jouer et lui débita toute une série de statistiques sur leurs résultats passés.

— Eh bien, vous êtes un vrai fan ! s'exclama-t-elle.

— J'aime ce sport depuis que je suis tout petit. Je rêvais même de jouer en professionnel, mais je n'ai pas eu cette chance.

Fiona et Logan bavardèrent plus longtemps qu'ils ne l'avaient prévu, abordant toutes sortes de sujets depuis la politique jusqu'aux livres qui les avaient marqués. Si Logan avait une grande culture littéraire, Fiona déplorait de manquer de temps pour lire. Hormis un roman pendant les vacances, les seuls écrits dans lesquels elle se plongeait concernaient son travail.

Il était plus de vingt et une heures quand ils finirent par se séparer. Fiona se félicitait d'avoir accepté de dîner avec lui au pied levé : habituellement, tout dans sa vie était prévu et avait un but précis. Rien n'était laissé au hasard – à l'exception des moments qu'elle passait avec ses enfants, toujours spontanés et agréables. Logan avait choisi le bar idéal pour une soirée relaxante. Et surtout, il avait tenu parole en ne prononçant pas une seule fois le nom de NTA.

De son côté, Logan se demandait comment un homme pouvait se sentir menacé par Fiona. C'était une femme tellement simple et charmante. Il se réjouissait de la retrouver la semaine suivante.

15

Quand Marshall retourna à Los Angeles, Ashley semblait s'être calmée. Sans l'en informer, elle avait suivi le conseil de Bonnie et consulté une psychologue. Exprimer ses angoisses lui avait fait le plus grand bien. Certes, cela n'avait rien changé à la situation, mais elle s'était fixé un objectif avec l'aide de la thérapeute : si Marshall n'avait toujours pas pris de décision à la fin de l'année, elle tenterait de tourner la page. Il était loin de s'imaginer sous le coup d'un tel ultimatum... Forte de cette nouvelle résolution, Ashley se sentait plus détendue et se plaignait moins de son sort, tant et si bien que Marshall eut l'impression de retrouver son amante d'autrefois – celle qui se jetait à son cou dès qu'il arrivait. Physiquement rassasié, il flottait sur un petit nuage...

— Je suis content de te retrouver, Ash, murmurat-il d'une voix rauque alors qu'ils venaient de faire l'amour, le deuxième soir. Pendant un moment, j'ai eu peur de te perdre.

Ashley trouva étrange qu'il dise cela. Il n'avait pourtant jamais été aussi près de la perdre que maintenant... La psychologue le lui avait bien dit : la situation était nettement plus confortable et moins dangereuse pour lui que pour elle. Elle lui avait offert huit ans de sa vie, sans aucune assurance qu'il quitte un jour son épouse. En outre, celle-ci traversait actuellement une mauvaise passe. Peut-être appréhendait-elle le départ de sa fille... Mais Ashley ne voulait rien en savoir, de même qu'elle refusait de la plaindre. Elle n'avait pas à se sentir coupable de ce qu'elle partageait avec Marshall ; c'était à lui de gérer sa femme.

Marshall était tellement heureux de passer du bon temps avec Ashley qu'il resta une nuit de plus à Los Angeles. De retour à San Francisco le samedi matin, il ne rejoignit Liz et Lindsay au lac Tahoe qu'en fin d'après-midi. Et il en paya les conséquences... Lindsay avait eu un accident de jet-ski – heureusement sans gravité – et l'engin était complètement détruit. Liz lui reprocha de l'avoir acheté. Depuis peu, elle l'accusait de tous les maux, qu'il en soit responsable ou non. Cela devenait lassant.

Ce soir-là, elle lui demanda une nouvelle fois de consacrer le mois d'août à sa famille. Mais sa tentative de culpabilisation échoua. La nuit que Marshall avait passée avec Ashley – ils avaient fait l'amour trois fois, comme pour rattraper le temps perdu – valait toutes les larmes de Liz. Il aimait son épouse, mais il ne la reconnaissait plus.

Elle se méfiait de tout à présent, et elle voulut savoir pourquoi il n'était rentré que le jour même de Los Angeles.

— J'ai dîné avec des collègues, prétendit-il. Ce n'est pas un crime, Liz. Une fois rentré à San Francisco, je suis venu ici directement.

— Et pourquoi tu ne peux pas prendre ton mois d'août comme tout le monde ? Tous les maris de mes amies le font.

— Je te rappelle qu'ils ne dirigent pas l'une des plus grosses entreprises du pays. Qu'est-ce qu'ils sont ? Médecins ? Avocats ? Banquiers ? Ils n'ont pas les mêmes obligations que moi, et tu le sais. Pourquoi ça te pose problème, subitement ? Je ne suis jamais resté un mois entier au lac. Par contre, tu peux venir avec moi à Londres en septembre, si tu veux. Je dois y passer trois jours.

Marshall tentait de faire diversion, sans succès : Liz savait à quoi ressemblaient ses voyages d'affaires.

— Tu auras des réunions toute la journée, et des dîners avec tes collaborateurs le soir. Je ne te verrai jamais. Ce n'est pas la même chose que de prendre des vacances avec nous ici. Comment veux-tu avoir une relation apaisée avec ta fille si tu ne fais aucun effort pour être avec elle ? Elle est en colère tout le temps.

Et que dire de leur fils aîné, qui ne venait presque plus les voir ? Pour Liz, Marshall était en partie responsable ; il avait toujours privilégié John sous prétexte qu'ils s'entendaient mieux. Il refusait d'affronter ses problèmes avec Tom, et il reproduisait le même schéma avec Lindsay. Il fallait qu'il lui consacre plus d'attention.

Aux yeux de Marshall, c'était là une fausse excuse : n'était-ce pas Liz, surtout, qui avait besoin de lui ? En outre, il savait qu'Ashley deviendrait folle s'il ne venait pas à Los Angeles pendant un mois... C'était un équilibre délicat à trouver. Depuis huit années, il jouait un numéro de funambule, et il s'en était plutôt bien sorti jusque-là. Dans un an, quand Lindsay aurait passé son bac, il ferait le point sur la situation des deux côtés de sa vie ; il déciderait alors de la meilleure conduite à tenir, quoi qu'il ait promis à Ashley.

Le dimanche matin, de bonne heure, Marshall piqua une tête dans le lac avant de prendre le petit déjeuner en compagnie de sa femme et de sa fille. John était avec Alyssa chez des amis. Vers midi, il annonça qu'il repartait : une semaine chargée l'attendait, et il devait se rendre un jour plus tôt à Los Angeles. Liz l'embrassa du bout des lèvres ; il n'avait présenté aucune excuse. Quant à Lindsay, elle refusa tout bonnement de lui dire au revoir.

— Je suis sûre qu'il te trompe, dit-elle à sa mère après son départ.

Liz dut se retenir de la gifler.

— Monte dans ta chambre, souffla-t-elle, les larmes aux yeux. Et ne t'avise plus de me faire une remarque de ce genre ! Les histoires de ton père ne te regardent pas. C'est un honnête homme et un bon père, et tant que tu vivras sous ce toit, je te demanderai de le respecter.

Lindsay comprit qu'elle était allée trop loin. Sans un mot, elle s'enferma dans sa chambre, où elle passa plusieurs heures au téléphone avec ses amis, qui l'écoutèrent se plaindre : ses vacances étaient d'un ennui mortel, sa mère était d'une humeur massacrante, son père n'était jamais là... Depuis qu'il avait été accusé de harcèlement sexuel, toute la famille semblait s'effondrer. Tom avait de la chance de rester loin de tout ça ! Il lui tardait de pouvoir l'imiter.

Le lundi matin, en plus des rapports habituels, Marshall trouva un message de Connie Feinberg sur son bureau. Ayant jugé plus prudent de faire profil bas, il n'avait pas eu l'occasion de lui reparler depuis l'affaire Megan Wheeler, mais il était profondément reconnaissant de la manière dont le conseil d'administration avait géré l'incident. Il la rappela donc sans attendre. Comme il s'enquérait de ses vacances, Connie, toujours très affable, lui répondit qu'elle avait passé le mois de juillet à Santa Barbara avec ses enfants et qu'elle venait de reprendre le travail.

— J'aimerais passer vous voir dans l'après-midi, si vous avez le temps, annonça-t-elle d'un ton égal.

— Rien de grave ?

Marshall préférait s'en assurer, même s'il était certain qu'il s'agissait d'une simple visite de courtoisie. Tout allait bien pour UPI ces temps-ci : grâce aux décisions musclées qu'il avait prises durant le dernier trimestre, leurs actions s'étaient envolées. Voilà pourquoi le conseil l'appréciait tant.

— J'ai juste une chose ou deux à discuter avec vous. Je peux venir à midi, si cela vous convient. Au fait, bravo pour les bons résultats !

Rassuré, Marshall occupa sa matinée à passer des coups de téléphone et répondre aux courriers. Il venait tout juste d'achever un dernier e-mail lorsque son assistante l'informa de l'arrivée de Connie.

Très athlétique pour son âge, celle-ci portait une tenue d'été décontractée. Ses yeux bleus perçants et ses cheveux blancs soigneusement coiffés lui donnaient un petit air de mamie Nova, mais elle n'en était pas moins une brillante femme d'affaires.

Tandis qu'elle refermait la porte et prenait place en face de lui, il la complimenta sur son bronzage, puis ils bavardèrent un moment de tout et de rien. Lorsque l'expression de la présidente du conseil se fit plus sérieuse, Marshall comprit que l'entrevue n'allait pas être aussi détendue qu'il le pensait.

— Je suis venue à titre non officiel pour aborder une question avec vous en privé, commença-t-elle. J'en ai déjà discuté avec le conseil, nous aimerions cette fois-ci que vous régliez l'affaire *avant* qu'elle ne devienne publique et qu'elle ne porte préjudice à UPI. Vous êtes libre de résoudre le problème comme vous l'entendez, bien sûr.

« Des membres du bureau de Los Angeles nous ont signalé que vous entreteniez là-bas une liaison extraconjugale sérieuse depuis de nombreuses années. Vous auriez même fondé une seconde famille. D'après une secrétaire qui est au courant de l'affaire, votre euh... maîtresse serait une ancienne employée de l'entreprise. J'ai conscience que ces choses-là arrivent chez les hommes de votre stature, mais cela pourrait bien se retourner contre nous. J'ignore si votre épouse est informée ; si elle ne l'est pas et qu'elle l'apprend, elle risque de ne pas très bien réagir. Quant à l'autre femme, il n'est pas impossible que, lassée de cette situation, elle provoque un scandale majeur qui nuirait à votre image, et à la nôtre par association. Vous savez comme les gens sont sensibles à ces questions-là, comme ils peuvent être hypocrites quand il s'agit de morale. Nous vivons dans un pays très puritain, bien que, personnellement, je sois plus réaliste que ça.

« Mais je ne suis pas là pour vous parler de mes

principes, ni pour vous juger. Je veux juste éviter que votre réputation aux yeux du public et des actionnaires soit entachée par cette histoire. Le conseil aimerait que vous mettiez de l'ordre dans votre situation personnelle avant que la presse l'apprenne. Vous nous êtes précieux, Marshall, il est de notre devoir de vous protéger. Si UPI est encore votre priorité, vous allez devoir faire un choix difficile. J'en ai parlé avec nos avocats : nous ne pouvons pas vous obliger à divorcer ni à épouser une autre femme ; ce qui est sûr, c'est que la double vie que vous menez actuellement ne correspond pas à ce que l'on attend de notre P-DG.

« Voilà, je voulais vous prévenir que le conseil est au courant et vous donner la possibilité de régler le problème rapidement. Si vous tenez à votre job, vous n'avez pas le choix.

Marshall en resta sans voix. Il lui fallut plusieurs minutes pour se remettre du choc. Il ne chercha pas à se défendre, ne prit pas la peine non plus de demander comment ils l'avaient appris. Au fil des ans, ses collègues de Los Angeles avaient dû le voir avec Ashley et les filles, si bien que sa deuxième famille n'était plus un secret pour personne. Il faillit éclater en sanglots à l'idée de se séparer de l'une des femmes de sa vie. Et pourtant, Connie ne lui offrait pas d'alternative...

— Je vais vous laisser réfléchir, Marshall, dit-elle en se levant. Tenez-moi informée de votre décision. Sachez que personne ne sera choqué si vous divorcez. Et si vous préférez rompre avec votre maîtresse, faites-le proprement, que cela ne vous explose pas à la figure.

Marshall était assis sur une bombe à retardement qui, si elle venait à se déclencher, n'épargnerait pas le conseil. Les administrateurs craignaient plus que tout ce genre de mauvaise publicité. Attachée aux valeurs traditionnelles, UPI jouissait d'une réputation sérieuse et respectable, tandis que son P-DG passait pour un bon père de famille Cette image inspirait confiance, mais serait réduite à néant si l'on apprenait que Marshall entretenait deux familles dans deux villes différentes. Connie espérait que sa maîtresse se montrerait raisonnable. Mais si Megan Wheeler était un exemple représentatif des femmes qu'il affectionnait, alors le conseil avait du souci à se faire. Quoi qu'il en soit, Connie n'enviait pas le sort de leur P-DG.

— Je suis désolée, murmura-t-elle, avant de quitter le bureau.

Marshall resta assis dans son fauteuil pendant deux heures, totalement désarmé. Puis il partit en plein milieu d'après-midi sans donner d'explication. Sa secrétaire ne fit pas le rapprochement entre son départ prématuré et la visite de la présidente du conseil : ce n'était pas la première fois que celle-ci passait le voir pour bavarder un moment. Jamais elle n'aurait pu deviner que, depuis leur entrevue, la carrière de Marshall ne tenait plus qu'à un fil. Connie avait été claire : soit il faisait le ménage dans sa vie privée, soit il pouvait dire adieu à son poste de P-DG.

Marshall ne savait vers qui se tourner. Il ne pouvait certes pas appeler Liz ou Ashley pour leur demander conseil. Il lui fallait choisir l'une ou l'autre, seul et vite. L'idée le rendait malade. A peine rentré chez lui à Ross, il courut vomir aux toilettes. C'était un cauchemar dont la fin ne pouvait être que malheureuse. Car cette fois-ci, il n'y avait personne qui puisse être acheté, aucun compromis possible. Laquelle des deux femmes de sa vie choisir ? Liz, avec qui il était marié depuis vingt-sept ans et qui avait toujours été l'épouse parfaite, malgré sa récente instabilité émotionnelle ? Il ne l'aimait pas autant qu'Ashley. Et les larmes lui montaient aux yeux à la simple pensée de renoncer à la jeune femme. Mais comment pouvait-il faire cela à Liz ? Ses enfants ne lui pardonneraient jamais d'avoir abandonné leur mère. La perspective de faire le mauvais choix le terrifiait, d'autant plus qu'il n'en existait pas de bon : quelle que soit sa décision, il perdrait de toute façon une partie de lui-même. On lui demandait de s'amputer d'un membre, comme un animal pris dans un piège.

Il resta assis dans le noir bien après la tombée de la nuit, incapable du moindre mouvement, incapable de penser clairement. Ashley... Liz... Liz... Ashley... L'histoire ou la passion ? Le devoir ou le désir ? La jeunesse ou la maturité ? L'épouse idéale ou l'amante de ses rêves ? Il les aimait toutes les deux depuis trop longtemps... Alors qu'il tournait en rond depuis des heures, oppressé par un sentiment grandissant de panique, il ressentit soudain une violente douleur à la poitrine, accompagnée de picotements dans un bras. Une crise cardiaque, sans aucun doute. L'espace d'un instant, il lui parut tellement plus simple de mourir... Peinant à respirer, sur le point de perdre connaissance, il attrapa instinctivement le téléphone pour appeler les secours.

— Je fais… une crise… cardiaque, haleta-t-il.

— Quelle est votre adresse ? lui demanda calmement son interlocutrice.

Il la lui dicta tant bien que mal.

— Etes-vous près de votre porte d'entrée ?

— Non… Mais je ne peux pas descendre… Je n'arrive plus à respirer, j'ai mal… La porte n'est pas fermée à clé.

— Avez-vous bu de l'alcool ?

— Seulement deux whiskys… Je ne suis pas ivre. Je suis à l'étage, dans ma chambre…

— Je vous envoie une ambulance. En attendant, continuez à me parler. Comment vous appelez-vous ?

— Marshall Weston.

Elle ne sembla pas reconnaître son nom.

— Marshall, êtes-vous seul ?

— …

— Marshall !

— Je viens de vomir, expliqua-t-il.

C'était un des symptômes d'une crise cardiaque… Marshall était allongé par terre dans ses vomissures quand deux grands gaillards s'agenouillèrent auprès de lui. Levant vers eux ses yeux emplis de terreur, il vit l'infirmier qui l'auscultait faire un signe rassurant à son collègue : le rythme cardiaque était rapide, mais régulier ; ils étaient sans doute arrivés avant la crise proprement dite, et ils possédaient tout le matériel nécessaire pour faire redémarrer le cœur en cas de besoin durant le trajet jusqu'aux urgences.

— Je ne peux plus respirer… J'ai mal à la poitrine…, gémit Marshall.

— Tout va bien se passer, monsieur, promit le plus âgé.

Son assurance inspirait confiance.

— Nous avons prévenu l'hôpital, ils vous attendent.

— J'ai mal…

Marshall étouffait, il lui semblait que son cœur battait à mille pulsations par minute. Les infirmiers le placèrent sur une civière, lui mirent un masque à oxygène et le chargèrent dans l'ambulance. Marshall sombra dans l'inconscience tandis que le véhicule démarrait sur les chapeaux de roue, toutes sirènes hurlantes.

16

Quand le téléphone sonna dans la maison du lac Tahoe, Lindsay était dans sa chambre, en train de regarder un film tout en se faisant les ongles, et sa mère lisait tranquillement au lit. Liz fut stupéfaite, en décrochant, d'entendre la voix d'une femme se présentant comme infirmière des urgences de l'hôpital Marin General. Marshall venait d'être admis suite à un malaise cardiaque, il allait être examiné pour rechercher une éventuelle obstruction coronarienne. L'infirmière avait trouvé leurs coordonnées dans son portefeuille et aussitôt prévenu Liz.

— Comment est-ce arrivé ? s'exclama Liz en bondissant hors du lit et en enfilant ses sandales. Il est conscient ? Il va bien ?

— Il a perdu connaissance dans l'ambulance, mais il est réveillé, maintenant. On est en train de lui faire un électrocardiogramme. Vous pourrez rappeler dans une heure, si vous voulez.

— Merci. Dites-lui absolument que je l'aime, je vous en prie.

Ces derniers temps, Liz n'avait pu se défaire de la certitude qu'un malheur allait se produire... De nos jours, néanmoins, on pouvait survivre à une crise cardiaque. Et Marshall était entre de bonnes mains. Dès qu'elle eut raccroché, elle s'empara de son sac et de ses clés et courut prévenir Lindsay qu'elle s'absentait.

— Qu'est-ce qui se passe ? lui demanda celle-ci, alarmée par son regard paniqué.

Dans un premier temps, Liz hésita à lui dire la vérité. Mais Lindsay avait seize ans, et il s'agissait de son père.

— Papa a fait une crise cardiaque. Ils viennent de le transporter à Marin General. J'y vais tout de suite.

Lindsay était assez grande pour passer la nuit seule jusqu'à l'arrivée de la gouvernante le lendemain matin. En cas de problème, elle pouvait appeler les voisins et même rester chez eux. Mais elle referma aussitôt son flacon de vernis, enfila ses tongs et suivit sa mère, qui dévalait déjà l'escalier.

— Je viens avec toi.

Liz ne protesta pas, heureuse du soutien spontané de sa fille.

Dans leur hâte, elles oublièrent d'éteindre les lumières. Deux minutes plus tard, elles filaient à toute allure en direction de Marin, où elles pouvaient espérer arriver en trois heures s'il n'y avait pas trop de circulation. Jamais Liz n'avait eu aussi peur... Ou plutôt si, par deux fois déjà, la panique l'avait envahie face au danger qui menaçait sa famille : Tom s'était fait un traumatisme crânien en tombant de cheval à sept ans, et Lindsay avait été prise de convulsions à cause d'une forte fièvre à l'âge de deux ans.

Lindsay percevait la détresse de sa mère ; elle

savait combien Liz aimait son mari. Et malgré tout ce qu'elle lui reprochait, elle aussi aimait son père.

— Tout va bien se passer, maman, lui assura-t-elle.

Liz acquiesça, les larmes aux yeux. La plainte pour harcèlement sexuel avait tout déclenché, elle en était certaine. Comme elle détestait cette femme ! Avec ses mensonges, Megan Wheeler avait semé le trouble dans leur famille. Aujourd'hui, Liz se sentait coupable d'avoir imposé à Marshall ses angoisses et ses crises de larmes. Il avait été si patient... Mais le malheur avait frappé. S'il ne fumait pas et buvait très peu, Marshall subissait un stress considérable au travail, avec toutes les responsabilités qui reposaient sur ses épaules. Serait-il obligé de prendre sa retraite ? Il n'avait que cinquante et un ans, pourtant. Lui ferait-on une angioplastie ? Un pontage ? Lui poserait-on un stent ? Les questions se bousculaient dans la tête de Liz tandis qu'elle fonçait sur la route presque déserte.

Au bout d'une heure, elle rappela l'hôpital. Selon l'infirmière du service de cardiologie, Marshall était stable et passait à cet instant un angiogramme. Liz songea à prévenir ses fils, mais elle préférait avoir une idée plus précise de la situation avant de les appeler.

Peu après minuit, elle se gara sur le parking de Marin General et se rua dans le bâtiment, Lindsay sur les talons. Là, on leur apprit que Marshall avait été transféré à l'unité de soins intensifs coronariens. Liz se tourna vers sa fille, paniquée. Etait-ce mauvais signe ? Tandis qu'elles prenaient l'ascenseur, main dans la main, chacune luttait pour retenir ses larmes. A l'étage concerné, elles se précipitèrent vers le bureau des infirmières.

— Il revient juste de son angiogramme, leur annonça l'une d'elles avec un sourire bienveillant.

Ce mot leur paraissait effrayant, mais au moins, Marshall était vivant.

— Comment va-t-il ? demanda Liz dans un souffle.

— Bien. L'interne de garde est avec lui. On l'a installé dans une chambre, vous pouvez aller le voir, si vous voulez.

Marshall, le teint gris, était allongé sur le lit, immobile. On lui avait placé un pansement compressif sur l'aine, à l'endroit de la ponction artérielle. Il discutait avec l'interne – un jeune homme brun en blouse blanche, qui avait l'air d'un gamin.

— Qu'est-ce que tu fais là ? s'exclama-t-il en apercevant Liz.

Tout en se penchant pour l'embrasser, son épouse jeta un coup d'œil sur l'écran du moniteur cardiaque, qui bipait faiblement. Le rythme semblait régulier.

— Tu pensais peut-être que j'allais rester tranquillement à la maison en attendant de tes nouvelles ?

Il esquissa un sourire. C'est vrai, il la connaissait mieux que ça.

— Tu en as mis, du temps, la taquina-t-il. Ça fait trois heures que je suis là.

Liz prit sa main dans la sienne, puis se tourna vers le médecin.

— Comment va-t-il ? lui demanda-t-elle.

Elle tenait à entendre la vérité, et non la version édulcorée que lui aurait sans doute servie son mari pour ne pas l'inquiéter.

— Ce n'était pas une crise cardiaque, en fait, annonça Marshall d'un air penaud, avant que l'interne ait eu le temps de répondre.

— C'était tout de même un sacré avertissement, répliqua Liz, les sourcils froncés. Tu as perdu connaissance, à ce que je sais. Ça montre que tu dois lever le pied.

Le médecin acquiesça. C'était exactement ce qu'il expliquait à son patient au moment où Liz était entrée dans la pièce.

— Ce n'était même pas un signe d'alerte, insista Marshall. Ils m'ont passé au peigne fin, et ils n'ont rien trouvé d'anormal. Apparemment, j'ai fait une simple crise d'angoisse. Je suis trop stressé, c'est tout.

Comme Lindsay se laissait tomber dans le seul fauteuil de la chambre, Marshall remarqua alors sa présence. Il lui sourit et la remercia d'être venue.

— Les symptômes d'une crise d'angoisse peuvent facilement être confondus avec ceux d'un malaise cardiaque, expliqua l'interne. La seule différence – et elle est de taille –, c'est que le cœur n'est pas menacé. M. Weston est en parfaite santé, il a seulement réagi à une trop forte accumulation de stress. Vous avez donc raison de lui dire de lever le pied. Ce genre d'épisodes n'est pas très agréable à vivre. Et l'angiogramme est un examen que je ne vous souhaite pas de passer trop souvent.

Marshall ne pouvait qu'approuver : quand on lui avait inséré un cathéter dans l'artère fémorale pour vérifier qu'il n'y avait pas de caillots, il avait cru faire une crise cardiaque pour de vrai... Cela s'était déjà vu.

— Si je comprends bien, tu n'as rien de grave, papa ? demanda Lindsay d'un ton préoccupé.

Sa mère et elle avaient les traits encore plus tirés que lui.

— Je vais bien, ma puce. Ne t'inquiète pas.

Liz, cependant, avait du mal à absorber toutes les informations que l'interne venait de leur donner. Etait-il vraiment compétent ? En tout état de cause, un angiogramme ne mentait pas. Marshall n'était pas malade, seulement stressé. Et il savait pourquoi...

— J'ai eu une dure journée au bureau, se contenta-t-il de dire. Le conseil d'administration a dû se réunir en urgence.

Il ne précisa pas pour quelle raison, et Liz ne chercha pas à en savoir plus.

— Ce n'était pas pire que les autres jours, prétendit-il, mais ça a peut-être été la goutte d'eau.

Liz se sentit alors coupable de s'être montrée si exigeante avec lui ces dernières semaines. Peut-être était-elle responsable de son malaise ? Quoi qu'il en soit, l'incident l'avait réveillée : il était temps de clore le chapitre du procès avorté et de se tourner vers l'avenir.

— Quand pourra-t-il rentrer à la maison ? demanda-t-elle au médecin.

— Tout de suite, s'il le veut. Mais gardez bien de la glace sur le point d'entrée du cathéter jusqu'à demain matin, conseilla-t-il à Marshall.

Il sourit à Liz et à son patient.

— Allez-y doucement dans les temps qui viennent. Et essayez d'éviter les contrariétés !

Comme d'avoir à choisir la femme avec qui je

vais passer le reste de ma vie... ou tirer un trait sur ma carrière, songea Marshall. Personne n'avait idée du bourbier dans lequel il s'était fourré. Son monde était sur le point de s'effondrer, quelle que soit la décision qu'il allait prendre. A bien y réfléchir, c'était étonnant qu'il n'ait pas fait de crise cardiaque...

Marshall se leva du lit tant bien que mal, puis se rhabilla avec l'aide de Liz. Elle le maternait toujours quand il n'allait pas bien, ce qui n'était pas pour lui déplaire. Avec Ashley, c'était lui l'adulte, tandis que Liz prenait soin de lui depuis bientôt trente ans... Ce jour-là encore, elle avait répondu présente. Elle le soutint jusqu'à la voiture, avant de s'installer au volant pendant que Lindsay se glissait sur la banquette arrière en bâillant.

A la maison, elle le conduisit jusqu'à leur lit, puis elle nettoya ses vomissures. Comme il se plaignait d'avoir mal au cœur, elle lui apporta une tasse de thé et quelques gâteaux, ainsi que de la glace pour sa cuisse. Elle alla ensuite remercier sa fille de l'avoir accompagnée à l'hôpital. Finalement, Lindsay avait bon fond ; elle était juste un peu immature, et un peu trop gâtée.

Liz avait repris le contrôle de la situation.

— Merci, chérie, murmura Marshall tandis qu'elle s'asseyait au bord du lit. Tu t'occupes toujours bien de moi quand je suis malade. Et je ne le suis même pas...

— Tu risques de l'être si tu ne fais pas un peu plus attention à toi, le sermonna-t-elle. La prochaine fois, tu n'échapperas peut-être pas à la crise cardiaque.

Deux de ses amies avaient perdu leurs maris de

cette façon, alors qu'ils étaient plus jeunes que Marshall ; l'un en plein jogging, l'autre sur un court de tennis. Elle n'avait pas envie qu'il subisse le même sort.

— Il faut que tu ralentisses, insista-t-elle.

Tout en l'observant, Marshall se demandait comment il pourrait l'abandonner. Le conseil d'administration lui laissait le choix entre se couper le bras droit ou se couper le gauche. La tête, ou le cœur... Ou bien renoncer à son travail, la source de sa force vitale. C'était un choix impossible.

— Est-ce qu'il s'est passé quelque chose de particulier, aujourd'hui ? s'enquit Liz.

— Non, rien de spécial, répondit-il, tout en se sentant honteux de lui mentir. Il y a quelques problèmes internes qu'on me demande de régler. J'ai eu une entrevue avec Connie Feinberg à ce sujet.

— Excuse-moi d'avoir été aussi insupportable ces derniers temps. Cette histoire d'accusation de harcèlement m'a secouée. Même si ce n'était pas vrai, ça m'a fait prendre conscience qu'on n'était pas à l'abri de ce genre de menaces.

Ses yeux s'emplirent de larmes.

— Et je ne veux pas qu'il t'arrive quoi que ce soit. Ni à nous.

— Il ne nous arrivera rien, lui assura-t-il en se redressant pour la prendre dans ses bras.

Marshall se demanda comment il pouvait lui faire cette promesse... Et en même temps, que pouvait-il dire d'autre ? Qu'il voulait la quitter pour une femme de vingt ans de moins ? L'espace d'un instant, il regretta de ne pas être mort. Les choses auraient été tellement plus simples... Quand il se mit à pleurer à son tour, Liz parut choquée. Cela ne lui arrivait jamais. Elle comprit à quel point il avait eu peur, lui aussi. A quel point il était vulnérable. Elle l'étreignit en lui caressant les cheveux, comme on le fait à un enfant.

Après avoir éteint la lumière de la chambre, Liz alla se changer dans la salle de bains. A son retour, Marshall somnolait, et il ouvrit un œil tandis qu'elle s'allongeait à ses côtés. Liz faisait partie de son paysage familier. Que ferait-il sans elle ?

— Je t'aime, dit-il d'une voix assoupie.

Comme elle se lovait contre lui, il referma les paupières en souriant. Liz le regarda jusqu'à ce qu'il s'endorme.

Quand il s'éveilla, le lendemain matin, Liz était déjà dans la cuisine en train de préparer le petit déjeuner. Il resta un moment au lit à réfléchir. Devait-il voir les événements de la veille comme un signe du destin ? La décision à prendre lui semblait claire, à présent, aussi douloureuse fût-elle. Liz était sa femme depuis vingt-sept ans, la mère de trois de ses enfants. Il ne pouvait pas l'abandonner maintenant, ce serait trop cruel. Et il avait bien trop besoin d'elle pour sa carrière. Ashley, quant à elle, était assez jeune pour refaire sa vie, et même avoir d'autres enfants avec un homme qui serait prêt à l'épouser. De plus, choisir Ashley signifierait reconnaître publiquement qu'il avait eu deux filles illégitimes avec une jeune femme qu'il fréquentait en secret depuis huit ans. Ce n'était pas l'aspect de sa vie qu'il souhaitait présenter au monde, sans parler de sa responsabilité envers UPI en tant que

P-DG. Il n'avait aucune envie de faire la une des journaux pour une histoire de mœurs. Restait à gérer la situation avec Ashley...

Soulagé d'avoir fait son choix, Marshall se lava et se rasa avant de descendre à la cuisine. Liz semblait épuisée : elle avait passé la nuit à se réveiller pour vérifier que Marshall allait bien – chaque fois, il dormait paisiblement. A voir sa mine reposée lorsqu'il s'assit à table, personne n'aurait pu deviner qu'il avait subi un angiogramme la veille.

— Comment te sens-tu ? lui demanda-t-elle.

— Très bête, admit-il avec un sourire contrit. J'étais persuadé que j'allais mourir, alors que c'était juste une crise d'angoisse... Ce n'est pas un truc de filles, normalement ?

— Apparemment, non, répondit Liz d'un air taquin. Mais je voudrais quand même que tu lèves le pied. Ce qui s'est passé hier prouve que tu subis trop de pression. Je n'ai pas envie d'être veuve, moi.

— Tu ne le seras pas, promit-il.

Marshall savoura les œufs qu'elle lui avait préparés et se servit un toast, grillé exactement comme il les aimait.

— Pourquoi tu ne viendrais pas avec nous à Tahoe pendant quelques jours ? suggéra Liz avec espoir.

— Impossible. Je dois aller à Los Angeles demain, Connie m'a demandé de régler un problème là-bas... Mais j'essaierai de vous rejoindre un peu plus tôt vendredi. C'est tout ce que je peux te promettre.

Marshall était redevenu lui-même : P-DG d'une entreprise qui occupait tout son temps et passait avant tout le reste. Liz soupira. Quand allait-il ralen-

tir ? Pas avant longtemps, elle en avait bien peur...
Il n'avait que cinquante et un ans et ne les faisait même pas. Pour sa part, elle avait le sentiment d'avoir vieilli de dix ans en une nuit.

— Essaie au moins de te ménager aujourd'hui, insista-t-elle. Je te préviens, si tu me refais un coup pareil, je reviens ici te mettre mon poing dans la figure. D'ailleurs, tu ne veux pas qu'on reste jusqu'à demain, Lindsay et moi ? On n'a rien de prévu.

Marshall regarda sa montre, déjà impatient de retourner travailler.

— Merci, Liz, mais ce n'est pas la peine. Je serai sans doute crevé quand je rentrerai ce soir, et je dois partir tôt demain matin. On passera du temps ensemble ce week-end, d'accord ?

Alors qu'il déposait un baiser sur sa joue, Lindsay apparut sur le seuil de la cuisine.

— Comment tu te sens, papa ?

— En pleine forme. On peut oublier ce qui s'est passé hier.

Lindsay s'assit, un grand sourire aux lèvres.

— Je peux donc l'avoir, ce tatouage, maintenant ?

Ils se mirent à rire.

— Bonne idée, répondit Marshall. Je crois même que je vais venir avec toi. Je pourrais me faire tatouer un énorme dragon sur les fesses, histoire d'avoir quelque chose à montrer aux actionnaires lors de notre prochaine réunion...

— Chiche ! fit Lindsay.

Marshall les embrassa toutes les deux ; quelques instants plus tard, elles entendirent l'Aston Martin démarrer en trombe.

— Ça va, maman ? s'enquit la jeune fille, tandis

que sa mère plaçait la vaisselle sale dans le lave-vaisselle. Tu t'inquiètes pour lui, je parie ?

— Oui. Il en fait trop.

— C'est dans son caractère. Il ne lèvera jamais le pied. C'est ça qui le tuerait.

— Peut-être. Tu as été vraiment gentille avec moi, hier soir, ajouta Liz en souriant. Merci.

L'attitude de sa fille lui redonnait l'espoir qu'elles aient un jour de bonnes relations.

— Je t'aime, maman, murmura Lindsay en la serrant dans ses bras.

— Je t'aime aussi, ma chérie.

Une heure plus tard, elles repartaient en direction du lac Tahoe, à une vitesse beaucoup plus raisonnable cette fois-ci. Lindsay expliqua à sa mère pourquoi elle tenait tant à prendre une année sabbatique : elle souhaitait voyager pendant quelques mois, puis suivre des cours de photographie avant de décider de continuer ou non dans cette voie. Elle n'était pas encore prête pour l'université. Liz songea que sa fille n'avait peut-être pas tort ; ses projets ne lui semblaient plus aussi insensés.

Au bureau, Marshall ne confia à personne ses aventures de la veille. Il n'appela même pas Ashley, craignant de l'induire en erreur. Il l'aimait, passionnément, mais sa décision était prise. Et il savait que c'était la bonne, pour lui, sa famille, sa carrière, et aussi pour Ashley, à terme. Cela ne l'empêcherait pas de continuer à voir les jumelles, qui resteraient toujours ses filles. Un jour ou l'autre, il serait obligé de parler d'elles à Liz – quand elles seraient plus grandes. Et avec un peu de chance, Liz ne le prendrait pas trop mal... Il comptait également présenter

Kezia et Kendall à leurs frères et à leur sœur, car ils avaient le droit de se connaître, et il les aimait tous autant.

C'est l'esprit apaisé que Marshall se remit au travail, malgré l'épreuve qui l'attendait à Los Angeles. Une fois qu'il aurait annoncé la nouvelle à Ashley, le pire serait passé, et il pourrait alors rassurer ses administrateurs. Et, sans le savoir, Liz sortirait grande gagnante de cette histoire.

17

Le lundi soir, pendant que Marshall perdait conscience dans l'ambulance qui le menait à l'hôpital, Ashley passait une soirée tranquille chez elle. Après avoir couché les jumelles, elle consulta son site Internet pour voir si elle avait reçu des réponses des galeries d'art qu'elle avait contactées. Lorsqu'elle s'était plainte, en séance de thérapie, que rien ne progressait dans sa vie, la psychologue lui avait fait remarquer à juste titre qu'elle ne pouvait certes pas obliger Marshall à agir, mais que l'avancement de sa carrière ne dépendait que d'elle. Ashley avait donc envoyé des photos de ses œuvres à plusieurs galeries de la côte Est, dans l'espoir qu'elles acceptent de les exposer.

L'une d'elles, basée en Floride, lui avait déjà répondu : ils avaient beaucoup aimé son travail, mais ne prenaient pas de nouveaux artistes pour le moment. Heureusement, il ne s'agissait pas de l'établissement qui l'intéressait le plus ; restait à attendre la réponse des sept autres.

Un deuxième message avait été envoyé sur son site depuis une adresse qui lui était inconnue, gmiles@gmail. En objet, une simple question : « Est-ce bien toi ? » Intriguée, Ashley cliqua sur le message. L'auteur allait droit au but : « Es-tu la Ashley Briggs qui était à la Harvard Westlake School à Los Angeles ? » Il précisait l'année. « Je suis Geoffrey Miles. J'ai déménagé à Londres quand j'avais treize ans et toi douze. Je suis de nouveau en Californie depuis une semaine, et j'aimerais beaucoup avoir de tes nouvelles. » Il lui donnait son numéro de portable. « Si je te parle d'un cheval blanc qu'on a vu sur la plage juste avant mon départ, cela te rafraîchira peut-être la mémoire... J'espère que c'est bien toi. Amitiés, Geoff. » Ashley éclata de rire. Elle savait exactement qui était Geoff Miles : elle en avait été follement amoureuse en cinquième. C'était à l'époque un garçon adorable, qui ressemblait à Alfalfa dans la vieille série américaine *Les Petites Canailles* – jusqu'à l'épi qu'il avait sur le haut de la tête. Un jour, les parents d'Ashley les avaient emmenés pique-niquer sur la plage de Santa Barbara. Alors qu'un cavalier passait au galop sur son cheval blanc, Geoff en avait profité pour lui voler un baiser. C'était la première fois qu'un garçon l'embrassait sur la bouche, et malgré l'innocence et la maladresse du geste, elle en avait été toute retournée. Fils d'une Américaine et d'un célèbre dramaturge anglais, Geoff était parti vivre en Grande-Bretagne un ou deux mois plus tard. Ashley avait reçu quelques lettres, qui avaient mis une éternité à lui parvenir depuis le pensionnat où il se morfondait dans la campagne écossaise. Puis ils avaient cessé de s'écrire, et elle n'avait plus entendu parler de lui. Pour autant, elle n'avait rien oublié. Dix-huit ans après, elle gardait encore un souvenir attendri de ce premier baiser sur la plage.

C'est avec le sourire aux lèvres qu'elle répondit à son message.

« Oui, c'est bien moi, Geoff. Et je me souviens parfaitement du cheval blanc et de l'acte téméraire que son passage a déclenché chez toi. Où es-tu ? Comment vas-tu ? Pourquoi es-tu revenu ? Et qu'as-tu fait depuis tout ce temps (en dix mots, pas plus) ? J'habite Malibu, au fait. Des plages partout, mais pas de chevaux blancs. Je t'embrasse, Ashley. » Elle avait hésité à écrire ces derniers mots, puis s'était dit que cela convenait pour un ami d'enfance...

Trois minutes plus tard, elle reçut une réponse. Voilà qui égayait sa soirée !

« Chère Ash, navré d'apprendre qu'il n'y a pas de chevaux blancs à Malibu. J'ai vécu à Londres et à New York. J'écris des scénarios – ça doit être génétique... Je viens de signer un contrat pour une série télé en Californie, et je suis ici depuis trois jours. Je cherche un appartement, de préférence à West Hollywood. Bon, ça fait plus de dix mots, mais je n'ai pas réussi à faire moins ! Et toi ? Tu es mariée ? Divorcée ? Tu as plein d'enfants ? J'ai vu que tu étais artiste. J'aime beaucoup ce que tu fais. Je t'embrasse, Geoff. »

Ce à quoi elle répondit aussitôt : « Tu sais, Santa Monica et Westwood sont aussi des coins sympa. C'est super que tu sois revenu ! Félicitations pour ton nouveau travail, et merci pour les compliments sur le mien. Je suis célibataire, j'ai deux petites filles jumelles de sept ans. Et si on se voyait ? » Cette fois-ci, elle indiqua son numéro de portable.

« Bonne idée ! répliqua Geoff. Que dirais-tu d'un déjeuner demain ? Au restaurant The Ivy, à midi trente ? Je ne commence pas avant une ou deux semaines. Je t'appelle dans cinq minutes. »

Lorsqu'elle décrocha le téléphone, Ashley reconnut sans peine la voix de Geoff, même dans sa version plus grave, plus adulte. On devinait encore quelques traces d'un accent anglais.

— Ashley, c'est toi ? demanda-t-il d'un ton enjoué.

C'était comme un souffle d'air frais venu de l'enfance. Ashley était tellement heureuse, à l'époque ! Par la suite, ses parents avaient divorcé, sa mère était décédée, son père avait épousé une autre femme et déménagé, avant de mourir à son tour. Tout avait été plus facile et plus gai durant les années où elle avait connu Geoff – pour elle comme pour lui probablement (elle avait appris dans les journaux qu'il avait lui aussi perdu son père).

— C'est vraiment toi ? répéta-t-il en riant.

— Non, c'est la voisine. Je n'arrive pas à croire que tu sois revenu... C'est génial ! Tu es doué, pour qu'on t'embauche ici. Il y a beaucoup d'auteurs de talent à Los Angeles.

— J'ai eu de la chance, c'est tout, répondit-il modestement. Je travaillais pour une série anglaise, et mon agent a envoyé un de mes scripts ici. Ils veulent sûrement pimenter leur programme avec un peu d'humour british. Et toi, tu dois être bien occupée avec tes jumelles ?

— Elles sont adorables. Tu as des enfants ?

— Non, ni femme ni enfants. J'ai habité avec une actrice française pendant quatre ans, une fille insupportable. Elle m'a largué quelques mois avant que je reçoive la proposition de travailler à Los Angeles.

Il ne semblait pas en être peiné outre mesure.

— J'ai décidé de fermer boutique à Londres et de venir m'installer ici. Et je ne le regrette pas ! Je ne pensais pas avoir tant de plaisir à revoir les lieux de notre enfance. Cette ville m'a manqué. J'ai vécu un an à New York, mais j'ai détesté – pas assez de soleil, une météo aussi morose qu'à Londres, et des gens déprimés par la pluie ou le froid. Enfin, passons... J'ai hâte de rencontrer tes filles. Est-ce qu'elles te ressemblent au même âge ?

Ayant connu Ashley à sept ans, Geoff serait capable d'en juger. Mais selon elle, les jumelles tenaient plus de Marshall, abstraction faite de leur chevelure blonde.

— Elles ressemblent surtout à leur père, répondit-elle.

— Qui est ? Ou était, peut-être ? Tu m'as dit que tu étais célibataire.

Ashley préféra ne pas entrer dans les détails.

— C'est un homme extraordinaire. Un « capitaine d'industrie », comme on dit. Il a vingt et un ans de plus que moi... C'est une longue histoire.

— Que tu me raconteras autour d'un déjeuner. Demain, au Ivy, ça te va ?

— Parfait. Midi et demi, confirma-t-elle.

Ashley était impatiente de le revoir. Au bout de dix-huit ans, c'était comme de retrouver un frère ou un meilleur ami perdu de vue.

— Est-ce que je te reconnaîtrai ? demanda-t-il, soudain inquiet.

— Sans problème. Je pèse cent cinquante kilos, je suis brune, et j'aurai une rose entre les dents.

Geoff éclata de rire. Ashley n'avait pas changé : aussi drôle que lorsqu'elle était enfant... A l'époque, elle l'avait tout bonnement ensorcelé. Une semaine après l'avoir embrassée, il avait dépensé tout son argent de poche dans l'achat d'une boîte de chocolats pour la Saint-Valentin.

— Et toi, je te reconnaîtrai ? s'enquit-elle à son tour.

— Je suis pareil, en plus grand. Beaucoup plus grand. Je mesure un mètre quatre-vingt-dix.

— Il faudra que je lève le nez pour te trouver, alors.

— Ne t'inquiète pas, répliqua-t-il joyeusement. Moi, je te trouverai, Ashley Briggs.

Lorsqu'ils raccrochèrent, Geoff s'aperçut qu'elle lui avait manqué ; il regrettait de ne pas avoir gardé contact avec elle. De son côté, Ashley était enthousiaste à l'idée de le voir le lendemain. Elle avait d'abord un rendez-vous avec sa psychologue, qu'elle ne raterait pour rien au monde. Parler de Marshall lui faisait du bien, même s'il lui était difficile d'expliquer pourquoi elle acceptait de rester dans l'ombre depuis huit ans. La thérapeute n'émettait aucun jugement sur leur relation ; elle comprenait que Marshall puisse être un homme fascinant. Cette nuit-là, toutefois, Ashley s'endormit sans penser à lui.

Quand elle entra dans le restaurant le lendemain, Ashley ne repéra aucun géant ressemblant à Alfalfa parmi les clients installés en terrasse ou dans la salle. Il y avait bien un acteur connu qui prenait le soleil, mais pas de Geoff. Pendant un moment, elle se sentit un peu désemparée tandis qu'elle attendait que le maître d'hôtel la conduise à leur table. Puis elle entendit une voix derrière elle qu'elle aurait reconnue entre mille :

— Vous avez rendez-vous avec quelqu'un, mademoiselle ?

En se retournant, elle découvrit le même visage séduisant, le même sourire généreux qu'elle avait tant appréciés il y a dix-huit ans. Grand et mince, les épaules larges, Geoff était devenu un bel homme. Ashley était loin d'être petite, et pourtant elle devait lever la tête pour le regarder dans les yeux. C'était d'ailleurs tout ce qu'elle voyait à cet instant, ces yeux et ce sourire familiers. Geoff l'embrassa sur la joue, puis recula d'un pas pour l'admirer.

— Waouh ! Ma parole, tu t'es bonifiée avec l'âge !

Il la trouvait aussi belle qu'une actrice ou une top-modèle, bien plus en tout cas que Martine, la Française avec qui il avait vécu à Londres. Très latine et quelque peu excentrique, celle-ci fumait trois paquets de cigarettes par jour dans le petit appartement de Geoff, où elle ne faisait jamais le ménage, attendant sans doute qu'une domestique apparaisse par miracle pour ranger le bazar qu'elle mettait partout. Geoff avait supporté cela parce qu'il l'aimait – ou qu'il pensait l'aimer –, jusqu'au jour où Martine l'avait quitté pour un de ses amis. A présent, ce dernier se plaignait d'elle, mais il n'avait que ce qu'il méritait : une gigantesque emmerdeuse, avec les sous-titres en prime. Car Martine détestait parler anglais... Geoff avait fait d'immenses progrès en français grâce à elle.

Les deux jeunes gens passèrent commande : une salade pour chacun, et, pour Geoff, un bol de chili en supplément – une spécialité locale qui lui avait manqué.

Ashley lui apprit qu'elle avait perdu ses deux parents.

— C'est dur de ne plus les voir, confia-t-elle tristement. Mais j'ai mes filles, maintenant. Ce sont elles, ma famille.

Geoff l'enviait. Il regrettait d'avoir gâché quatre ans de sa vie avec Martine et de n'avoir toujours pas fondé sa propre famille.

— Mon ex détestait les enfants. Je lui ai demandé deux fois de m'épouser, mais elle estime que, pour les gens intelligents, le mariage est superflu. Je ne vois pas vraiment le rapport, mais bon…

Ashley se mit à rire.

— Et toi, depuis quand es-tu divorcée ? lui demanda-t-il après avoir goûté avec bonheur au chili qu'on venait de lui apporter.

— Je ne le suis pas.

Ashley n'avait pas l'intention de lui mentir. Après tout, Geoff était un vieil ami. Sans être fière de sa situation, elle l'acceptait – du moins, elle n'en avait pas honte.

— Je ne pense pas que le mariage soit « superflu », précisa-t-elle, mais je n'ai pas épousé le père de mes filles. Pas encore, en tout cas.

— Il est toujours dans les parages ?

— Oui, deux jours par semaine.

Geoff haussa un sourcil.

— Voilà qui me paraît bien mystérieux. Raconte.

— Ça n'a rien de mystérieux, c'est juste compliqué, trop compliqué pour tout dire. Il est P-DG d'une très grande entreprise, et il vit à San Francisco…

Jusque-là, Geoff ne voyait rien d'anormal. Il ne s'attendait pas à la suite...

— ... avec sa femme et ses trois enfants. L'un est à la fac, l'autre fait des études de droit, et la troisième est encore au lycée. Il a peur de les perturber en divorçant.

Malgré les efforts d'Ashley pour présenter les choses sous le meilleur jour possible, Geoff fut choqué.

— Il est marié ?

— Pour l'instant. Il m'a dit qu'il quitterait sa femme l'an prochain, quand sa fille aura passé son bac.

— Et tu le crois ?

— Ça dépend des moments, répondit-elle après une hésitation. J'ai envie de le croire, en tout cas.

Elle soupira, puis releva les yeux vers son ami.

— Au bout de huit ans, il est vrai que je me pose des questions. Il a beaucoup de raisons de ne pas divorcer. Peut-être qu'il n'en a pas envie... Mais il passe quand même deux jours par semaine avec nous, et les filles l'adorent.

Pour Geoff, c'était l'histoire classique de l'homme marié qui trompe son épouse avec une jolie jeune femme. Sauf qu'Ashley y avait le plus mauvais rôle, et cela le peinait.

— Il ne passe jamais de week-ends ou de vacances avec vous, je suppose. Et j'imagine que tu ne peux pas l'appeler le soir.

— Ni à son bureau, reconnut-elle. Il est très prudent. Il aurait beaucoup à perdre si quelqu'un l'apprenait.

— Il perdrait quoi ? Une partie de son salaire pour payer une pension alimentaire ?

— Non, son travail. Il ne peut pas se permettre d'être impliqué dans un scandale. Il l'a été brièvement au printemps, et ça a été une belle pagaille.

— Quel genre de scandale ?

— Une femme avec qui il avait couché a tout révélé à la presse. Ils lui ont donné deux millions pour qu'elle retire ses propos.

— Donc, il est marié, il te voit en secret, et il vous a trompées toutes les deux, toi et son épouse, avec une troisième nénette. Et tu ne peux même pas l'appeler quand tu en as envie. Est-ce vraiment une relation qui te comble ? Ce qu'il te donne te suffit ?

Un instant, Geoff se demanda si le type en question la traitait comme une reine, ou si elle avait besoin de son soutien financier. Mais ce n'était pas le genre d'Ashley. Elle était venue déjeuner en simple robe de coton, sans bijoux de valeur, en dehors de la petite croix en or qu'elle portait déjà enfant. C'était assurément par amour qu'elle endurait cette situation, et non pour l'argent.

— Non, ça ne suffit pas, tu as raison, répondit-elle, le regard perdu au loin.

Depuis le début du repas, Geoff ne pouvait s'empêcher d'admirer sa beauté. Pas étonnant que le père de ses filles ait craqué pour elle. Qui pouvait résister à ses charmes ? Ce qu'il ne comprenait pas, en revanche, c'était pourquoi elle se contentait de si peu et s'accrochait à l'espoir qu'il quitterait un jour sa femme. Généralement, ces hommes-là menaient leur double vie aussi longtemps que possible. Ce devait être quelqu'un de puissant, qui savait imposer sa loi. Et Ashley l'avait laissé faire. Elle méritait tellement mieux...

— C'est comme ça, soupira-t-elle. Je ne peux pas le forcer à divorcer.

— Et toi, tu n'as jamais eu envie de le quitter ?

— Je l'aurais peut-être fait s'il n'y avait pas eu les filles. Mais c'est leur père, je n'ai pas le droit de les en priver. Et je l'aime… Alors je continue à espérer. Il promet toujours, mais il ne se passe rien. Il faut que j'essaie de m'habituer à l'idée qu'il ne le fera peut-être jamais. C'est nouveau, pour moi. Je vois les choses différemment depuis qu'il m'a avoué au mois de mai qu'il avait eu une aventure. Même si c'était juste une fois, je ne lui aurais jamais fait ça, à lui.

— J'imagine que sa femme était ravie, elle aussi, commenta Geoff.

— Elle n'est pas au courant, et elle ne sait pas non plus pour moi. Récemment, je me suis retrouvée par hasard à la table voisine d'un de ses fils au restaurant : ça m'a fait bizarre de penser qu'il ignorait complètement l'existence de ses deux demi-sœurs. C'est dur.

Emu par la tristesse qu'il lisait dans son regard, Geoff se retint de la prendre dans ses bras. Il ne voulait pas la mettre mal à l'aise.

— C'est fou, les compromis qu'on est prêts à faire pour rester avec celui ou celle qu'on aime, observa-t-il. Aujourd'hui, je me dis que ça n'en vaut pas la peine. Tu sais, Martine m'a beaucoup trompé. Je m'en doutais, mais je préférais fermer les yeux. Ce n'est pas sans conséquences : ce genre d'hypocrisies finit par miner les relations. Un homme qui vit dans le mensonge, comme le père de tes enfants, n'est pas quelqu'un d'honorable. Et s'il ment à sa femme, il peut très bien te mentir aussi.

— Je sais, dit-elle doucement. Je ne lui fais plus confiance. Mais je l'aime, et je ne peux pas m'empêcher d'espérer que je finirai par gagner.

Et que gagnerait-elle, au juste ? se demanda Geoff sans oser le dire tout haut. Un homme malhonnête. La belle affaire...

— Bref, voilà mon histoire. Pas de mari, mais deux enfants. Ce n'est pas ce dont je rêvais quand j'avais douze ans, mais j'aime mes filles, j'ai de la chance de les avoir.

Geoff était certain que beaucoup d'hommes auraient été désireux de lui offrir deux bébés *et* une vraie vie de famille...

— J'aimerais te les présenter, ajouta-t-elle en souriant.

Il lui prit la main et plongea son regard dans le sien.

— Merci de ta franchise, Ashley. Tu aurais pu me dire que tout cela ne me regardait pas.

Il était touché par sa vulnérabilité. Cela le démangeait de donner une bonne rossée au salaud qui lui brisait le cœur depuis des années, alors qu'il aurait dû divorcer et faire d'Ashley une honnête femme. Il ne la méritait pas.

— Quand pourrai-je rencontrer tes enfants, alors ? lui demanda-t-il. Ce soir ?

Ashley parut surprise de sa proposition, mais finalement elle acquiesça. Après tout, Marshall n'arrivait que le lendemain. Et si elle ne souhaitait voir personne d'autre que lui pendant les deux jours qu'il lui accordait, il n'y avait pas de raison qu'elle reste seule les autres soirs.

— Pourquoi pas, répondit-elle. Tu veux venir

dîner à la maison ? Les filles seraient ravies. Tu pourras leur parler de la petite peste que j'étais.

— Mais c'est faux ! Tu étais un petit ange, plutôt.

— On n'a pas les mêmes souvenirs, alors, répliqua-t-elle en riant. Tous les deux, on n'arrêtait pas de s'attirer des ennuis à l'école.

— Tu avais *l'air* d'un ange, si tu préfères.

Geoff s'adossa à sa chaise, posant sur Ashley un regard empli de nostalgie.

— C'est encore le cas, tu sais. Vraiment, tu n'as pas changé... Tu es juste un peu plus grande.

— Toi aussi. *Beaucoup* plus grand.

Ils éclatèrent de rire.

Et tandis qu'ils se remémoraient leur passé commun, le temps fila à la vitesse de l'éclair. Or Geoff avait trois appartements à visiter. L'hôtel où il séjournait était fréquenté en majorité par des rock stars qui faisaient la fête toute la nuit. Autant dire qu'il avait hâte de trouver un logement... Il lui promit de la rejoindre chez elle à dix-huit heures.

En allant chercher ses filles au centre de loisirs, Ashley avait l'impression qu'une partie de son histoire venait de lui être restituée. Elle était surprise du sentiment de bien-être que cela lui procurait. Comme si un morceau d'elle-même, dont elle n'avait pas remarqué l'absence, avait été remis à sa place – la pièce manquante d'un puzzle, en somme. Cela avait été si agréable de se rappeler les jours heureux et insouciants de leur enfance. Geoff semblait n'avoir rien perdu de sa gentillesse de petit garçon. A l'époque, Ashley avait beaucoup apprécié ses parents ; elle se souvenait de son père comme d'un homme un peu sec et très british, et de sa mère comme d'une femme extraordinairement chaleureuse. Geoff lui avait dit que cette dernière vivait toujours en Angleterre et qu'elle avait épousé un autre écrivain moins connu que son premier mari. Il leur rendait visite régulièrement dans leur ancienne ferme à la campagne.

Les jumelles étaient en pleine forme. Ashley leur raconta qu'elle avait retrouvé un vieil ami d'enfance et qu'elle l'avait invité à manger ce soir-là. Geoff fit son apparition à dix-huit heures précises, chargé d'une bouteille de vin, d'un bouquet de fleurs pour Ashley et de deux autres plus petits pour chacune des filles. Celles-ci parurent très intriguées.

— On ne boit pas de vin, expliqua Kendall. Mais maman si, des fois.

— C'est bon à savoir, répondit Geoff avec sérieux. Vous buvez peut-être de la bière, alors ?

— Non ! s'exclama la fillette en riant.

— Et du Coca ?

— Des fois.

Kendall était la plus sage des jumelles, tandis que Kezia se montrait plus espiègle. Aux yeux de Geoff, elles étaient aussi mignonnes l'une que l'autre et ressemblaient comme deux gouttes d'eau à leur mère.

— On n'a droit qu'à une seule canette quand on en boit, précisa Kendall. Et on se la partage, pour ne pas être trop excitées avant de dormir.

— Je vois.

Geoff sourit à Ashley. La jeune femme observait ses filles d'un air attendri ; la fierté illuminait ses traits. Peut-être cela expliquait-il qu'elle soit restée si longtemps avec Marshall…

Ashley prépara des hamburgers, un grand plat

de pâtes et une salade pendant que Geoff jetait un coup d'œil sur ses toiles dans l'atelier. Les fillettes lui montrèrent leur chambre et leurs jouets favoris, puis ils dînèrent sur la terrasse. Une fois le repas terminé, Kezia et Kendall filèrent jouer.

— Elles sont super ! commenta Geoff avec admiration. Et tu es une maman formidable.

— Oui, ce sont de chouettes gamines. J'en étais une moi aussi, quand je les ai eues. A l'époque, pour pouvoir me payer une école d'art, j'avais travaillé un mois comme réceptionniste au bureau de Marshall. C'est comme ça qu'on s'est rencontrés. Quand je suis tombée enceinte, il m'a promis de quitter Liz avant la naissance des petites, mais il ne l'a pas fait. Par la suite, tout s'est compliqué... On se disputait tout le temps à ce sujet, et dernièrement, je lui ai mis beaucoup de pression. Mais ça n'arrange rien, bien au contraire. Il m'a demandé d'attendre un an de plus, conclut-elle tristement.

— Et tu as accepté ?

— Plus ou moins. Je vois une psychologue depuis quelque temps, et j'essaie de prendre les choses au jour le jour. Sinon, je m'énerve et ça ne sert à rien. Il vaut mieux que je profite du peu de temps qu'on a ensemble. Quand Marshall est là, j'ai l'impression de vivre ; le reste de la semaine, je me laisse dériver.

Elle passait donc soixante-quinze pour cent de son existence à attendre le retour de son amant. Avait-elle déjà considéré la situation sous cet angle ? Quel gâchis ! songea Geoff.

Ils parlèrent ensuite de son travail, des scénarios qu'il avait écrits et de la série télévisée à laquelle il allait bientôt apporter sa contribution. Ashley s'éclipsa un moment, le temps de lire une histoire à ses filles. Exceptionnellement, elle leur avait permis de ne pas prendre de bain. Une fois la porte de la chambre refermée, ils les entendirent glousser, puis les bavardages cessèrent. Ashley et Geoff profitèrent de la douceur de la soirée pour continuer à bavarder sur la terrasse. Ils finissaient de boire leur deuxième bouteille de vin lorsqu'ils s'aperçurent avec étonnement qu'il était déjà plus de minuit.

— J'ai passé une excellente soirée, Ash, confia Geoff tandis qu'elle le raccompagnait à sa voiture.

Alors qu'il se tournait vers elle, il crut avoir une vision : ses cheveux blonds formaient un halo autour de son visage dans le clair de lune. Et soudain, il ne la vit plus comme la petite fille qu'il avait connue, mais comme une jeune femme d'une exquise beauté. Sans réfléchir, il captura ses lèvres avec passion, et ils s'embrassèrent langoureusement, serrés l'un contre l'autre. Quand enfin ils se séparèrent, ils affichaient tous deux la même expression ébahie.

— Oh, souffla Ashley. C'était quoi, ça ?

— Je ne sais pas. Un cheval blanc a dû passer dans mon champ de vision.

Elle laissa échapper un petit rire. Mais ils n'avaient plus douze et treize ans, et leur baiser avait été tout sauf innocent. Ashley prit alors conscience qu'elle n'avait embrassé personne d'autre que Marshall depuis huit ans. Geoff devina à son regard qu'elle se sentait coupable.

— Excuse-moi, Ash... Je ne sais pas ce qui m'a pris.

— Je crois que je suis un peu pompette, dit-elle comme pour se justifier.

— Oui, moi aussi. D'ailleurs, je vais plutôt appeler un taxi.

Il s'éloigna de quelques pas pour passer son coup de fil, puis revint vers elle. Il s'arrêta tout près, la regarda intensément. De nouveau, il l'embrassa. Cette fois-ci, ni l'un ni l'autre n'invoqua l'alcool comme excuse. Lorsque la voiture arriva, il serra la jeune femme dans ses bras.

— Je t'appelle demain, murmura-t-il.

Ashley rentra chez elle en se demandant si Geoff était un cadeau du ciel ou une tentation du diable, ou bien si son retour n'était qu'une simple coïncidence. Avant qu'elle ait pu trouver la réponse, elle s'endormit profondément.

Elle se réveilla le lendemain avec un terrible mal de crâne. Le soleil brillait trop fort, les filles faisaient trop de bruit, elle avait l'estomac barbouillé et la conscience minée par la culpabilité. Elle reprochait à Marshall de l'avoir trompée, mais ce qu'elle avait fait avec Geoff n'était-il pas presque aussi condamnable ? Après cette soirée passée à bavarder au clair de lune, il lui avait semblé tellement naturel de l'embrasser ! Elle avait beau vouloir mettre son écart sur le compte du vin, elle n'était pas certaine que celui-ci fût le seul responsable.

Après avoir déposé les filles au centre de loisirs, elle appela Geoff, qui avait récupéré sa voiture et était en route pour un rendez-vous.

— Tu m'en veux ? lui demanda-t-il aussitôt.

— Non, je m'en veux à moi. Je n'aurais pas dû... Mais ce n'était pas désagréable, loin de là, ajouta-t-elle avec un petit gloussement.

Geoff rit à son tour. Ils avaient tous les deux l'impression de retomber en enfance. Douze et treize ans, sur une plage...

— C'était pas mal, en effet. Je mentirais si je te disais que je regrette ce qui s'est passé. En fait, j'en suis très content.

— Moi aussi, avoua-t-elle.

Elle s'était abandonnée avec insouciance dans les bras de Geoff, mais dès qu'elle songeait à Marshall, elle se sentait fautive.

— Ça faisait huit ans que je n'avais pas embrassé un autre homme.

— Tu aurais peut-être dû, répliqua-t-il. Il faut que j'y aille, Ash. Est-ce qu'on peut se voir, ce soir ?

— Non, on est mercredi, Marshall arrive aujourd'hui.

— Et quand repart-il ? demanda-t-il avec espoir.

— Vendredi matin. Mais, Geoff... Ce qui s'est passé hier ne se reproduira pas. Je ne veux pas voir quelqu'un en cachette. Ce ne serait pas mieux que ce qu'il fait.

— On peut être amis, alors. Je te promets d'être sage. Et on ne forcera pas trop sur le vin.

Cela la fit rire.

— Je te rappelle vendredi, ajouta-t-il. On pourrait peut-être faire quelque chose avec les filles, ce week-end ? Je ne sais pas, aller à la plage ou au zoo.

— La plage, c'est une bonne idée. Elles sont inscrites à un club où elles adorent nager.

Ashley se sentit tout heureuse à l'idée de passer du temps avec quelqu'un le week-end. Au fil des ans, elle avait cessé de voir ses amis – à l'exception de Bonnie ; cela lui évitait d'avoir à s'expliquer sur sa situation.

— Bonne chance pour ton rendez-vous, dit-elle à Geoff.

— Il va m'en falloir… J'ai avalé trois aspirines au petit déjeuner, et j'ai encore la tête comme une enclume.

— Tu n'es pas le seul ! A bientôt, Geoff.

Alors qu'elle rentrait chez elle, Ashley découvrit un texto de Marshall sur son téléphone portable. Il venait de descendre de l'avion et confirmait qu'il la verrait ce soir. Pas de « Je t'aime » en conclusion, ce qui ne lui ressemblait pas. Ashley éprouva aussitôt un regain de culpabilité, sentiment qui la tourmenta toute la journée tandis qu'elle ne cessait de penser à Geoff et à leur étreinte enflammée de la veille. Etait-il bien sage de le revoir ? Malgré sa joie d'avoir renoué contact avec lui, Ashley se sentait perdue.

Jusqu'au soir, elle eut l'impression que tout allait de travers. Sa migraine ne la quittait pas, et elle n'eut aucune patience avec Kezia et Kendall entre le moment où elle les récupéra au centre de loisirs et celui où elle les déposa chez la baby-sitter. A dix-huit heures, Marshall, qui venait d'arriver, monta à l'étage alors qu'elle sortait tout juste de la douche. Dès l'instant où elle tourna la tête vers lui, elle sut qu'elle s'était fourvoyée en embrassant Geoff. Marshall la dévorait des yeux comme s'il la voyait pour la première fois. En quelques pas, il traversa la chambre et la souleva dans ses bras. La passion les emporta avec une telle force qu'ils en restèrent sidérés quand ils retombèrent sur leurs oreillers, à bout de souffle. Marshall s'était donné à elle de tout son cœur et de toute son âme. Quand Ashley leva les yeux vers lui, elle s'aperçut qu'il pleurait.

— Qu'est-ce qu'il y a, mon chéri ?

Il secoua la tête. Il était venu rompre avec elle, mais dès qu'il l'avait vue il avait compris qu'il en serait incapable. Ni maintenant ni jamais. Il était dépendant d'elle comme d'une drogue. S'il lui fallait renoncer à l'une de ses femmes pour conserver son emploi, alors ce devait être Liz. Et peu importait qu'elle lui soit utile pour sa carrière : il avait besoin d'Ashley pour tout le reste. Marshall s'assit dans le lit et raconta à la jeune femme comment il avait cru mourir le lundi soir. Ce ne fut qu'à cet instant qu'elle remarqua le bleu en haut de sa cuisse.

— Pourquoi tu ne m'as pas appelée ?

— Je n'ai pas eu le temps. C'est arrivé tellement vite…

— Tu aurais pu me téléphoner le lendemain. Tu ne m'as même pas envoyé de texto, cette semaine. Je me suis dit que tu avais beaucoup de travail.

— C'était le cas.

En vérité, Marshall avait voulu éviter tout contact avec elle, puisqu'il avait pris la décision de la quitter. Mais en la voyant nue, ce soir, toutes ses bonnes résolutions s'étaient évanouies. Et il la désirait encore… Il avait l'impression de l'avoir perdue, ces deux derniers jours.

— Tu sais ce qui a causé cette crise d'angoisse ? s'enquit-elle avec inquiétude.

— Un ensemble de choses. Le stress habituel. J'ai eu une réunion avec la présidente du conseil d'administration lundi, c'était peut-être la goutte de trop. J'ai vraiment cru que j'allais mourir, tu sais.

217

Ashley réprima un frisson. Que se serait-il passé, alors ? Qui l'aurait prévenue, puisque personne n'était au courant de son existence ? Elle aurait appris son décès aux informations, ou en lisant le journal. Cette pensée la glaça d'effroi. Elle n'y avait jamais songé auparavant.

Ce soir-là, Marshall se montra particulièrement gentil avec les filles : il prit le temps de jouer avec elles et de leur lire des histoires. Les jumelles adoraient avoir leur père à la maison. Dès qu'elles furent couchées, Marshall et Ashley remontèrent dans leur chambre et firent de nouveau l'amour, s'accrochant l'un à l'autre comme on s'accroche à la vie. Ils s'endormirent épuisés physiquement et émotionnellement.

Le lendemain matin, Marshall tarda à partir au travail. Ashley fut surprise de le voir encore là à son retour du centre de loisirs.

— Tu ne te sens pas bien ? lui demanda-t-elle, inquiète.

— Ce n'est pas ça. Il faut qu'on parle.

Ils s'installèrent sur la terrasse. Ashley ne lui avait jamais vu une expression aussi soucieuse.

— Il y a un problème ?

— Il y en avait un, mais il est réglé. J'ai eu une visite de la présidente du conseil, lundi. Ils sont au courant pour nous, Ash. Et après l'affaire de la plainte pour harcèlement sexuel, ils veulent éviter les remous. On s'en est sortis de peu la dernière fois, le conseil a été vraiment conciliant avec moi. Mais ils n'ont pas envie d'un P-DG qui fasse la une de la presse à scandale tous les quatre matins. Je risque mon boulot, sur ce coup.

— Ils vont te virer à cause de moi ? s'exclama Ashley, choquée.

— Pas exactement. Ils me demandent de faire le ménage dans ma vie privée. Que je reste avec toi ou avec Liz, cela leur est égal à partir du moment où je mets fin à ma double vie. Apparemment, des gens du bureau de Los Angeles s'en sont rendu compte, notamment une secrétaire qui t'a connue. Ils ont dû nous voir ensemble. Mais personne n'est venu m'en parler, c'est remonté directement aux oreilles du conseil. J'étais venu ici pour rompre avec toi, Ash, c'est pour ça que je ne t'ai pas appelée après ma crise d'angoisse. Je voulais te l'annoncer ce matin. Et puis...

— *Après* avoir passé la nuit avec moi ? l'interrompit-elle.

— Je me disais qu'on pouvait s'offrir une dernière nuit ensemble avant de se dire au revoir.

Jamais il n'avait fait preuve d'une franchise aussi brutale. C'était si injuste, si égoïste ! Ashley en eut la chair de poule...

— Mais quand je t'ai vue hier, reprit-il, je me suis rendu compte que j'étais incapable de te quitter. Je ne peux pas vivre sans toi. Je vais dire à Liz qu'on divorce.

— Et les filles ? s'écria-t-elle, horrifiée.

— Quoi, les filles ?

— Que se serait-il passé si tu m'avais quittée ?

— Je les ai inscrites dans mon testament, et toi aussi. Je m'en suis occupé il y a sept ans.

— Tu aurais continué à les voir ?

Elle avait l'impression de ne plus le reconnaître.

— A terme, oui. Je n'avais pas réfléchi à ça. Je

savais juste qu'il fallait que je rompe avec toi si je ne voulais pas dire adieu à ma carrière chez UPI. La présidente a été claire là-dessus.

— Tu vas vraiment quitter ta femme ?

Il acquiesça.

— C'est ça ou mon boulot.

— Ton boulot ? Et moi, là-dedans ? Pourquoi tu ne pouvais pas divorcer pour moi ? Et qu'en est-il de toutes les raisons que tu me donnais, de Lindsay, de tes deux fils ?

— L'année scolaire de Lindsay risque d'être bien plus difficile si son père est au chômage, répliqua-t-il.

Ashley savait pourtant qu'il ne manquait pas d'argent. Il avait juste besoin de nourrir son ego, besoin du pouvoir et de tout ce qui allait avec. Le reste, son amour pour Liz ou pour elle, ne comptait pas.

— Et si elle parvient à te faire changer d'avis ? Si elle te supplie, si elle menace de se suicider ?

— Liz ne ferait jamais ça, c'est quelqu'un de raisonnable. Et j'espère que tu ne t'amuserais pas à ça non plus.

— Et si tes administrateurs exigent un jour que tu te débarrasses de moi, sans quoi ils te renvoient ? J'imagine que tu n'hésiterais pas, là non plus ?

— Ne sois pas ridicule. Ils n'ont aucune raison de me demander ça. C'est le fait que j'aie deux familles qui les dérange, cela n'a rien à voir avec toi. Je pourrais être marié à un singe qu'ils n'en auraient rien à faire. Ils veulent juste éviter un scandale, car cela ferait baisser le cours des actions et rendrait furieux les actionnaires. C'est le business qui les intéresse, pas mes histoires d'amour, lâcha Marshall avec impatience.

Les questions d'Ashley lui déplaisaient. Il lui donnait enfin ce qu'elle voulait, et elle faisait la fine bouche !

— Et toi, qu'est-ce qui t'intéresse ? rétorqua-t-elle d'une voix tendue. L'amour, ou ton travail ? S'ils ne t'avaient pas forcé la main, aurais-tu fini par quitter Liz comme tu me le promets depuis le début, ou m'aurais-tu laissée comme ça pendant vingt ans, cachée à Malibu, à m'accorder deux petits jours par semaine ?

— La question n'est pas là, répondit-il brusquement. Je t'ai dit que j'allais divorcer. Demain, je monte au lac Tahoe pour l'annoncer à Liz. Je pars de Los Angeles dès ce soir.

Il avait tout prévu. Lundi, il informerait le conseil que l'affaire était réglée.

— Et si elle refuse ?

— Elle n'a pas voix au chapitre. De toute façon, je vais demander le divorce. Je dois répondre aux exigences du conseil.

Ashley s'imagina sans peine à la place de Liz dans quelques années. Il suffirait qu'elle vienne à représenter une menace pour sa carrière, et il se débarrasserait d'elle sans le moindre scrupule, comme il le faisait aujourd'hui avec sa femme. Un frisson glacé lui parcourut le dos. L'insensibilité de Marshall la laissait stupéfaite. Pour lui, elle n'était qu'un morceau de chair, un bon coup – meilleur que Liz, ce qui expliquait qu'il l'ait choisie, elle.

En fait, le seul amour de sa vie, c'était UPI. Même ses filles ne comptaient pas autant : elles avaient une place dans son testament, mais pas dans son cœur. Quelle pensée effrayante... Et quelle victoire amère ! Il avait pris sa décision pour de mauvaises raisons, et pouvait tout aussi bien changer d'avis. Tandis qu'elle le regardait en silence, elle comprit qu'elle ne serait jamais en sécurité avec lui.

— Je t'appellerai ce week-end pour te dire comment ça s'est passé avec Liz, conclut-il avec nonchalance.

Ashley ne sut quoi répondre. « Merci », « Bonne chance », « Je t'aime » ? Tout cela ne signifiait rien pour lui. Il s'en était fallu de peu qu'il ne la quitte, après lui avoir fait l'amour sans qu'elle ait conscience de l'épée de Damoclès qui planait au-dessus de sa tête. Leurs ébats passionnés de la veille lui apparaissaient soudain sous un jour nouveau : tout avait été faux. Il ne l'aimait pas, il avait seulement besoin d'elle pour se sentir puissant, viril, vivant. Tout compte fait, il n'aimait personne d'autre que lui.

Avant de partir, il la prit dans ses bras, mais Ashley resta de marbre. Leur relation avait été sauvée in extremis, comme une transaction qu'il aurait conclue sur un coup de tête. Il avait choisi une fusion, une acquisition, à la place d'une autre. Et alors qu'il attendait d'elle de la reconnaissance, Ashley n'éprouvait que de l'écœurement.

— Je t'aime, Ash, dit-il doucement. Je t'ai toujours aimée. On savait dès le départ que quelqu'un finirait par souffrir. Je suis heureux que ce ne soit pas toi.

Et pourtant, elle souffrait, plus qu'il ne pourrait jamais le comprendre. Car à présent, divorce ou pas, elle ne croyait plus à son amour, cette illusion à laquelle elle s'était raccrochée pendant huit ans.

— Je t'aime aussi, Marshall, répondit-elle sans conviction.

Lorsqu'ils s'embrassèrent, leur baiser ne fut pas aussi ardent que la veille, ni aussi langoureux que celui qu'elle avait échangé avec Geoff. Ce fut un baiser rapide et froid, celui d'un homme de pouvoir qui ne fait jamais rien sans raison, ni sans qu'il y ait des bénéfices à en tirer. Dans son bilan des pertes et des profits, Ashley était passée d'une colonne à l'autre par un simple coup de chance.

Après le départ de Marshall, elle resta un long moment sur la terrasse. A quoi ressemblerait la vie avec lui ? Alors qu'elle en avait rêvé pendant huit ans, elle était incapable à présent de se représenter leur avenir ensemble... Mais aurait-il seulement le cran d'annoncer sa décision à sa femme ? Et s'il changeait d'avis en route ? Et si Liz parvenait à le convaincre qu'elle et leurs enfants avaient davantage besoin de lui ? Après le discours qu'il lui avait tenu, plus rien ne la surprendrait.

18

Comme promis, Marshall appela Ashley le jeudi soir alors qu'on le conduisait à l'aéroport. D'une voix morne et fatiguée, il lui répéta qu'il l'aimait, mais elle ne le croyait plus. Cet homme était incapable de vérité. Après avoir raccroché, elle resta éveillée dans son lit de longues heures durant. Le soleil venait de se lever et les oiseaux chantaient quand elle s'endormit enfin.

Vers sept heures, les jumelles entrèrent dans sa chambre. Ashley se leva et leur prépara en hâte leur petit déjeuner, avant de les accompagner au centre de loisirs.

Lorsque Geoff lui téléphona, un peu plus tard dans la matinée, elle était assise dans son atelier, regardant sans la voir la toile blanche dressée devant elle.

— J'ai trouvé un appartement à West Hollywood, lui annonça-t-il d'un ton enjoué. Il est super. Par contre, j'aurais besoin de tes conseils en matière de décoration – je ne suis vraiment pas doué pour ça. C'est Martine la Monstrueuse qui choisissait tous nos tableaux.

Ashley eut un petit rire, mais Geoff la devina distraite. Il s'était fait du souci pour elle, pendant ces deux jours.

— Comment ça s'est passé avec le père de tes filles ? s'enquit-il.

— Pas trop mal. Il m'a dit qu'il allait quitter sa femme.

Bizarrement, cela ne semblait pas la réjouir. Marshall lui avait-il déjà fait cette promesse sans la tenir par la suite ? Peut-être l'aimait-il vraiment, après tout. Geoff l'espérait pour elle, mais il en doutait. Il n'avait que peu de foi dans la parole des hommes adultères.

— J'imagine que c'est une bonne nouvelle, non ?

— Si on veut... En fait, c'est le conseil d'administration qui l'a poussé à prendre cette décision.

— Ils lui ont demandé de divorcer ?! De quel droit ?

— Ils ont découvert qu'il avait une deuxième famille ici. Par peur du scandale, ils exigent de lui qu'il fasse un choix, sans quoi il perd son job.

— Si je comprends bien, il divorce pour sauver sa carrière ?

— C'est à peu près ça. Il avait décidé de me quitter, mais il a changé d'avis ensuite, précisa Ashley d'une voix blanche.

— Et il t'a dit ça ?

— Hier, avant de partir.

— Comment tu le prends ?

— Mal, je crois. Je ne sais pas trop où j'en suis. Il ferait n'importe quoi pour conserver son poste de P-DG.

— En effet... Alors tu vas déménager à San Francisco, te marier et faire plein d'enfants ? lâcha Geoff tristement.

Il venait de la retrouver, et il allait de nouveau la perdre... Mais qui était-il pour la retenir ? Ashley attendait ce moment depuis huit ans, sans compter qu'elle avait deux enfants avec ce type. Geoff la respectait trop pour semer le trouble dans sa vie déjà bien compliquée.

— Peut-être, répondit-elle. Je dois y réfléchir. Ça m'a secouée, hier, quand il m'a annoncé la nouvelle. On fait plus romantique comme demande en mariage... Pour lui, c'est une question de business, c'est tout. Si on ne lui avait pas donné d'ultimatum, il serait resté avec Liz, au moins pendant encore un an. Et rien ne me prouve qu'il ne va pas encore changer d'avis.

— Que dirais-tu d'une invitation à dîner, ce soir ? proposa Geoff prudemment.

— Je ne sais pas si c'est une bonne idée... J'ai déjà du mal à y voir clair. Et je ne voudrais pas t'entraîner dans mes problèmes.

— Ne t'en fais pas pour moi, je suis un grand garçon. Ce n'est qu'un dîner, je te promets de bien me tenir.

Ashley sourit en repensant à leurs baisers. Même si elle ne regrettait rien, elle n'avait pas envie de recommencer. Elle se sentait suffisamment perdue comme cela.

— J'ai repéré un restaurant sympa qui pourrait plaire à Kezia et Kendall, continua Geoff. C'est une pizzeria, il y a un juke-box et des jeux d'arcade, et même un petit manège à l'extérieur. Qu'en dis-tu ?

— Elles seront ravies. Merci, Geoff.

— Je passe vous chercher à six heures ?

— Parfait.

La jeune femme comptait bien sur cette soirée avec Geoff pour se changer les idées.

Avant de manger, les fillettes firent un tour de manège. Geoff voyait bien qu'Ashley était contrariée, et cela lui serrait le cœur. Elle avait l'air d'avoir perdu toutes ses illusions. Une fois les pizzas terminées, ils dansèrent un moment pendant que Kezia et Kendall jouaient sur les machines. Epuisées, les fillettes s'assoupirent dans la voiture sur le chemin du retour. Geoff aida Ashley à les porter dans la maison, puis attendit sur la terrasse pendant qu'elle les couchait. Les jumelles dormaient avant même qu'elle ne referme la porte de leur chambre.

— Merci, dit-elle en rejoignant Geoff. Elles ont passé une super-soirée.

— Je me suis encore plus amusé qu'elles, répliqua-t-il. Tu as de la chance de les avoir... Un de ces jours, j'aimerais tant être parent, moi aussi.

— Elles sont ce qui m'est arrivé de mieux, reconnut Ashley.

Gagnée par la lassitude, la jeune femme ferma les yeux un instant. Geoff se sentait impuissant. Si seulement il pouvait faire quelque chose pour lui rendre la vie meilleure ! Lorsqu'elle rouvrit les paupières, elle lui sourit.

— Qu'est-ce qui se serait passé si tu n'étais pas parti en Angleterre ?

— Je t'aurais épousée à quatorze ans, et on aurait déjà une quinzaine de gosses, plaisanta-t-il en lui prenant la main.

Ils restèrent ainsi un long moment, perdus dans leurs pensées. Ashley se demandait comment Marshall s'en sortait au lac Tahoe, tandis que Geoff s'interrogeait sur l'avenir de la jeune femme. L'idée qu'elle finisse avec ce type lui répugnait.

— Tu veux toujours aller à la plage, demain ? s'enquit-il alors qu'il s'apprêtait à partir.

Ashley acquiesça. Ce n'était sans doute pas convenable qu'elle passe autant de temps avec lui, mais elle n'avait envie de rien d'autre. Elle se sentait en sécurité avec Geoff, à l'abri des difficultés qu'elle traversait actuellement.

— On pourrait déjeuner au club de la plage, suggéra-t-elle. Les filles adorent passer la journée à la piscine.

— Bonne idée.

Tandis qu'il se penchait pour déposer un chaste baiser sur sa joue, Ashley fondit dans ses bras. Pendant de longues minutes, il la tint contre lui en lui caressant les cheveux, osant à peine bouger. Ce fut elle qui l'embrassa la première. Un geste si simple, si pur, si juste !

— Je ne sais pas ce que je fais, murmura-t-elle.

— Tu n'as pas besoin de le savoir tout de suite, répondit-il gentiment. Et quelle que soit ta décision, je m'en accommoderai. Je suis arrivé un peu tard dans ta vie, ou trop tôt ; tu ne me dois rien.

— Merci.

Après avoir atterri à San Francisco le jeudi soir, Marshall rentra chez lui à Ross pour y passer la nuit. Maintenant que sa décision était prise, il se sentait étrangement apaisé, soulagé d'un poids. Il savait qu'il avait fait le bon choix. Ce serait un coup dur pour Liz, mais il était grand temps de se montrer honnête avec elle. Il lui avait menti trop longtemps.

En entrant dans la chambre, il se demanda si elle vendrait la maison ou si elle continuerait à y vivre. Il fallait qu'il commence à chercher un logement pour Ashley et lui. Lundi, après avoir appelé Connie Feinberg, il contacterait un agent immobilier, mais, pour l'heure, il devait d'abord parler à Liz.

Le vendredi matin, il se rendit au lac Tahoe en voiture. Au dire de la gouvernante, Liz était sortie se faire faire une manucure, et Lindsay était chez une amie. Marshall enfila son short de bain et plongea dans le lac. C'était une journée magnifique.

Il se séchait au soleil sur la terrasse en bois lorsque Liz arriva, les ongles vernis de rouge vif, l'air reposée et détendue. Etonnée de le voir si tôt, elle craignit un instant qu'il n'ait subi une nouvelle crise d'angoisse. Mais il semblait en pleine forme.

— Quand es-tu rentré de Los Angeles ? s'enquit-elle gaiement.

— Hier soir. J'ai pris ma journée.

Marshall ne souriait pas. Liz lui faisait l'effet d'une étrangère, à présent ; dans son esprit, il l'avait déjà quittée. D'ailleurs, il ne lui avait pas envoyé de message pour la prévenir de son retour.

— Il faut qu'on parle, déclara-t-il avec sérieux.

— Qu'est-ce qui se passe ? Tu as fait une autre crise ?

Il secoua la tête tandis qu'elle s'asseyait à côté de lui, gagnée par un mauvais pressentiment.

— Lundi, Connie Feinberg est passée me voir au bureau, commença-t-il. Elle m'a forcé à faire quelque chose que je n'avais pas eu le cran de faire jusque-là.

— Quoi donc ?

— Etre honnête avec toi. Je vis dans le mensonge depuis huit ans.

— De quoi tu parles ?

— J'ai une maîtresse à Los Angeles, lâcha-t-il sans prendre la peine de mettre des gants.

Liz le regarda, incrédule. Son esprit refusait de comprendre ce qu'il venait de dire, comme si quelqu'un avait appuyé sur le bouton « effacer ».

— Ça fait huit ans que ça dure, précisa-t-il froidement. Je ne voulais pas te le dire, ni te quitter, alors pendant tout ce temps j'ai passé deux jours par semaine avec elle. On a deux petites filles, qui ont sept ans aujourd'hui, des jumelles. Elles vivent à Malibu.

Liz crut défaillir.

— Le conseil l'a appris, et ils me demandent de régulariser ma situation. Sinon, ils me virent.

Marshall semblait attendre d'elle qu'elle comprenne, mais Liz ne comprenait pas. Comment une telle chose était-elle possible ? Comment avait-il pu mentir à ce point ? Pourquoi n'avait-elle rien soupçonné ? Elle lui avait fait une confiance aveugle, voilà tout. Lorsqu'elle se leva, elle faillit tomber. Elle tremblait comme une feuille. Marshall voulut la soutenir, mais elle s'écarta brusquement, craignant que ses mains ne lui brûlent la peau, de la même façon que ses paroles lui avaient déchiré le cœur.

— Tu as deux enfants avec elle ? dit-elle d'une voix étranglée qu'ils ne reconnurent ni l'un ni l'autre.

Marshall n'avait plus qu'une envie à présent : lui

dire la vérité, être sincère avec elle pour la première fois depuis des années.

— Et tu as continué à me faire l'amour pendant tout ce temps ? Tu m'as menti, à moi, et à nos enfants ? Comment as-tu osé ?

Elle étouffa un sanglot, avant de fondre en larmes. Marshall crut qu'elle allait le frapper – et il ne lui en aurait pas voulu. Pour lui aussi, c'était dur.

— Je suis amoureux d'elle, Liz. Follement, passionnément amoureux. Je pensais que ça finirait par passer, mais ça a continué, année après année. Très vite, elle est tombée enceinte. Elle a voulu garder le bébé, et encore plus quand elle a su que c'étaient des jumelles. Elle y a peut-être vu un moyen de me retenir... A l'époque, elle était assez jeune.

— Jeune à quel point ? demanda Liz dans un filet de voix.

— Elle avait vingt-deux ans quand ça a commencé. Aujourd'hui, elle en a trente. Mais ce n'est pas une question d'âge, Liz. Tu es très belle, et je t'aime. Quand Connie m'a dit que je devais faire un choix, j'ai d'abord décidé de rester avec toi. Mais en arrivant à Los Angeles pour rompre avec elle, je n'ai pas pu. Si je la quittais, je sais que je retournerais la voir au bout d'une semaine, j'ai trop besoin d'elle. Je ne peux pas l'expliquer, cela dépasse l'entendement. Toi et moi, on est ensemble depuis bientôt trente ans : peut-être qu'on est parvenus au bout de notre relation, qu'il ne nous reste que le respect, le devoir, l'habitude... Avec elle, il y a plus. Et elle attend ça depuis longtemps, Liz. Je veux divorcer.

Marshall imaginait que sa femme allait se retirer avec grâce en lui souhaitant bonne continuation. Au lieu de cela, celle-ci poussa un hurlement déchirant qui résonna à travers le lac. Quand la gouvernante accourut, Marshall la chassa d'un geste de la main, puis tenta de prendre Liz dans ses bras. Mais elle se débattit et se mit à le frapper de toutes ses forces. Comment avait-il pu lui faire ça ? criait-elle. Elle avait toujours été là pour lui, et il avait fait de sa vie un mensonge.

— Ce n'était pas un mensonge, se défendit-il. Je t'aimais vraiment. Je t'aime encore. C'est juste que je ne peux plus rester avec toi.

Liz lui lança un regard meurtrier, avant de se réfugier dans la maison et de s'enfermer dans leur chambre en claquant la porte. Une heure plus tard, il voulut la rejoindre, mais renonça en l'entendant sangloter. La gouvernante elle aussi pleurait dans la cuisine, devinant que quelque chose de terrible venait de se produire. Elle craignait qu'il ne soit arrivé malheur à l'un des garçons.

Au retour de Lindsay, Liz n'était toujours pas redescendue. L'adolescente fut surprise de croiser son père si tôt le vendredi.

— Où est maman ? Ça va, papa ?

Marshall songea qu'il n'aurait pas droit à cette sollicitude bien longtemps. Il allait devenir *persona non grata*.

— Ta mère ne se sent pas bien, elle est dans sa… dans notre chambre, expliqua-t-il. Je ne crois pas que ce soit une bonne idée de la déranger.

En se rendant à la cuisine pour chercher de quoi manger, Lindsay tomba sur la gouvernante en pleurs.

— Mais qu'est-ce qui se passe, ici ? s'exclama-t-elle.

— Je ne sais pas, répondit l'employée. Votre maman est très affectée. Je crois qu'ils se sont disputés.

Contre l'avis de son père, Lindsay décida d'aller prendre des nouvelles de sa mère. Elle la trouva allongée à plat ventre sur son lit, secouée de sanglots. Lorsque Liz releva la tête, Lindsay prit peur en découvrant son visage ravagé par le chagrin. Elle ne l'avait jamais vue dans cet état.

— Qu'est-ce qui ne va pas, maman ? murmurat-elle en passant un bras autour de ses épaules. Vous vous êtes disputés, avec papa ?

— On va divorcer, répondit Liz d'une voix tremblante. Ton père aime une autre femme. Il me quitte pour aller vivre avec elle.

Lindsay la dévisagea, les yeux écarquillés.

— C'est qui ?

— Une jeune femme, à Los Angeles.

— Jeune comment ? demanda Lindsay d'un air horrifié.

— Elle a trente ans.

Liz tenta de se ressaisir tandis que sa fille fondait en larmes à son tour. Pendant un long moment, elles restèrent dans les bras l'une de l'autre, sidérées. Lorsqu'elles descendirent enfin, il faisait déjà nuit. Marshall était assis au salon, la mine sombre.

— Je suis désolé, dit-il en voyant leurs visages bouffis de larmes. Je sais que c'est dur pour vous, ça l'est aussi pour moi. Je n'avais pas le choix.

Liz leva vers lui ses yeux rougis.

— Comment as-tu pu me mentir pendant toutes ces années ?

— Je n'avais pas envie que tu souffres. Et je ne

savais pas quoi faire... Je ne voulais vous quitter ni l'une ni l'autre. Je ne suis pas sûr que je l'aurais fait, d'ailleurs, si le conseil ne m'avait pas forcé la main.

— Tu préfères donc divorcer plutôt que perdre ton job ?

— A quoi ça nous avancerait que ma carrière soit foutue ? De toute façon notre mariage est fini, Liz. Depuis des années.

C'était ce qu'il avait toujours dit à Ashley, mais sans y croire lui-même. Il avait continué à agir comme un mari avec Liz, et à attendre d'elle qu'elle se comporte en épouse. Y compris au lit.

— Ce n'était pas fini, et tu le sais, répliqua-t-elle.

Lindsay monta en courant dans sa chambre.

— Tu m'as fait l'amour pas plus tard que la semaine dernière. Mais peut-être que c'était aussi par devoir ?

Marshall eut la délicatesse de ne pas lui avouer que, depuis des années, il n'avait eu des relations sexuelles avec elle que par affection et par respect. Et parce qu'il pensait le lui devoir, en effet.

— C'est quel genre de fille, pour passer huit ans avec l'homme d'une autre et avoir des enfants hors des liens du mariage ? continua Liz. Quel genre de petite garce est-elle ?

Elle s'était remise à crier. Depuis sa chambre, Lindsay entendait leurs éclats de voix sans distinguer leurs paroles.

— Elle a souffert plus que toi, répliqua durement Marshall. Depuis le début, elle sait que tu existes. Au moins, tu as pu profiter d'un mariage que tu pensais vrai.

— Parce que toi, tu n'as pas profité de la situation, peut-être ?

Ainsi donc, elle avait été la seule à ne pas savoir... Liz tourna les talons et monta rejoindre Lindsay, pendant que Marshall s'isolait dans une des chambres d'amis. Plus rien d'utile ne serait dit ce soir-là. Seulement des insultes et des récriminations.

Alors qu'elle se couchait, Liz se rappela soudain que John devait venir avec Alyssa pour le week-end. Elle lui envoya aussitôt un message lui expliquant qu'ils avaient besoin d'un moment en famille et qu'ils ne pouvaient pas accueillir la jeune femme cette fois-ci. John lui téléphona dès qu'il reçut le texto.

— Qu'est-ce qui se passe ? Pourquoi elle ne peut pas venir ? Ça fait des semaines que je l'ai invitée, tu ne vas pas annuler maintenant !

Liz ne sut quoi répondre. Elle ne voulait pas lui annoncer la nouvelle par téléphone.

— J'ai attrapé un rhume. Dis-lui que je suis désolée et qu'on l'invitera une autre fois.

— Ce n'est pas juste. Dans ce cas, je ne viendrai pas non plus, décréta John.

— Pourtant, il le faut, insista-t-elle d'un ton désespéré. Je te demande juste un week-end. J'ai besoin de toi.

— Pourquoi ?

John se montrait agressif, ce qui ne lui ressemblait pas.

— Je veux que tu viennes, c'est tout.

— Très bien, concéda-t-il après une longue hésitation. Mais je ne trouve pas ça poli du tout.

Liz lui promit de présenter ses excuses auprès

d'Alyssa dès qu'elle en aurait l'occasion. Après avoir raccroché, elle resta éveillée dans son lit, hantée par les révélations de Marshall. Une maîtresse et deux enfants cachés, vingt-sept années qui partaient en fumée en un claquement de doigt... Elle se serait crue dans un mauvais film, et pourtant, il s'agissait bien de sa vie.

Quand John arriva, le lendemain après-midi, ses parents l'attendaient. Lindsay boudait dans sa chambre – elle n'avait pas adressé la parole à son père depuis la veille. Liz avait appelé son fils aîné le matin pour lui demander de les rejoindre, mais il avait refusé, prétextant un week-end chargé. Elle serait donc obligée de lui apprendre la nouvelle par téléphone.

A peine entré, John comprit qu'il était arrivé quelque chose de grave. Sa mère n'était pas malade, elle pleurait. Et son père avait l'air mal à l'aise et stressé.

— Qu'est-ce qui se passe ? Tom va bien ?

John avait eu le même réflexe que sa sœur et la gouvernante avant lui : seul un décès dans la famille pouvait expliquer une telle détresse. Et il y en avait eu un, en quelque sorte : le mariage de ses parents.

— Tom va bien, le rassura Liz, je lui ai parlé ce matin. Je lui ai demandé de venir, mais il ne pouvait pas.

— Qu'est-ce qu'il y a, alors ?

— C'est ton père et moi, lâcha Liz. On va divorcer.

Elle éclata en sanglots, tandis que John les regardait tour à tour avec horreur. Sa pire crainte se réalisait.

— Pourquoi ?

Il s'était mis à pleurer, lui aussi. Marshall restait silencieux, tant il lui était douloureux de voir son fils dans cet état. Il savait combien John l'aimait et le respectait, et il n'avait pas envie de perdre ce lien. La veille, Lindsay lui avait déclaré la guerre en le traitant de monstre et de menteur, ce à quoi il était somme toute habitué. Quant à son fils aîné, il l'accusait depuis toujours d'être un imposteur. Avait-il raison ? En tout cas, leurs rapports n'étaient pas près de s'arranger... Marshall venait de perdre une famille entière en décidant de sauver sa carrière et de vivre avec Ashley.

— Ton père fréquente une autre femme, expliqua Liz à travers ses larmes. Et ça dure depuis des années.

Avant de continuer, elle jeta un coup d'œil à Marshall. Il ne chercha pas à l'empêcher de porter le coup de grâce :

— Ils ont deux enfants, des jumelles.

— Quoi ? cria John en se tournant vers lui. Dis-moi que ce n'est pas vrai, papa !

— Si, c'est vrai. J'ai apporté des photos, si tu veux les voir. Ce sont tes sœurs, après tout.

John le dévisagea comme s'il avait perdu la tête.

— Je rêve ! Tu veux me montrer des photos de mes sœurs ?! Elles ont quel âge, quinze ans ? Depuis combien de temps tu trompes maman ?

— J'ai rencontré Ashley il y a huit ans. Les filles ont sept ans, elles sont magnifiques. Tu les adorerais.

— Jamais je ne les verrai !

John n'avait aucune envie de les rencontrer. Il devait au moins ça à sa mère. Ces fillettes étaient la preuve vivante de la trahison de son père.

— Est-ce que tu as amené des photos de ta maîtresse, aussi ?

Marshall se contenta de secouer la tête. Il avait cru que Liz et ses enfants auraient envie de découvrir ses autres filles, au moins par curiosité, mais visiblement il s'était trompé. Marshall alla s'enfermer dans sa chambre et envoya un texto à Ashley. Ne voulant pas la culpabiliser, il se retint de lui dire que sa famille était anéantie, qu'ils le détestaient tous et la haïssaient encore plus.

Ce fut un week-end éprouvant, rythmé par les crises de larmes, les insultes et les accusations. John appela Alyssa pour lui annoncer la nouvelle. Elle tenta de lui dire que la situation finirait par s'arranger, qu'ils s'y habitueraient. Mais John en doutait. Sa famille venait d'imploser, son père était un escroc et un menteur : il ne voyait pas comment ils pourraient s'en remettre, surtout sa mère, qui semblait avoir vieilli de cinquante ans. Tom, quant à lui, ne fut pas étonné d'apprendre que son père avait mené une double vie. Tout ce qu'il avait craint se révélait vrai.

Marshall brava la tempête jusqu'au bout. Quand il partit, le dimanche après-midi, personne ne vint lui dire au revoir. Il avait annoncé à Liz qu'il appellerait un avocat le lundi, ce à quoi elle lui avait répondu qu'elle tenait à ce qu'il ait vidé les lieux à son retour à Ross.

Lorsqu'il prit la voiture, il se sentait fourbu comme si on l'avait battu pendant deux jours – c'était le cas, et il le méritait. D'une certaine façon, il était soulagé de quitter Liz furieuse : il supportait mieux la colère que les larmes. Voir son fils pleurer lui avait brisé le cœur, cependant, et il avait cru mourir quand John l'avait regardé dans les yeux en lui disant : « Tu me déçois tellement, papa. »

Lorsque Liz et ses enfants se retrouvèrent pour dîner le dimanche soir, on eût dit des naufragés. Et tandis qu'ils chipotaient à table, ils eurent la surprise de voir arriver l'aîné de la fratrie. Pour la première fois en deux jours, John sourit.

— J'ai pensé que vous auriez besoin d'un petit soutien, déclara Tom d'un ton bourru.

Il s'assit, dîna avec eux, et essaya tant bien que mal de les distraire.

Epuisée par les émotions, Liz monta se coucher rapidement. Au moins ses enfants pouvaient se réconforter les uns les autres. Unis contre leur père, ils avaient naturellement pris son parti. Tom et John discutèrent jusque tard dans la nuit et burent un peu trop de bière, heureux de pouvoir partager ce qu'ils avaient sur le cœur.

Marshall envoya un texto à Ashley dès qu'il arriva à Ross. Il ne reçut aucune réponse, mais il était trop fatigué pour s'en inquiéter. Ces deux jours de cauchemar l'avaient éreinté. Il s'endormit en songeant que sa place à UPI était sauvée. C'était déjà ça.

19

Ashley et les jumelles passèrent la journée du samedi au club de la plage avec Geoff. Celui-ci avait commencé à travailler sur ses scripts, mais il s'était volontiers libéré du temps pour elles. Après avoir nagé une heure, ils déjeunèrent au bord de la piscine, puis Kezia et Kendall retournèrent jouer dans l'eau avec leurs petits camarades. Ashley avait du mal à croire que Geoff était réapparu dans sa vie depuis seulement quelques jours : elle se sentait tellement à l'aise avec lui qu'elle avait presque l'impression qu'il faisait partie de la famille. Même les fillettes se comportaient avec lui comme avec une vieille connaissance. Il savait déjà les différencier, alors qu'il arrivait encore à Marshall de se tromper.

L'attirance que Geoff et Ashley ressentaient l'un pour l'autre semblait elle aussi étrangement naturelle, à tel point que la jeune femme devait sans cesse se répéter que Marshall allait revenir et qu'il était censé l'épouser. La perspective d'un mariage avec lui n'avait plus rien de réjouissant maintenant qu'elle connaissait ses motivations.

Tandis que Geoff somnolait au soleil dans sa chaise longue, Ashley gardait un œil sur ses filles.

De temps en temps, l'une d'elles sortait de la piscine pour venir lui parler. Lorsque Geoff rouvrit les paupières, il tourna la tête vers Ashley, un sourire aux lèvres.

— Je suis mort et c'est le paradis, c'est ça ? murmura-t-il. Je ne m'en plains pas, je vérifie juste... Dire qu'il y a dix jours je vivais dans un appartement minable à Londres, où je me morfondais tout seul depuis quatre mois après m'être fait larguer par ma copine. Et là, comme par magie, je décroche un super-boulot, je trouve un appart de rêve à West Hollywood que je n'aurais jamais pu me payer à Londres, et je passe la journée dans un club de plage avec une femme merveilleuse et ses adorables jumelles. Le seul hic, c'est que je dois me rappeler qu'il ne faut pas que je tombe amoureux d'elle parce qu'elle va probablement en épouser un autre.

Ashley lui prit la main en souriant.

— Et moi, après avoir pendant huit ans passé d'innombrables week-ends à pleurer et à me languir, je me retrouve tout d'un coup à lézarder au soleil avec toi comme si tu n'étais jamais parti.

Elle se retint d'ajouter qu'elle aussi, elle tombait amoureuse et faisait tout pour ne pas y penser, de peur de perdre la raison. Elle songea qu'en ce moment même Marshall était probablement en train de briser le cœur de sa femme pour pouvoir satisfaire le conseil d'administration de son entreprise. A moins qu'il n'ait changé d'avis, auquel cas il prenait du bon temps en famille, en attendant de se séparer d'elle...

Ashley ne savait quelle attitude adopter. Fallait-il être reconnaissante qu'il daigne envisager une vie avec elle ? Ou devait-elle garder en tête que, trois jours plus tôt, il lui avait fait l'amour bien qu'ayant alors pris la décision de la quitter ? Il était donc capable de la congédier à tout moment... Jamais elle ne s'était sentie aussi vulnérable. Elle ne pouvait même plus s'accrocher à l'illusion que Marshall l'aimait. En fait, il ne faisait et ne disait que ce qui l'arrangeait sur l'instant.

La jeune femme, toutefois, ne voyait pas en Geoff une solution à ses problèmes. Ils avaient été séparés trop longtemps pour prétendre se connaître assez. Mais n'était-ce pas étrange qu'il soit réapparu à ce moment précis de son existence ? N'était-ce pas déconcertant qu'elle se sente plus à sa place avec lui qu'avec le père de ses filles ? Elle ne pouvait s'empêcher de se demander ce qui se serait passé s'il était revenu avant qu'elle ne rencontre Marshall. Cela aurait-il marché entre eux ? Cela *pouvait-il* marcher ? C'était bien trop tôt – ou trop tard – pour le dire. Et elle n'était pas certaine de vouloir compromettre pour lui un mariage qu'elle avait tant attendu. D'ailleurs, Geoff ne lui demandait rien.

— A quoi penses-tu ? s'enquit-il en la voyant froncer les sourcils, le regard perdu au loin.

Ashley portait un bikini rose qui lui allait à ravir.

— J'étais en train de me dire que la vie est parfois mal faite. Pendant des années, tu espères une chose, tellement fort que tu t'en rends malade, et le jour où elle arrive, emballée dans un joli papier cadeau, tu t'aperçois qu'il y a un ver dans la pomme ou que c'est un serpent qui te l'offre. Alors tu te demandes s'il faut la manger au risque de mourir, ou s'il vaut mieux t'en aller. Bref, je suis perdue.

Geoff ne se sentait pas autorisé à la conseiller, mais il trouvait cela très parlant qu'elle ait comparé Marshall à un serpent. Il partageait tout à fait ce point de vue, même sans avoir jamais rencontré l'intéressé : faire confiance à cet homme ne lui semblait pas recommandé. Néanmoins, il n'oubliait pas qu'elle avait deux enfants de lui et qu'elle l'aimait. Et qu'il n'est pas facile de renoncer à une chose que l'on a beaucoup désirée, aussi dangereuse soit-elle. Cela pouvait paraître plus simple de se convaincre que tout irait bien.

Quoi qu'il en soit, Ashley savait à présent qui était vraiment Marshall : un homme qui servait toujours ses propres intérêts en premier, au détriment de ceux des autres. Ce n'était pas le genre de mari que Geoff souhaitait la voir épouser. Pour être franc, il n'imaginait personne d'autre que lui-même à cette place.

La jeune femme se rendait bien compte que Geoff avait des sentiments pour elle. Pourquoi fallait-il qu'un homme aussi gentil croise son chemin maintenant, alors que celui qu'elle désirait était enfin libre ? Ses baisers et ses marques d'attention ne l'avaient pas laissée indifférente, au point qu'elle ne savait plus qui était le serpent, dans l'histoire : Marshall, Geoff, ou elle-même.

— La vie est mal faite, répéta-t-elle.

Si elle fermait les yeux un instant, elle pouvait presque se figurer mariée à Geoff. Il écrirait pour la télé pendant qu'elle peindrait, et ensemble ils élèveraient les filles comme s'il avait toujours été là. Mais ce n'était pas le cas. Et qui savait quelles directions leurs vies allaient prendre ? Ashley avait appris qu'il ne fallait se fier à rien ni à personne et que tous nos rêves pouvaient s'envoler en un battement de cil.

— Peut-être que je suis trop vieille pour changer de cap ; peut-être que je devrais rester sur le chemin que j'ai suivi jusqu'ici.

— Pas s'il te conduit droit dans le mur, répliqua Geoff. Et comment peux-tu dire que tu es trop vieille à trente ans ? Imagine alors le nombre de vieux chez nous ! En suivant ta logique, je n'aurais plus qu'à me lamenter que Martine soit partie, sous prétexte que j'ai investi quatre ans de ma vie avec elle. Au contraire, je remercie le ciel qu'elle m'ait quitté ! Et je le pensais déjà avant de te retrouver. Et toi, ce n'est pas parce que tu es avec quelqu'un depuis longtemps que tu es condamnée à l'être pour le restant de tes jours. Peut-être que la vie t'envoie un message ? Tu dois ouvrir les yeux ; et ne les referme pas avant d'avoir bien regardé. Essaie de savoir où tu vas, essaie d'évaluer les risques...

— On croirait entendre ma psy ! s'exclama Ashley. C'est exactement le conseil qu'elle m'a donné : garder les yeux ouverts et choisir une direction en étant sûre que c'est celle que je veux prendre. Elle m'a dit aussi que l'histoire était un éternel recommencement, que les gens ne changeaient pas : ce qu'ils t'ont fait un jour, ils te le referont.

— Elle a raison : chaque fois qu'on se séparait avec Martine, je retournais toujours vers elle en essayant de trouver une solution pour que ça marche. C'était perdu d'avance. Elle finissait par me tromper, et je faisais semblant d'être surpris. La dernière fois, je l'ai laissée partir pour de bon.

Geoff marqua une pause.

— Mais on n'avait pas d'enfants, j'imagine que ça change tout. Tu dois aussi penser à tes filles. Dans mon cas, il n'y avait qu'elle et moi, et j'en avais marre de souffrir. Tu sais qu'elle trompe déjà le type avec qui elle couchait à la fin de notre relation ? Il n'est pas encore au courant. De toute façon, après le coup qu'il m'a fait, il n'a que ce qu'il mérite... Et ce n'est plus mon problème.

Ashley était si différente de Martine... Geoff n'avait jamais vraiment éprouvé de respect pour cette dernière, il s'était juste entiché d'elle. Ce qu'il ressentait pour Ashley était incomparable.

— Tu sais, il n'est pas question de nous, poursuivit-il, mais de toi et de Marshall. Dans votre histoire, je ne suis peut-être qu'un bol d'oxygène, une sorte de bouée de sauvetage. Mais tu n'as pas besoin de moi pour t'en sortir. Il est possible que la clé de ton bonheur soit entre les mains d'un homme que tu n'as pas encore rencontré et qui sera parfait pour toi, auquel cas je ne suis là que pour marquer la transition. Ou alors, tu as simplement besoin de rester seule un moment, juste avec tes filles. Ou encore, ton amour pour Marshall est réel... Tu trouveras la réponse, Ash. Tu es intelligente.

— C'est malin, maintenant j'y vois encore moins clair ! le taquina-t-elle. Mais merci pour le vote de confiance, même si je ne le mérite pas. J'ai été assez idiote pour accepter que Marshall me mène en bateau pendant des années. Il m'avait promis de quitter sa femme et de m'épouser avant la naissance des jumelles. Et puis, au fil du temps, il a toujours trouvé une bonne excuse pour retarder l'échéance. En fait, je crois qu'il n'a jamais eu l'intention de divorcer. C'est juste qu'il ne voulait pas me perdre, alors il disait ce qu'il fallait pour me retenir. Il n'y a eu que l'ultimatum fixé par ses administrateurs pour l'obliger à prendre une décision. Ma psy et ma copine Bonnie ont raison : la situation était très confortable pour lui, et c'est moi qui ai permis ça en me contentant des deux jours par semaine qu'il voulait bien m'accorder – quand il n'était pas en vacances en famille et qu'il n'avait rien de mieux à faire. J'ai été le dessert, le bon coup de service. Et sa femme était le plat principal. Elle était sûrement bien plus utile à sa carrière que moi.

Voilà comment elle se voyait à présent : comme la traînée de Marshall – et c'est sans doute ainsi que sa famille la considérait, en particulier ses enfants. Rester si longtemps dans l'ombre avait fait d'elle un personnage aussi peu recommandable que lui.

— Je suis certain que tu étais plus que le dessert, comme tu dis, protesta Geoff.

— N'en sois pas si sûr, répliqua-t-elle tristement.

Ashley était dure avec elle-même, parce qu'elle pensait le mériter. Sa thérapeute l'obligeait à se regarder en face, à se demander pourquoi, pendant tout ce temps, elle avait sacrifié ses propres aspirations. C'était le risque de fréquenter un homme marié : on se contentait d'attendre, d'espérer, jusqu'à devenir quelqu'un qu'on n'avait jamais voulu être. Alors qu'elle avait toujours été d'une grande moralité, Ashley s'était peu à peu glissée dans la peau de « l'autre femme », et elle en avait honte.

— Au début, il n'était avec moi que pour le sexe, insista-t-elle. J'étais comme une drogue pour lui. Il est devenu accro à mon corps, et moi à l'idée d'être sa femme. Cela flattait mon ego... Il y a quelque chose d'excitant à fréquenter un homme aussi important. Puis, peu à peu, j'ai compris tout ce que cela implique : on ne parvient pas à un tel niveau social sans tricher au moins un peu. Marshall n'a pas besoin de jouer franc jeu, puisque le monde lui appartient.

— Toi, tu ne lui appartiens pas, fit remarquer Geoff.

— C'était encore le cas il n'y a pas si longtemps. Aujourd'hui, je ne sais plus à qui mon cœur appartient, avoua-t-elle en le regardant dans les yeux.

— Seulement à toi-même, Ash.

Geoff ne voulait aucunement s'approprier Ashley. Il désirait seulement être avec elle. Or, pour l'instant, ils savaient juste qu'ils partageaient un lien fort depuis l'enfance, et ils se sentaient attirés l'un par l'autre. Ce n'était pas suffisant pour bâtir un avenir ni pour mettre fin à une histoire vieille de huit ans. En revanche, c'était un bon début, pour peu qu'ils soient libres tous les deux. Mais Ashley était encore empêtrée dans ses sentiments pour Marshall, malgré la mauvaise conduite de ce dernier. Geoff se demandait si elle parviendrait un jour à s'affranchir de cet homme... Il s'abstint néanmoins de lui poser la question, sachant qu'elle cherchait elle-même désespérément la réponse. Et il était patient.

En fin d'après-midi, Geoff raccompagna en voiture Ashley et les jumelles chez elles, mais déclina la proposition de la jeune femme de rester dîner. Le travail l'attendait et il devinait qu'elle avait besoin d'être seule pour mettre de l'ordre dans ses pensées.

Pourtant, dès que les fillettes eurent disparu dans la maison, il l'embrassa passionnément. Quand elle était près de lui, il n'arrivait pas à lui résister. C'était aussi pour cette raison qu'il préférait ne pas rester ni la voir le lendemain : il était en train de tomber amoureux d'une femme qui en aimait un autre.

— Je ne veux pas t'embrouiller davantage, Ash...

— Ne t'inquiète pas, murmura-t-elle, avant de l'embrasser à son tour. J'aime bien quand tu m'embrouilles.

Il la chassa gentiment de la voiture.

— Va-t'en. Pourquoi faut-il que tu sois aussi belle et aussi sexy ? Tu n'aurais pas pu devenir moche en vieillissant ?

Ashley referma la portière en riant, puis agita la main tandis qu'il repartait. Elle avait eu exactement la même pensée : pourquoi était-il si séduisant, si charmant ? Et pourquoi avait-il vingt ans de moins que Marshall ? La différence d'âge se ressentait non seulement physiquement, mais aussi et surtout dans leur vie : Ashley et Geoff partageaient les mêmes références, les mêmes intérêts, alors que Marshall se trouvait à une tout autre étape de son existence, entouré d'enfants déjà grands et de personnes au sommet de leur réussite. Mais il était aussi un homme de pouvoir, et sa part d'inaccessibilité contribuait à le rendre attirant aux yeux d'Ashley. Etre avec lui, c'était avoir conquis l'Everest. Voilà ce à quoi elle aurait le plus de mal à renoncer, si elle y renonçait un jour.

20

Logan avait donné rendez-vous à Fiona devant une des entrées du stade AT&T Park quinze minutes avant le coup d'envoi. Alors qu'elle s'apprêtait à partir, elle reçut un appel de sa fille, qui voulait déjeuner avec elle. Alyssa n'en revint pas lorsque sa mère lui expliqua qu'elle allait assister à un match de base-ball. Elle qui n'y connaissait rien en sport et passait son temps libre à travailler !

— Quelle mouche t'a piquée, maman ?

— On m'a invitée, et je me suis dit : pourquoi pas. Ta tante Jillian dit toujours qu'il faut tenter de nouvelles expériences... Au fait, tu n'es pas au lac Tahoe ?

— J'étais censée y aller, mais la mère de John a annulé. Je crois qu'elle est malade. John était furax parce qu'elle voulait qu'il vienne sans moi, mais ça ne me dérange pas. Bon, je vais quand même passer faire une machine, ajouta-t-elle d'un ton déçu.

— Je suis désolée, ma puce, je n'aurais pas dû accepter. Je pensais que tu serais occupée...

— Eh, tu as le droit d'avoir une vie, maman ! Au fait, qui est-ce qui t'invite à ce match ?

La jeune fille ne voyait qu'une personne qui aurait

pu convaincre sa mère de mettre les pieds dans un stade : Jillian. Or celle-ci n'était pas rentrée de son séjour en Europe.

— C'est un journaliste que j'ai rencontré il n'y a pas longtemps, répondit Fiona avec désinvolture. Un type intéressant. Il a gagné le prix Pulitzer.

— Tu as un petit ami ? s'exclama Alyssa, stupéfaite.

Sa mère n'en avait pas eu depuis des années. Par certains côtés, c'était bien pratique : elle était toujours là pour elle, ou presque. Et ce, à la différence de son père, qui, depuis qu'il avait pris sa retraite, était toujours par monts et par vaux avec sa nouvelle femme. L'hiver précédent, ils avaient fait une croisière de quatre mois autour du monde.

— Non, c'est juste un ami, expliqua Fiona. Il est spécialisé dans les affaires, il écrit dans le *Wall Street Journal* et le *New York Times*. Et apparemment, c'est un mordu de base-ball. Il n'a dû trouver que moi pour l'accompagner.

— Bon, amuse-toi bien, alors. Je passerai peut-être demain avant que John revienne du lac Tahoe. Ça ne va pas être très drôle, là-haut, avec sa mère malade.

— Je serai là, lui promit Fiona.

Après avoir raccroché, elle grimpa dans sa voiture et fila vers le stade. Vêtue d'un jean, d'un pull rouge et de baskets Nike, elle avait aussi prévu une veste au cas où le brouillard tomberait en soirée, ce qui n'était pas rare l'été à San Francisco. Arrivée au point de rendez-vous, elle aperçut tout de suite Logan, qui s'avançait vers elle en souriant. Il portait une casquette à l'effigie des Giants.

— C'est bien que vous ayez pensé à la veste, lâcha-t-il. J'avais oublié de vous en parler. Au pire, je vous aurais prêté la mienne.

Une atmosphère festive régnait autour du stade. Fiona ne regrettait pas d'être venue. On pouvait voir des familles et des jeunes, des couples et des groupes d'amis. Selon Logan, l'équipe des Giants avait eu de bons résultats dernièrement ; il espérait les voir disputer les World Series.

Fiona se félicita d'avoir prévu une épaisseur supplémentaire : non seulement le stade était ouvert à tous les vents, mais les températures étaient bien plus fraîches ici que chez elle, à Portola Valley. C'était d'ailleurs l'une des raisons pour lesquelles elle préférait vivre sur la péninsule, au sud de la ville. Là, il faisait toujours chaud, et en outre, elle était plus près de son lieu de travail.

Avant de rejoindre leurs places, Logan proposa de lui offrir un hot dog et une bière. Fiona le suivit à travers la foule. Elle se sentait excitée comme une petite fille invitée à une fête d'anniversaire, et Logan faisait tout pour la mettre à l'aise, si bien qu'elle avait l'impression d'être en compagnie d'un ami de longue date.

— Vous allez souvent voir des matchs ? lui demanda-t-elle tandis qu'ils faisaient la queue à un stand.

— J'essaie d'en rater le moins possible.

Après avoir acheté les hot dogs, une barquette de frites et deux canettes de bière, Logan s'arrêta au stand suivant pour choisir une casquette des Giants, qu'il enfonça sur la tête de Fiona. Au lieu de son

251

chignon habituel, elle avait attaché ses longs cheveux blonds en queue de cheval.

— Maintenant, vous ressemblez vraiment à une fan, commenta-t-il avec un grand sourire. Ça vous va bien. Vous devriez la porter au bureau.

Fiona éclata de rire.

Ils s'installèrent à leurs places en bavardant joyeusement tandis que les supporters affluaient dans le stade. Une musique assourdissante s'échappait des haut-parleurs, les rires et les coups de klaxon fusaient de tous côtés. Comme toujours dans les matchs de base-ball, le public était très varié : on voyait aussi bien des gens très chics, assis aux places les plus chères, que des familles avec enfants, des personnes de toutes les couleurs et de toutes les nationalités, et même certaines qui avaient dû mendier, emprunter ou voler de l'argent pour se retrouver là. Quant à Logan et Fiona, ils étaient très bien placés : juste derrière le marbre, avec une vue idéale sur l'ensemble du terrain.

— J'aime beaucoup le football, aussi, lui confia-t-il.

Il avait déjà avalé la moitié de son hot dog. Remarquant une goutte de ketchup sur le menton de Fiona, il l'essuya avec une serviette en papier.

— Vous mangez comme un cochon, mais vous avez belle allure avec cette casquette, la taquina-t-il. Plus sérieusement, je voulais être journaliste sportif quand j'étais jeune. Et avant ça, je rêvais d'être joueur de base-ball professionnel. Mais je me suis cassé le bras à quatorze ans, ce qui a sonné le glas de ma carrière en ligue majeure. Par la suite, j'ai joué au football, jusqu'à ce que je me déchire le tendon d'Achille il y a deux ans. J'ai dû tout arrêter, à mon grand regret.

— Vous jouez au tennis ?

— Parfois, mais je ne suis pas très bon.

— Ma sœur est une vraie pro.

Logan la regarda bizarrement, puis attaqua son deuxième hot dog. Pour Fiona, un seul suffisait largement. Elle grignota une frite, but une gorgée de bière, et lui sourit innocemment.

— Pourquoi ai-je l'impression que vous essayez de me caser avec votre sœur ? s'enquit-il. C'est au moins la dixième fois que vous me parlez d'elle.

Cela l'ennuyait. Car c'est à Fiona qu'il s'intéressait, et non à sa sœur, aussi formidable fût-elle. D'une part, ce n'était pas son genre de femme, et d'autre part il n'avait aucune envie de sortir avec une psychiatre qui risquait de passer son temps à l'analyser.

— Peut-être parce que c'est ce que je fais, en effet, répondit Fiona en toute honnêteté. Je crois que vous vous entendriez bien.

— Je ne savais pas qu'être ami avec vous vous donnait le droit de jouer les entremetteuses, maugréa-t-il.

— Bien sûr que ça m'en donne le droit ! Vous croyez que je m'attendais à assister à des matchs de base-ball, moi ? Eh bien ça me plaît beaucoup. Essayez de garder l'esprit ouvert, vous aussi.

— Oh, mais je suis ouvert à plein de choses. C'est juste que votre sœur n'est pas sur la liste.

— Vous ne la connaissez pas encore, répliqua Fiona avec assurance. Les hommes tombent à ses pieds. Elle est peut-être un peu grande, mais elle est géniale. Tout le monde aime Jillian.

— Dans ce cas...

— Elle revient de vacances dans la semaine. Que diriez-vous de jouer en double au tennis le week-end prochain, si on trouve un quatrième ?

— Ne me cherchez pas ! gronda Logan avec un regard qui se voulait menaçant.

Fiona se contenta de rire.

Peu après, le match commença. Les Giants marquèrent deux points dès la première manche, devant une foule en liesse. Chaque fois, Logan acclama bruyamment son équipe. A la moitié du jeu, ils menaient quatre à zéro. Logan exultait : ils étaient si près de remporter les éliminatoires ! A eux les World Series ! Devant le score final de six à zéro, il déclara que la journée avait été un succès.

— Merci, Logan, j'ai vraiment passé un très bon moment, confia Fiona tandis qu'ils regagnaient la sortie au milieu des supporters euphoriques.

— Et moi donc ! Vous avez le temps de dîner, ou bien vous voulez rentrer tout de suite ?

— Je ne suis pas pressée. Pour une fois, je n'ai pas pris trop de retard cette semaine.

— Alors, je vous emmène quelque part !

Ils se dirigèrent vers sa voiture, laissant celle de Fiona au parking. Après tout ce qu'ils avaient mangé au stade – Logan avait acheté des glaces à peine leurs bières terminées –, elle n'avait plus faim, mais il connaissait un restaurant grec dans le quartier de l'Embarcadero qui servait à la demande des assiettes moins copieuses, de l'houmous, ou un simple bol de soupe d'avgolemono.

Composé de plusieurs salles avec cheminées et briques apparentes, l'établissement grouillait de monde, en particulier autour du bar où se massaient de séduisants jeunes gens. Ambiance joviale et détendue, c'était l'animation typique d'un samedi soir à San Francisco. Logan et Fiona s'installèrent dans un recoin plus au calme. Une fois de plus, il la sortait de ses habitudes.

— Ce doit être intéressant de rencontrer sans cesse de nouvelles personnes, fit-elle remarquer tandis qu'il lui parlait de ses articles en cours et des interviews qu'il avait programmées. Moi, je travaille avec les mêmes gens depuis des années. Ce n'est pas toujours facile de conserver de bons rapports et de motiver tout le monde.

— Vous faites un travail beaucoup plus difficile que le mien, répliqua Logan. Mais j'aime ce que je fais. Mon père me disait toujours : « Choisis un boulot qui te plaît. » J'ai suivi son conseil. C'était un type intelligent, passionné de médecine, comme ma mère. Moi, je suis mordu de journalisme et d'écriture. Un de ces jours, je compte bien écrire un livre, quand j'aurai le temps.

Il marqua une pause.

— Je me vois un peu comme un agitateur. Je cherche à faire apparaître au grand jour les aspects cachés de la réalité, la malhonnêteté des puissants que l'on ne voit pas forcément mais qui est pourtant bien là.

Ses yeux s'étaient mis à briller.

— C'est ce que vous pensez de moi ? demanda Fiona, un brin choquée.

— Oh non, pas du tout ! Je suis un de vos plus grands admirateurs, et ce depuis des années. Vous êtes une vraie lueur d'espoir dans l'immoralité ambiante du monde des affaires.

Fiona sourit tandis que le serveur leur apportait les plats qu'ils avaient commandés. Les opinions tranchées de Logan lui rappelaient sa sœur, bien que cette dernière eût une façon plus diplomate de les exprimer. Ce n'était pas le seul point commun qui les rapprochait : ils avaient également le même humour acéré qui cachait une grande bonté, et la même manie d'analyser les autres. Lorsque Fiona fit part de ses réflexions à Logan, il leva les yeux au ciel.

— Mais pourquoi refusez-vous de sortir avec elle ? lui demanda-t-elle en riant. Vous n'avez pas confiance dans mes talents d'entremetteuse ?

— Après les rendez-vous catastrophiques que mes amis m'ont fait subir, je n'ai effectivement confiance en personne sur ce plan-là, rétorqua-t-il.

Au vu de ses expériences personnelles, Fiona ne pouvait qu'acquiescer.

— Mais ce n'est pas seulement pour ça que je refuse, continua Logan. Bien sûr, je serais ravi de faire sa connaissance. Elle a l'air très amusante. Et intelligente, comme sa petite sœur.

— Pourquoi, alors ? Vous n'êtes pas sur le marché de l'amour, en ce moment ?

Voilà qui serait dommage. Logan était quelqu'un de bien ; la femme qui le fréquenterait aurait de la chance. Et il était parfait pour sa sœur.

— Je ne suis pas opposé à l'idée de nouer une relation, répondit-il. Mais pas avec elle.

Fiona parut déçue. Logan baissa alors la voix pour que les clients de la table d'à côté ne puissent pas l'entendre, au cas où l'un d'eux aurait reconnu la célèbre dirigeante d'entreprise.

— Avec vous, par contre, oui, précisa-t-il en la regardant droit dans les yeux.

— Avec moi ? Quoi, avec moi ?

Comme elle avait visiblement du mal à comprendre, Logan répéta clairement :

— Je veux sortir avec vous.

— Vous voulez sortir avec moi ? Mais pourquoi ? lâcha-t-elle d'un air étonné.

— Parce que vous êtes belle, sympathique, et extrêmement intelligente. Parce que vous êtes une personne intègre et que je m'amuse bien avec vous. N'est-ce pas amplement suffisant ?

Il n'avait pas mentionné son succès, son pouvoir ni le poste qu'elle occupait, car tout cela lui importait peu, contrairement à d'autres.

— Je vous admire, Fiona. Et je pense que vous vous sous-estimez en renonçant aux hommes. D'accord, vous avez eu quelques mauvaises expériences, mais ce n'est pas une raison pour abandonner. On peut avoir une relation amoureuse *et* un travail prenant ; les deux ne sont pas incompatibles, si vous trouvez la bonne personne. Certes, je ne suis ni P-DG, ni président de conseil d'administration, ni « capitaine d'industrie », mais j'espère bien que j'ai d'autres qualités. Et je ne vous en veux pas de gagner plus que moi et d'avoir un job plus important. Bref, j'ai envie de sortir avec vous, pas avec votre grande sœur fantastique qui mesure un mètre quatre-vingts, qui est maligne comme un singe et qui joue comme une pro au tennis. Alors... qu'est-ce que vous en dites ?

— Heu… je n'avais pas imaginé que… Je n'avais pas compris, bredouilla-t-elle en baissant les yeux.

Alors qu'elle chassait quelques miettes sur la table, Logan lui prit la main aussi délicatement que possible. Il n'avait pas envie qu'elle s'enfuie en courant, ce qu'elle semblait sur le point de faire.

— Cela n'a pas besoin d'être compliqué, tenta-t-il de la rassurer. On peut essayer, voir ce que ça donne. Personne n'en mourra si on décide finalement qu'on n'est pas faits l'un pour l'autre. Le pire qui puisse nous arriver, c'est qu'on reste amis. Vous êtes prête à tenter le coup ?

La franchise ne faisait pas peur à Logan. Fiona était pareille, mais en affaires seulement, pas dans sa vie privée. Sur ce plan-là, elle avait renoncé depuis longtemps à ses désirs, déjà avant son divorce. Son ex-mari lui avait tellement sapé le moral qu'elle n'avait plus envie de prendre le moindre risque.

Lorsqu'elle leva les yeux vers Logan, celui-ci vit toute la douleur qui s'y reflétait. Elle semblait si vulnérable, si effrayée, qu'il dut se retenir de la prendre dans ses bras.

— Et si on se déçoit, ou qu'on se fait du mal ? murmura-t-elle. Vous me détesterez…

— Bien sûr que non. Je serai déçu, c'est tout. Mais je sais de façon certaine que vous ne me ferez pas de coups tordus, et je vous promets de ne pas vous en faire non plus. Si ça se trouve, on sera peut-être heureux, ensemble ? Ça vaut la peine d'essayer.

Il lui sourit.

— On n'en croise pas souvent, des gens bien comme nous, ajouta-t-il. En fait, c'est plutôt rare. Si ça ne marche pas, on pourra au moins dîner ensemble de temps en temps et aller voir des matchs de base-ball. Vous avez besoin de vous divertir un peu, Fiona. Vous ne pouvez pas travailler tout le temps, et moi non plus. Rassurez-vous, je ne vous reprocherai jamais d'être un bourreau de travail – je suis pareil. Ça m'arrive régulièrement, le week-end, de ne pas mettre le nez dehors et de manger à mon bureau. Je n'exige pas un gros engagement, je vous demande seulement d'y réfléchir.

Il était très convaincant... Pendant un long moment, Fiona le dévisagea sans rien dire. Si elle n'avait pas retiré sa main de la sienne – ce qui, aux yeux de Logan, était plutôt bon signe –, elle peinait à se remettre de sa surprise. Dans un premier temps, elle avait pensé qu'il ne voyait en elle qu'une source éventuelle d'informations ; puis elle s'était dit qu'il l'appréciait comme une bonne copine. Ayant oublié qu'elle était une femme capable de séduire, elle n'imaginait pas à quel point il la trouvait belle. Elle avait quatre ans de plus que lui, mais elle ne faisait pas du tout ses quarante-neuf ans, et de toute façon l'âge était pour lui sans importance : elle lui plaisait, voilà tout.

Elle lui pressa doucement la main.

— Oui, murmura-t-elle, si bas qu'il l'entendit à peine.

— Oui... Oui ?

C'était au tour de Logan de paraître surpris.

— Oui, répéta-t-elle avec plus d'assurance. Mais je pense que vous êtes fou de vouloir sortir avec moi. Je mène une vie de dingue, je travaille tout le temps. Et j'ai besoin de voir mes enfants quand ils sont disponibles. Si vous êtes prêt à supporter tout ça, alors oui, vous avez raison, ça vaut le coup d'essayer. Mais d'abord, il faut qu'on se mette d'accord sur une chose.

Logan craignit un instant qu'elle ne lui impose une condition impossible, qui remettrait tout en question. Fiona Carson était dure en affaires, l'était-elle aussi en amour ? Il en doutait. A la voir comme ça, douce, aimable et féminine, on ne pouvait pas deviner qu'elle dirigeait une grosse entreprise. Fiona n'avait rien d'une castratrice.

— Je ne veux pas que vous vous serviez de moi pour votre travail, expliqua-t-elle. Je ne vous donnerai aucun scoop, et je vous demande de ne pas essayer de m'en soutirer.

Logan fut chagriné qu'elle éprouve le besoin d'en avoir l'assurance. Pour rien au monde il n'aurait mis en péril sa relation avec elle pour un article.

— Je ne ferai jamais ça, Fiona. Je vous en donne ma parole.

— Dans ce cas, marché conclu !

Ils se serrèrent les mains en riant. Un air jeune et insouciant illuminait leurs visages.

— Mais je tiens quand même à vous présenter ma sœur, reprit-elle. Vous allez l'adorer. Vous avez vraiment raté une chouette opportunité avec elle !

— Tant pis, je vais devoir me contenter de ce que j'ai, répliqua Logan. Mais mon petit doigt me dit que je m'en sors plutôt bien...

La soirée passa comme un éclair tandis qu'ils bavardaient à bâtons rompus en finissant leur repas. Fiona l'invita à venir profiter de sa piscine le lendemain, ce qu'il accepta avec joie. Lorsqu'il la raccompagna à sa voiture, il l'embrassa sur la joue, avant de déposer un rapide baiser sur ses lèvres. Il n'avait pas l'intention de la brusquer ; ils avaient tout le temps devant eux.

— A demain, Fiona.

— Oui, et merci encore pour ce merveilleux moment !

Logan la regarda s'éloigner, le visage éclairé d'un grand sourire. Cette journée n'aurait pas pu mieux se dérouler !

21

Le dimanche matin, Fiona se réveilla plus tard que d'habitude. Alors qu'elle buvait son café en lisant le *New York Times*, Alyssa fit son apparition dans la cuisine et s'assit en face d'elle, l'air hagarde.

— Tout va bien ? s'enquit Fiona. Tu veux manger quelque chose ? Bonjour, au fait.

Elle se pencha pour embrasser sa fille. Celle-ci semblait avoir pleuré.

— Tu t'es disputée avec John ?

— Non. C'est ses parents, maman. Tu me promets de ne rien dire à personne ?

— A qui veux-tu que j'en parle ? Evidemment que je ne dirai rien ! Qu'est-ce qui se passe ?

Alyssa alla droit au but :

— Ils vont divorcer. Le père de John est venu au lac Tahoe vendredi pour l'annoncer à sa mère. Elle est effondrée. Mais ce n'est pas tout : il lui a avoué qu'il avait une maîtresse depuis huit ans. Elle a vingt-cinq ou trente ans, et c'est pour la voir qu'il se rendait toutes les semaines à Los Angeles. Ils ont une maison ensemble à Malibu. Et tu ne vas pas le croire… Il a eu deux filles avec elle, des jumelles ! Il voulait même montrer leurs photos à John et à

Lindsay... La sœur de John a piqué une crise, et lui, il a passé presque toute la nuit au téléphone avec moi.

— Ce n'est pas possible ! Je n'aurais jamais cru ça de lui...

Jusque-là, Fiona avait vu en Marshall Weston un mari et un père modèles ! Voilà qui ternissait grandement l'image qu'elle se faisait de lui...

Elle plaignit ses enfants, et son épouse encore plus. Celle-ci l'avait soutenu quand il avait été accusé de harcèlement sexuel, alors qu'il était certainement coupable. Qui savait s'il n'y en avait pas eu d'autres ? Fiona n'éprouvait en revanche aucune compassion pour sa maîtresse, qui aurait dû s'abstenir de fréquenter un homme marié, sans parler de faire des enfants avec lui. Il s'agissait sans doute d'une croqueuse de diamants qui s'était accrochée assez longtemps pour remporter le jackpot. Peut-être avait-elle fait du chantage à Marshall... Quoi qu'il en soit, Fiona désapprouvait sa conduite ; cette fille avait brisé une famille entière.

— Depuis l'affaire Megan Wheeler, John avait peur que ses parents ne divorcent, expliqua Alyssa. Peut-être que cette femme disait vrai, et qu'ils l'ont payée pour qu'elle se taise...

Tout semblait possible, à présent. En dévoilant sa double vie, Marshall avait perdu toute crédibilité auprès de ses proches.

— Liz avait beau faire confiance à son mari, elle était sur les nerfs depuis cette histoire, continua Alyssa. Ça a dû l'effrayer. Et maintenant, toute la famille est sens dessus dessous. Tom dit qu'il ne reparlera plus jamais à son père, qu'il considère comme un sociopathe, Lindsay ne lui a pas adressé la parole du week-end, et John ne sait pas quoi penser. Il avait tellement de respect pour lui... Il l'idolâtrait.

Fiona écoutait sa fille, bouche bée.

— Qu'est-ce que je peux faire, maman ? John ne va pas bien du tout. Il a honte de son père, et il a peur qu'on parle de ça dans les journaux.

— C'est fort probable, confirma Fiona. Ces histoires finissent toujours par se savoir, surtout s'il décide d'épouser sa maîtresse.

Les tabloïdes faisaient leurs choux gras des scandales de ce genre...

— Tu ne peux pas faire grand-chose, ma chérie, reprit-elle. A part être là pour John et tenter de le consoler. Et lui dire de ne pas avoir honte : il n'a rien fait de mal. Il n'est pas responsable de son père.

— Il l'aime tellement ! Maintenant, il dit qu'il ne lui pardonnera jamais.

— C'est possible. Ou alors, cela prendra du temps.

— Il ne veut pas rencontrer les jumelles. Pour lui, ce ne sont pas ses sœurs.

— C'est triste pour elles. Leurs parents ont fait d'elles des parias, mais ces fillettes n'y sont pour rien. Tous les enfants de Marshall subissent les conséquences de ses actes. Je n'arrive pas à imaginer ce que John peut ressentir.

Encore un exemple qui venait conforter la thèse de Jillian sur le comportement sexuel des hommes de pouvoir...

Jetant un coup d'œil à sa montre, Fiona s'aperçut que Logan allait arriver d'une minute à l'autre. Elle se leva pour débarrasser la table, expliquant à sa fille qu'elle devait se préparer.

— Tu sors ? demanda Alyssa, étonnée.

— Non, j'ai un invité.

Fiona replia son journal pour éviter de croiser son regard.

— Qui ça ?

— Un ami.

— Quel genre d'ami ?

— Celui avec qui je suis allée au match de baseball hier.

— Tu le revois déjà ?

Elle paraissait stupéfaite.

— Il n'y a pas de quoi en faire tout un plat. J'ai dîné avec lui quelques fois, il est sympa. Je voulais le présenter à Jill, mais il s'avère qu'on s'entend très bien. Elle n'aurait pas dû s'absenter si longtemps !

Fiona sourit à sa fille, qui continuait de froncer les sourcils. Alyssa n'avait pas l'habitude de la voir fréquenter quelqu'un : elle se méfiait. Et si c'était un sale type ?

— Tu m'as bien dit que c'était un journaliste d'investigation ?

— Oui, pourquoi ?

— Par pitié, ne lui parle pas du père de John !

— Je n'en ferai rien, lui assura Fiona.

Elle n'avait aucunement l'intention de lui livrer cette histoire, ne serait-ce que par respect pour John. Logan l'apprendrait bien assez tôt.

— Est-ce que tu veux rester pour faire sa connaissance ? proposa-t-elle à sa fille. Tu peux déjeuner avec nous. Je suis sûre qu'il te plaira.

— Pourquoi tu sors avec lui, maman ? Tu n'as pas besoin d'un homme, tu nous as, nous.

Fiona comprenait ce qui l'inquiétait. Alyssa n'avait pas envie de partager sa mère avec qui que ce soit.

— C'est sans doute vrai, répondit-elle prudemment. Mais ton frère et toi, vous êtes tous les deux à la fac. Mark vit à New York et ne rentre que pour les vacances, et toi, tu es bien occupée aussi, surtout depuis que tu fréquentes John. Ça me fait du bien de m'amuser un peu. On ne prend pas ça trop sérieusement, tu sais, on laisse venir. Et si ça ne marche pas, j'arrêterai là. Quoi qu'il en soit, toi et Mark resterez toujours ma priorité. D'accord ?

Alyssa acquiesça. Elle tenait tout de même à se faire une opinion de l'homme en question et décida de rester. D'autant qu'elle s'interrogeait : sa mère n'avait pas eu de petit ami pendant des années, pourquoi décidait-elle d'en avoir un maintenant ?

Pendant que celle-ci se préparait, Alyssa s'allongea au bord de la piscine. Bientôt, Fiona réapparut, en short, tee-shirt et tongs, les cheveux détachés. Elle ne s'était ni maquillée ni pomponnée, ce qui, aux yeux d'Alyssa, était bon signe : sa mère gardait la tête sur les épaules. Quelques minutes plus tard, Logan sonna, et Alyssa fut agréablement surprise de découvrir un bel homme brun au regard intelligent et au style décontracté. Lui aussi portait des tongs. Visiblement heureux de revoir sa mère, il lui tendit le pain, le fromage et le vin qu'il avait apportés.

Lorsqu'ils s'installèrent tous les trois à table, Alyssa put constater à quel point il appréciait et respectait sa mère, qu'il traitait davantage comme une amie que comme un flirt. Rien chez lui ne déplut à la jeune fille.

— Il est trop cool, chuchota-t-elle à Fiona alors qu'elle l'aidait à débarrasser. Et canon !

— Je ne te suis pas : il est cool ou il est canon ? la taquina sa mère.

— Les deux. Je crois qu'il t'aime vraiment bien.

— Je le trouvais parfait pour ta tante...

— Il est trop jeune pour elle, protesta Alyssa. Ils seraient ridicules ensemble. Non, il est parfait pour toi, maman.

— Donc, il te plaît ?

— Beaucoup !

Alyssa partit un peu plus tard, laissant sa mère seule avec Logan.

— Ta fille a l'air presque aussi intelligente que toi, plaisanta-t-il tandis qu'ils se prélassaient au bord de la piscine. Au fait, tu crois que j'ai passé le test ?

— Haut la main ! Tu es à la fois cool et canon. Venant de cette classe d'âge, c'est sacrément élogieux.

Logan fut soulagé. Il connaissait l'importance qu'elle attachait à ses enfants, et l'attitude protectrice d'Alyssa à l'égard de sa mère ne lui avait pas échappé.

— Je t'aime beaucoup, Fiona, déclara-t-il en se tournant vers elle. Je me sens tellement bien avec toi !

Ils passèrent le reste de l'après-midi à bavarder au soleil, puis finirent le fromage et le vin en guise de dîner. Avant de partir, Logan l'embrassa avec un peu plus de ferveur que la veille, sans pour autant lui donner l'impression de vouloir brûler les étapes. Fiona appréciait qu'ils prennent le temps de savourer chaque instant passé ensemble. Et jusque-là, il lui semblait que leur relation était équilibrée. C'était exactement ce qu'elle recherchait : un partenaire, un ami, et non pas un homme qui la malmènerait ou qui au contraire se laisserait dominer. Il lui tardait de raconter son bonheur à Jillian.

Le lundi matin, Marshall se réfugia avec plaisir dans son travail. Le week-end qu'il venait de passer avait été une épreuve. Depuis qu'il était parti du lac Tahoe, il n'avait pas eu de nouvelles de Liz. Impatient de lancer la procédure de divorce, il lui avait demandé de trouver un avocat et de prendre une décision concernant la maison. Elle pouvait la garder ou la vendre, cela lui était égal. De toute façon, il comptait en acheter une autre pour Ashley et lui – peut-être en ville, ou alors à Hillsborough, où les filles pourraient avoir leurs propres poneys...

En premier lieu, il appela Connie Feinberg pour l'informer que le « problème » avait été réglé.

— Liz et moi allons divorcer, dit-il simplement.

— Je suis navrée, Marshall.

Connie semblait plus attristée qu'il ne l'était lui-même. La froideur avec laquelle il lui avait annoncé la nouvelle la choquait un peu.

— Et je suis désolée que le conseil vous ait poussé à prendre cette décision. Je suis sûre que c'est un déchirement pour vous tous.

— Les enfants s'en remettront, répondit-il avec détachement. Et Liz et moi avions besoin de tourner la page. D'ailleurs, on n'en serait jamais arrivés là si on avait eu un mariage heureux. Le conseil avait raison, il était grand temps de mettre de l'ordre dans tout ça. Je vais appeler mon avocat dès aujourd'hui pour qu'il prépare au plus vite les papiers du divorce. Avec un peu d'organisation, je pourrai épouser Ashley au mois de février. Et si les questions d'argent posent problème, on peut toujours reporter le partage des biens à plus tard, comme ça on ne perdra pas de temps.

— On ne vous demande pas de précipiter les choses, protesta Connie avec une pensée coupable pour la future ex-femme de Marshall. Une fois que vous aurez rendu publique votre intention de divorcer, la suite ne regarde que vous – vous pourrez fréquenter qui vous voudrez. Il y aura certainement des commentaires sur vos petites filles, mais ce genre de situation choque moins aujourd'hui qu'il y a vingt ou trente ans. Les gens oublieront vite – du moins nous l'espérons. En tout cas, merci d'avoir réglé le problème aussi rapidement.

Une semaine tout juste s'était écoulée depuis que Connie lui avait fait part de la requête du conseil : elle ne s'attendait pas à ce qu'il réagisse aussi promptement. Mais après des années d'inertie et d'indécision, cet ultimatum avait réveillé Marshall. A présent, plus rien ne pouvait l'arrêter.

— Comment va Liz ? s'enquit la présidente.

— Elle s'en sortira. J'ai l'intention de prendre soin d'elle.

Financièrement, voulait-il dire. Connie savait pourtant qu'il n'était pas seulement question d'argent. Une femme de cinquante ans venait de perdre l'homme qu'elle aimait depuis vingt-sept ans, en plus de son statut et de sa raison d'être. Marshall en avait-il conscience ? Quoi qu'il en soit, ce n'était plus le problème de Connie. Le P-DG avait fait ce qu'elle lui avait demandé, son rôle s'arrêtait là. Elle le remercia encore et raccrocha.

Marshall contacta ensuite son avocat. Après lui avoir exposé la situation, il précisa qu'il avait l'intention de se montrer généreux avec Liz, dans la limite du raisonnable : il souhaitait lui céder les maisons de Ross et du lac Tahoe et lui payer des indemnités proportionnées à sa fortune et à son salaire. Le juriste répondit qu'il existait des normes de calcul concernant le montant des dommages et intérêts, mais Marshall était prêt à aller au-delà. Il tenait à assurer à Liz un avenir confortable, pour que leurs enfants n'aient rien à lui reprocher. Lorsqu'il expliqua qu'il voulait se remarier et qu'il attendait donc que le divorce soit prononcé au plus vite, l'avocat se permit de lui poser une question personnelle :

— Il n'y aurait pas un bébé en route, dans l'histoire ?

— Il y en a même deux, répondit Marshall en souriant. Mais elles ont déjà sept ans.

Il avait fait rédiger son testament par un notaire de Los Angeles ; son avocat ignorait donc les dispositions qui y figuraient pour Ashley et les jumelles. La lecture de ses dernières volontés en aurait étonné plus d'un, si Marshall était venu à disparaître...

Dès qu'ils eurent raccroché, Marshall appela un agent immobilier, pour l'informer de son désir d'acheter une grande propriété à Hillsborough ou à San Francisco. Il précisa ses exigences et la fourchette de prix qu'il visait. L'agent avait déjà plusieurs maisons en tête et s'engagea à le recontacter quelques jours plus tard.

Enfin, Marshall téléphona à Ashley, et lui annonça, sur le même ton professionnel, qu'il avait informé Liz de sa décision de divorcer. Il y eut un silence au bout du fil. Ashley ne lui avait pas parlé depuis qu'il avait quitté Los Angeles, et elle ne savait plus très bien où elle en était. La veille, elle avait refusé de voir Geoff : passer du temps avec lui ne lui semblait pas correct, dans la mesure où ils étaient incapables de résister à l'attirance qu'ils ressentaient l'un pour l'autre. Pour l'instant, elle préférait se concentrer sur Marshall. Avec sa part d'inconnu, Geoff était bien trop séduisant. Lorsqu'elle lui avait confié ses états d'âme, il lui avait assuré qu'il comprenait et qu'il respecterait sa volonté.

— Comment Liz l'a-t-elle pris ? demanda-t-elle finalement.

— Très mal, mais je m'y attendais. Elle ne s'est jamais doutée de rien. Elle aurait peut-être dû.

Cette dernière réflexion sembla pour le moins paradoxale aux yeux d'Ashley : c'était bien lui, pourtant, qui avait pris soin de ne laisser aucune trace pendant toutes ces années.

— Je leur ai tout dit, à elle et aux enfants.

— Et eux, comment vont-ils ? s'enquit Ashley d'une voix affligée.

Elle avait attendu ce moment pendant huit ans, et maintenant qu'il arrivait enfin, elle n'éprouvait qu'une immense culpabilité. Par sa faute, et avec la complicité de Marshall, quatre vies venaient d'être bouleversées.

— Ils prennent le parti de leur mère, bien sûr. Pour l'instant, je suis l'ennemi public numéro un, mais ça leur passera. Par contre, je ne suis pas sûr que Liz me pardonne un jour.

Ashley s'interrogeait sur la façon dont elle aurait réagi si Marshall avait rompu avec elle le mercredi précédent, comme il l'avait envisagé au départ. S'il ne l'avait pas trouvée aussi fabuleuse au lit, peut-être serait-elle à la place de Liz, en train de pleurer. Ou bien Marshall avait-il eu l'intention de jouer la vie des deux femmes qui l'aimaient à pile ou face ?

— J'ai parlé à mon avocat ce matin, précisa-t-il. Liz recevra la demande de divorce dans la semaine. J'ai aussi appelé un agent immobilier pour qu'il nous trouve une maison. Ça me plairait bien d'habiter à Hillsborough, je pense que ce serait parfait pour toi et les jumelles. Je lui ai demandé de regarder aussi les propriétés en ville. En attendant, il faudra qu'on loue quelque chose. Dès que le divorce sera prononcé, tu pourras venir t'installer à San Francisco pour que les filles fassent leur rentrée scolaire ici. Je te donnerai les coordonnées d'écoles à contacter. Et je vais mettre en vente la maison de Malibu.

Que de décisions… Toutes prises sans elle. Ashley se sentait comme emportée par des rapides, sans pouvoir rien contrôler. Mais c'était ainsi, avec les hommes de sa trempe : ils étaient à la barre, et les autres suivaient, qu'ils le veuillent ou non. Elle avait l'impression de faire partie d'un contrat d'affaires.

— On ne pourrait pas garder la maison de Malibu ? demanda-t-elle. Je me plais bien, ici.

— Tu n'en auras plus besoin, puisque tu habiteras avec moi.

— Oui, mais on pourrait y passer un week-end à l'occasion, pour se rappeler le bon vieux temps.

Ashley avait vécu les meilleurs moments de son existence dans cette maison – et les plus tristes aussi, c'est vrai. Mais c'était là que les jumelles avaient grandi. A présent, une nouvelle vie l'attendait... Elle avait beau s'efforcer de s'en réjouir, cela lui faisait peur. Et que penser de la froideur avec laquelle Marshall l'informait des initiatives qu'il avait prises ? Pas une seule fois il ne lui avait dit qu'il l'aimait depuis le début de leur conversation. Ashley tenta de se raisonner : après tout, il venait de quitter sa femme pour elle... Soudain, elle se demanda ce qu'il ferait à Los Angeles, maintenant qu'ils allaient vivre ensemble à San Francisco. Se retrouverait-elle un jour dans la même situation que Liz ?

— Marshall, murmura-t-elle d'une voix hésitante alors qu'il s'apprêtait à raccrocher. Merci pour tout ce que tu fais.

Ces mots lui parurent bien faibles, comparés aux vies qu'il avait brisées pour elle...

— J'espère que je te rendrai heureux, ajouta-t-elle, les larmes aux yeux.

— Evidemment que tu me rendras heureux.

Il semblait n'avoir aucun doute, aucun regret. Il prenait toutes ces décisions comme on exécute une transaction. L'amour d'Ashley et leurs deux fillettes n'avaient pas suffi à le mettre en mouvement, mais maintenant qu'il y avait été obligé par le conseil d'administration et qu'il était lancé, il allait vite, bien trop vite pour Ashley.

— Je t'aime, dit-elle doucement.

— Moi aussi.

Marshall raccrocha. Il allait être en retard à une réunion.

Pendant un long moment, Ashley resta assise sur la terrasse, le téléphone à la main. Elle aurait tellement voulu qu'il soit là, devant elle... Elle aurait tellement voulu le toucher, plonger ses yeux dans les siens et lire dans son âme. Comprendre ce qu'il ressentait vraiment. Car il lui semblait qu'elle était en train de le perdre, elle n'avait plus aucune certitude qu'il l'aimait. Elle se demandait même s'il n'était pas uniquement épris de son travail et prêt à supprimer quiconque tenterait de s'immiscer dans cette relation.

Lorsque Bonnie l'appela ce soir-là, Ashley laissa le téléphone sonner. Le lendemain, elle reçut un message de Geoff, qui s'inquiétait ; elle n'y répondit pas non plus. On était mardi, Marshall serait bientôt là : il lui ferait l'amour et lui exposerait ses projets... Une agence immobilière l'avait déjà contactée par mail au sujet de la mise en vente de sa maison, et la secrétaire de Marshall lui avait envoyé une liste d'écoles pour Kezia et Kendall. Mais la jeune femme n'avait entamé aucune démarche. Elle avait l'impression de couler.

Geoff l'appela trois fois dans la soirée. Elle ne voulut pas lui parler, consciente de l'erreur qu'elle avait faite en acceptant de le revoir. A présent, elle devait renoncer à tout pour Marshall, s'offrir tout entière à lui. Elle allait devenir sa femme, comme elle en avait rêvé pendant des années : elle avait gravi l'Everest et avait survécu. Au sommet, l'air était si rare qu'elle respirait à peine, mais Marshall était là, avec elle. Ils avaient réussi.

22

Le mercredi matin, Ashley conduisit Kezia et Kendall au centre de loisirs, comme chaque jour. Cette fois-ci, néanmoins, elle se sentait différente : elle allait enfin intégrer le clan des mères qui avaient un mari. Bientôt, elle épouserait un homme important, qui l'aimait suffisamment pour quitter son épouse et faire d'elle une femme respectable. Plus personne ne la prendrait en pitié, ne serait choqué, ou ne chuchoterait dans son dos.

De retour chez elle, elle reçut un message de Marshall lui annonçant qu'il était arrivé à Los Angeles. Elle se mit soudain à trembler violemment. Inquiète, elle s'assit sur la terrasse, la tête entre les jambes. Lorsqu'elle se releva, elle avait encore le vertige, mais ses pensées étaient étonnamment claires : il fallait qu'elle le voie. Il fallait qu'elle le regarde dans les yeux pour savoir s'il l'aimait vraiment.

C'est dans une sorte de transe qu'elle monta dans sa voiture et prit la direction de UPI. Après s'être garée dans la rue devant une bouche d'incendie, elle pénétra dans l'immeuble et monta à l'étage occupé par l'entreprise. Vêtue d'une petite robe à fleurs et chaussée de sandales, elle traversa l'espace de réception, l'air hagarde, en espérant que Marshall n'avait pas changé de bureau. Personne ne lui accorda la moindre attention tandis qu'elle avançait dans le couloir comme un fantôme. C'est alors qu'elle le vit par l'entrebâillement d'une porte, renversé en arrière dans son fauteuil, le téléphone à l'oreille. C'était le même bureau immense que lorsqu'elle avait travaillé là comme réceptionniste, huit ans plus tôt. Et dire qu'aujourd'hui elle allait l'épouser !

Dès qu'il l'aperçut, Marshall raccrocha et se leva pour la rejoindre, alarmé par son expression égarée.

— Ça va, Ashley ? Qu'est-ce que tu fais ici ?

— Il fallait que je te voie.

Elle sonda son regard, tentant d'y trouver les réponses qu'elle cherchait depuis des jours, des mois, des années. Mais elle ne vit qu'un P-DG, debout dans son grand bureau. Certes, il la désirait, cela ne faisait aucun doute. Mais l'aimait-il ?

— On se verra ce soir, dit-il en refermant la porte. Tu ne peux pas venir ici, Ashley, j'ai du travail. Rentre à la maison.

La jeune femme tremblait, elle semblait avoir perdu tout contrôle. Et pourtant, elle ne s'était jamais sentie aussi lucide.

— Marshall, est-ce que tu m'aimes ?

— Evidemment que je t'aime. Qu'est-ce qui te prend ? Je viens de quitter ma femme pour toi, c'est une preuve suffisante, non ?

Ashley secoua la tête.

— Tu as quitté ta femme pour sauver ton job. Si tu m'aimais vraiment, tu aurais divorcé il y a des années.

— Quelle différence ça fait ? Tu as ce que tu voulais, maintenant. Ça ne te suffit pas ?

Marshall était en colère. Ashley dépassait les bornes : de quel droit se permettait-elle de lui faire une scène au bureau ?

— Non, ça ne suffit pas, répondit-elle en cessant soudain de trembler. Tu as failli te débarrasser de moi la semaine dernière, et rien ne me prouve que ça n'arrivera pas un jour.

— Je n'aurai aucune raison de le faire si tu te tiens bien, répliqua-t-il brutalement.

— Qu'est-ce que ça veut dire au juste, pour toi, bien se tenir ? Qu'attends-tu de moi ? Quelles sont les règles ? J'ai élevé tes enfants, je t'ai aimé pendant huit ans, et ça n'a pas suffi pour que tu divorces. Liz, elle, c'est encore pire : elle a fait tout ce que tu voulais pendant presque trente ans, et qu'est-ce qu'elle a eu en retour ? Tu lui as menti, tu l'as trompée, tu as eu deux enfants dans son dos... Et aujourd'hui, tu la vires pour conserver ton boulot !

— C'est une question d'argent ? Tu veux une garantie financière ?

Rien ne surprenait Marshall, même s'il n'aurait pas cru cela de la part d'Ashley.

— Non, ce n'est pas une question d'argent, lâcha-t-elle avec véhémence. C'est une question d'amour. Tu ne m'aimes pas, Marshall. Tu ne m'as jamais aimée, tu n'as jamais aimé Liz non plus, ni tes enfants. Il n'y a que toi et ton travail. Et tu sais quoi ? Ça ne suffit pas. Je n'ai pas besoin d'une maison à Hillsborough ni même de celle de Malibu. Tu peux garder ton argent. C'est toi que je voulais, mais tu ne me donneras jamais que les à-côtés – et encore, tant que je ne mettrai pas ta carrière en danger ! Toi, tu te gardes pour ton boulot !

Ashley avait sa réponse. Tout lui paraissait clair à présent. Elle devait le fuir, quoi qu'il lui en coûte.

— Je t'ai tout donné pendant huit ans, reprit-elle, et il ne reste rien. Tu as tout détruit. Quand tu m'as annoncé la semaine dernière que tu avais failli me quitter, ça a été fini pour moi. Je suis sûre qu'un jour tu me feras la même chose qu'à Liz. Je t'aime, Marshall, mais je ne pourrai plus jamais te faire confiance. Je ne veux pas rester avec un homme que je ne respecte pas.

Marshall la saisit brutalement par le bras. Ses yeux lançaient des éclairs.

— Je me fous de ta confiance et de ton respect, Ashley. Mais tu feras ce que je te dirai de faire. Je viens de quitter ma femme pour toi, après que tu m'as harcelé pendant huit ans pour que je divorce. Tu as ce que tu voulais, tu ne peux pas revenir en arrière. Et nos enfants, tu y penses ? Alors on va se marier, et tu vas arrêter tes conneries. Je te paierai ce qu'il faudra.

— Qui parle d'argent ici ? répliqua Ashley. Je ne te demande rien ; juste de te montrer responsable envers tes filles. Je suis navrée si ton divorce provoque un scandale. Tu aurais dû y penser plus tôt, quand je suis tombée enceinte et que tu m'avais promis de m'épouser. C'est à ce moment-là qu'il aurait fallu quitter ta femme, pas aujourd'hui, et pas parce que UPI l'exige. Je ne veux pas finir ma vie avec un homme qui ne m'aime pas. Je mérite mieux que ça.

— Tu vois quelqu'un d'autre ? murmura Marshall en la relâchant.

Il s'était fait peur lui-même, à lui serrer le bras aussi fort.

— C'est ça ? insista-t-il. Il y a un autre homme ?

— Non.

Elle était sincère : elle ne le quittait pas pour Geoff.

— Si tu pars maintenant, Ashley, tu vas t'en mordre les doigts pour le restant de tes jours...

Le regard de Marshall était devenu meurtrier.

— Je regrette déjà d'avoir perdu huit ans de ma vie avec toi. Je t'aime, Marshall, je t'ai toujours aimé, mais je ne peux pas continuer. Je suis désolée.

Il la suivit des yeux tandis qu'elle quittait la pièce. Puis il marcha à grands pas vers la porte, qu'il claqua de toutes ses forces. Il n'avait même pas essayé de la retenir. Il savait ce qu'il lui restait à faire – s'il n'était pas trop tard.

Ashley ressortit de l'immeuble le visage baigné de larmes. Après avoir écouté les promesses de Marshall pendant des années en oubliant volontairement qu'il ne les tenait jamais, elle avait enfin compris que, derrière les yeux de cet homme, il n'y avait personne.

La vue brouillée, elle reprit la route jusqu'à Malibu. Serait-elle obligée de déménager ? Peu importait. Marshall pouvait bien la chasser, tant qu'elle récupérait sa vie en échange. Ashley avait tout ce dont elle avait besoin : ses filles, et les souvenirs de son amour pour lui.

De retour chez elle, elle composa d'une main

tremblante le numéro d'une maman du centre de loisirs. Prétextant une grippe, elle lui demanda si elle pouvait récupérer Kezia et Kendall. Sa voix était si altérée que la jeune femme lui proposa de garder les jumelles pour la nuit, ce qu'Ashley accepta volontiers. Elle monta ensuite dans sa chambre et se coucha en chien de fusil sur son lit.

Marshall tenterait-il de la reconquérir ? A supposer qu'il en fasse l'effort, cela ne changerait rien à sa décision. Mais elle n'eut aucune nouvelle de lui ce jour-là. Il l'avait laissée partir comme on renonce à une mauvaise affaire... Jamais elle n'oublierait la colère qui avait enflammé son regard. Il n'avait pas été triste de la perdre, seulement furieux qu'elle refuse de se plier à ses attentes, furieux aussi d'avoir mis fin à son mariage pour rien. Ashley comprenait qu'il lui en veuille.

Geoff essaya de la contacter plusieurs fois, mais elle laissa le téléphone sonner et n'écouta pas ses messages. Elle avait besoin de temps pour faire son deuil. La vérité avait éclaté au grand jour, et même si cela lui déchirait le cœur, elle savait qu'elle avait fait le bon choix. Elle était libre.

Marshall repartit de Los Angeles le soir même de son arrivée, n'étant pas surchargé par le travail et, surtout, n'ayant plus rien à dire à Ashley. Pas question d'entrer dans son jeu, de lui « prouver » qu'il l'aimait. Il estimait en avoir fait assez. Sur le chemin de l'aéroport, il appela à Tahoe, où la gouvernante lui apprit que Liz était à Ross pour la nuit. Cela l'arrangeait.

A vingt heures, Marshall poussa la porte de la

maison de Ross. Debout au milieu du salon, entourée de livres et de cartons ouverts, Liz leva les yeux vers lui. Elle avait contacté un agent immobilier, qui avait déjà planifié une journée de visites la semaine suivante ; elle commençait donc à se débarrasser de certains objets.

— Qu'est-ce que tu fais là ? demanda-t-elle d'un ton glacial. Je te croyais à Los Angeles.

— Je voulais te parler.

— Je n'ai rien à te dire. Va-t'en, Marshall. Demain, je retourne au lac, tu n'auras qu'à en profiter pour revenir ici et gérer tes affaires. Je te rappelle que tu dois avoir déménagé avant notre retour ; je fais visiter la maison la semaine prochaine.

— Tu as décidé de la vendre ?

— Oui.

Liz avait le visage ravagé, le regard morne. Vêtue d'un jean déchiré, d'un vieux tee-shirt et de baskets, elle semblait se moquer éperdument de son apparence. Marshall aurait juré qu'elle avait maigri.

Liz avait décidé de chercher un appartement en ville – une idée qui plaisait aussi à Lindsay. Elle voulait changer radicalement de vie, oublier la mascarade qu'avait été leur couple. Dès lors, il lui tardait de quitter cette maison au plus vite et de ne plus jamais y remettre les pieds. Et pour prendre ce nouveau départ, elle vendrait tout ce qui la rattachait à son ancienne existence, même les meubles et les tableaux.

— Je t'ai demandé de partir, répéta-t-elle.

Ignorant sa remarque, Marshall s'assit en face d'elle et la regarda ranger les livres dans les cartons. Cela allait être plus difficile qu'il ne le pensait.

— Ecoute, commença-t-il doucement, ce que je t'ai dit l'autre jour avait besoin d'être dit. Je ne pouvais plus vivre dans le mensonge. J'aurais dû t'en parler bien plus tôt, Liz, j'ai eu tort de ne pas le faire.

Il se releva et s'approcha d'elle lentement, comme on aborde un animal qui risque de s'enfuir. Un animal qu'il avait blessé et qu'il tentait maintenant de retrouver dans les bois...

— Je me suis mis dans une situation délicate, et je ne savais plus comment m'en sortir, continua-t-il. Je me sentais une responsabilité envers cette fille. Elle était jeune, elle n'avait pas d'argent, et elle voulait garder les bébés. Mais j'ai toujours considéré que ma place était avec toi, c'est pour ça que je ne t'ai pas quittée.

Marshall se demanda si ce qu'il disait était vrai. Avait-il vraiment aimé Liz ? Ou avait-il simplement voulu éviter un scandale ? Il n'était plus sûr de rien. En revanche, il savait que Liz et lui avaient tout intérêt à oublier ce fâcheux contretemps et à reprendre leur histoire là où ils s'étaient arrêtés. Que ferait-elle, toute seule, à son âge ?

Alors qu'il exposait ses arguments, elle interrompit son rangement et le regarda avec un tel mépris, une telle haine, qu'il en fut ébranlé. Lorsque Ashley était venue rompre avec lui, il avait vu à quel point cette décision la faisait souffrir. Liz, elle, restait de glace. A ses yeux, il était devenu un étranger.

— Que les choses soient bien claires, siffla-t-elle à l'homme qui avait été son mari, et qu'elle détestait à présent. Je me fiche de savoir ce que tu penses. Je ne veux pas entendre tes explications. Tu m'as trompée, tout est fini entre nous. Tu as fait de notre vie un mensonge, tu as fait de moi une imbécile, tu as tourné en ridicule les sentiments que j'éprouvais pour toi et tous les efforts que j'ai fournis pour ta carrière. Je me souciais réellement de ta réussite ! Je t'aimais. Et pendant ce temps, tu faisais des bébés à une autre femme... Mais c'est fini, répéta-t-elle. Pour moi, tu es mort. Je me contrefous de ce qui peut t'arriver. Tu es de l'histoire ancienne, je veux oublier tout ce que je sais sur toi ; il est absolument hors de question, donc, que tu me racontes ce que je ne sais pas. Maintenant, sors de cette maison, ou j'appelle la police.

Marshall s'apprêtait à répondre, mais il se retint. Une erreur de calcul, une mauvaise décision, et les deux femmes de sa vie l'abandonnaient. Il aurait dû se débarrasser d'Ashley comme il en avait eu l'intention au départ et ne rien dire à Liz... Il se rendait compte maintenant qu'il avait besoin de Liz. Quant à Ashley, il la désirait, rien de plus.

— Tu ne veux pas au moins y réfléchir ? l'implora-t-il.

— Tu plaisantes ? Non, je n'y réfléchirai pas. Sérieusement, je vais appeler la police.

Elle tendait déjà la main vers le téléphone.

— D'accord, je pars, se résigna-t-il.

Il ramassa sa veste et se dirigea vers l'entrée.

— Liz ?

— Va-t'en, Marshall.

Il referma la porte derrière lui et rejoignit sa voiture, les larmes aux yeux. Il avait tout perdu.

23

Il fallut trois jours à Ashley pour sortir de sa coquille. Jusqu'au vendredi soir, elle resta au lit, incapable du moindre mouvement. Quand la maman du centre de loisirs lui ramena Kezia et Kendall, Ashley ne put s'empêcher de se demander si Marshall reverrait ses filles un jour. Elle avait reçu un e-mail de son avocat, qui lui proposait une prestation compensatoire dont elle ne voulait pas, et lui détaillait les contrats de fiducie que Marshall avait établis à la naissance des jumelles. Ce dernier lui faisait don de la maison ; il prévoyait de la mettre à son nom. Mais nulle part il n'était question de droit de visite pour les enfants, des vacances scolaires ou des jours fériés. Le juriste précisait seulement que son client s'occuperait de ces questions plus tard, une fois que toutes les autres auraient été réglées. Ashley était surprise qu'il se montre aussi peu pressé de passer du temps avec ses filles. Elle aurait pourtant dû s'en douter... En tout état de cause, Marshall ne voulait plus jamais croiser le chemin d'Ashley, et ce vœu était réciproque. Néanmoins cela lui faisait de la peine, car Kezia et Kendall avaient besoin d'un père. Elles adoraient Marshall et souffriraient d'être séparées de lui, même sur une courte période.

Les jumelles étaient heureuses de la retrouver. Après les avoir couchées ce soir-là, Ashley prit un long bain chaud. Elle avait reçu une dizaine de messages de Geoff... Celui-ci se faisait un sang d'encre. Toutefois, comme elle ne se sentait pas encore prête à lui parler, elle lui envoya un texto lui demandant de ne plus l'appeler.

Lorsque Bonnie lui téléphona, le lendemain matin, Ashley se décida enfin à répondre. Son amie venait aux nouvelles, ayant terminé sa mission sur son dernier film. Elle n'avait aucune idée des bouleversements qui avaient marqué la vie d'Ashley récemment.

— Alors, quoi de neuf ? s'enquit-elle d'un ton enjoué.

— Pas grand-chose.

Ashley avait l'impression de récupérer d'une longue maladie ou d'un grave accident. Ou bien de sortir d'une cure de désintoxication après huit ans de dépendance. Marshall était la pire des drogues.

— Ah... C'était un sacré film, tu sais, lâcha Bonnie. Tu aurais dû voir les effets spéciaux ! Le dernier jour, j'ai bien cru qu'ils allaient tous nous faire sauter. Ils ont utilisé de la vraie dynamite...

— J'ai rompu avec Marshall, annonça Ashley.

Il y eut un silence.

— Quoi ? Attends, rembobine un peu... J'ai loupé quelque chose ? La dernière fois qu'on s'est parlé, tu étais folle amoureuse de lui, et tu voulais qu'il quitte sa femme.

— Il l'a fait, mais pas pour les bonnes raisons,

expliqua Ashley. Le conseil d'administration a découvert notre liaison et lui a demandé de choisir entre Liz et moi. Marshall a d'abord décidé de me plaquer, et puis il a changé d'avis et s'est débarrassé de Liz à la place. Ça m'a fait réfléchir. J'ai pris conscience qu'il ne la quittait pas pour moi, mais pour sauver sa carrière, parce qu'il n'y a que ça qui compte pour lui. Donc, je suis allée le voir dans son bureau, je me suis un peu énervée, et j'ai rompu avec lui. Voilà.

— Nom d'un chien... Il a quitté sa femme, et tu l'as plaqué juste après ?

— En gros, oui.

— Il devait être furax !

— Pas qu'un peu... Mais je ne m'attendais pas à ce que les choses se passent comme ça. A mon avis, il ne nous a jamais vraiment aimées, les filles et moi. Et je suis prête à parier qu'il a essayé de récupérer sa femme le jour même.

Ashley le connaissait bien.

— Pas sûr qu'elle ait accepté, fit remarquer Bonnie. Je ne serais pas étonnée qu'il se soit grillé avec vous deux. Il n'a pas été très finaud, sur ce coup-là.

Ashley invita son amie à passer plus tard dans la journée, puis elle appela Geoff pour s'excuser de son silence.

— Tu vas bien ? s'enquit-il, rassuré d'entendre sa voix. Je me demandais si tu étais déjà partie à San Francisco.

— Je n'ai pas bougé de Los Angeles. Mais je ne pouvais pas te parler. Il fallait que je fasse mon deuil.

— Ton deuil de quoi ? demanda-t-il tristement, pensant qu'elle parlait de lui.

— J'ai quitté Marshall. Enfin.

— Pas possible ! C'est vrai ?

Geoff était encore plus étonné que Bonnie. Il s'efforça cependant de cacher sa joie. Ashley semblait si malheureuse...

— Je ne l'ai pas quitté pour toi, s'empressa-t-elle de préciser. Si j'ai refusé de te parler ces derniers temps, c'est parce que je ne voulais pas penser à toi en prenant ma décision. Je l'ai fait pour moi.

— Tu as eu raison. Comment te sens-tu ?

— Pas bien du tout. Je risque de mettre un bout de temps à me relever.

— Ce sera peut-être plus rapide que tu ne le penses, objecta-t-il. En tout cas, j'admire ton courage. Tu en as parlé à ta psy ?

— Tous les jours. C'est la seule personne à qui j'ai adressé la parole en dehors de mes filles... Je sais que j'ai pris la bonne décision, mais ça fait mal.

Marshall avait beau lui être nuisible, elle l'aimait et l'aimerait sans doute encore longtemps.

— On peut se voir ? demanda Geoff avec espoir.

— Pas pour l'instant. Je ne me sens pas prête.

Il n'insista pas. Comme elle le questionnait sur son travail, il lui confia que la série lui plaisait beaucoup et qu'il se régalait à en écrire le scénario.

— Tu sais où me trouver quand tu voudras me voir, lui dit-il. Je n'ai pas l'intention de partir.

— Très bien. Merci, Geoff.

Elle lui promit de le rappeler bientôt, avant de raccrocher.

Le soir, Bonnie apporta une pizza, qu'elles dégustèrent avec les jumelles. Selon le souhait d'Ashley, les deux amies évitèrent de parler de Marshall. Quand les fillettes voulurent savoir où était leur père, Ashley leur répondit qu'il travaillait. Pour l'instant, cette explication était suffisante.

Petit à petit, la jeune femme reprit pied dans le monde des vivants. Comme elle s'y attendait, elle n'eut aucune nouvelle de Marshall. S'était-il remis avec Liz ? Ashley n'avait personne à qui poser la question, et la réponse ne l'intéressait pas. Ce qu'il faisait de sa vie ne la regardait plus.

A son retour d'Italie, Jillian donna rendez-vous à sa sœur le samedi suivant pour jouer au tennis.

— Ça te dirait, un double ? proposa Fiona.

— Pourquoi ? Je n'ai besoin de personne pour te battre.

— Que tu dis ! Sans rire, ça nous changerait un peu...

— Ça sent l'embrouille, marmonna Jillian. Tu n'essaierais pas de me présenter quelqu'un, par hasard ? Un pervers dont personne ne veut ?

— J'y ai pensé, effectivement. Mais plus maintenant. Et ce n'est pas un pervers. Il te plairait, je crois.

— Laisse-moi te dire : après les Italiens que j'ai rencontrés à Venise, Positano et Rome, il faudrait que ce soit Brad Pitt pour qu'il m'impressionne !

Jillian semblait heureuse et détendue. Fiona ne connaissait aucune autre femme de cinquante-cinq ans qui eût une vie amoureuse aussi trépidante.

— De toute façon, tu as raté le coche, lui dit-elle. Tu aurais dû revenir plus tôt.

— Comment ça ? Il n'est plus libre ?

— En quelque sorte. Ça va te paraître fou, mais on s'est vus déjà plusieurs fois. Il est très sympa.

— Ça ne me paraît pas fou, au contraire ! s'exclama Jillian, ravie. Bienvenue parmi les humains, ma chère sœur ! J'ai hâte de rencontrer l'homme qui a réussi à séduire la reine vierge.

— Ne t'emballe pas trop, je n'ai pas encore couché avec lui.

— C'est dommage. Comment l'une de nous peut-elle être aussi vertueuse alors que l'autre est devenue une vieille traînée ?

Fiona éclata de rire.

— Tu crois que tu vas faire l'amour avant la fin de ce siècle ? reprit Jillian. J'aurais dû allumer un cierge pour toi à Rome.

— Ne t'en fais pas. On s'amuse bien ensemble, mais je préfère prendre mon temps.

— C'est vrai que s'adonner aux plaisirs de la chair une fois tous les cinq ans, c'est bien suffisant... Fiona, les morts font l'amour plus souvent que toi. Tu devrais boire plus, ou fumer du shit... C'est qui, alors ?

— Je t'ai déjà parlé de lui. Logan Smith, le journaliste. Tu te souviens ? Il m'avait appelée pour tenter d'obtenir des infos, et à la place on est devenus amis. Tu serais d'accord pour qu'il joue avec nous samedi ?

— Evidemment. J'ai très envie de faire sa connaissance. Au fait, est-ce qu'il faut que je le laisse gagner ?

— Non. Evite juste de le frapper avec ta raquette si tu perds. Ça pourrait faire mauvaise impression, surtout que je n'ai pas arrêté de lui dire que tu étais formidable.

— Je me tiendrai à carreau, alors, promit Jillian en riant.

— Je vais voir si Alyssa a envie d'être notre quatrième partenaire de jeu.

Dès qu'elle eut raccroché, Fiona envoya un e-mail à sa fille, laquelle accepta volontiers l'invitation. Lorsque Logan l'appela ce soir-là, Fiona lui exposa leurs projets.

— Quelque chose me dit que je devrais avoir peur de ta sœur, commenta-t-il avec humour.

— Sincèrement, elle est géniale. Elle est juste un peu grande gueule, très sportive et accro au sexe.

— Waouh ! Et tu voulais me caser avec elle ?

— Il n'est pas trop tard, fit remarquer Fiona.

— Oh, que si. Quand est-ce qu'on dîne ensemble, cette semaine ?

Logan ne lui forçait jamais la main : il savait qu'elle avait beaucoup de travail. Ils se mirent d'accord sur le jeudi et le samedi soir, et décidèrent en outre de passer le dimanche chez Fiona pour profiter de la piscine.

Le samedi, Jillian se montra à la hauteur des attentes de Fiona. Elle gagna contre Logan sans l'humilier pour autant, et, au cours du repas qu'ils partagèrent après le match, elle les régala d'anecdotes hilarantes sur ses conquêtes italiennes. Tout naturellement, Logan et Jillian en vinrent à parler de son dernier livre.

— Regardez ma sœur, la sainte vierge ici présente, dit-elle en montrant Fiona, qui semblait prête à l'égorger. C'est un exemple classique de ce qui arrive aux femmes P-DG. Elles prennent leur fonction trop au sérieux, deviennent des bourreaux de travail et se retrouvent seules. Jusqu'à ce que...

Jillian marqua une pause, comme si elle attendait un roulement de tambour.

— ... jusqu'à ce qu'un beau prince se pointe. Ou un journaliste. Il embrasse alors la dame, qui se transforme en être humain normal, et tout est bien qui finit bien. A l'inverse, son homologue masculin est tellement épris de lui-même qu'il couche avec toutes les filles qui lui tombent sous la main. Il passe son temps à s'excuser à la télé, il se ridiculise complètement, et les gens finissent par comprendre que c'est un salaud. S'il n'a vraiment pas de chance, sa femme ou sa maîtresse le traîne en justice pour récupérer un maximum de fric.

Tout le monde riait autour de la table. Ce n'était que trop vrai... Alyssa ne pouvait s'empêcher de penser à Marshall Weston en entendant cette description.

Logan et Jillian se lancèrent dans une grande discussion sur le comportement sexuel des hommes et des femmes de pouvoir. Ils convinrent de se retrouver pour déjeuner la semaine suivante afin qu'elle lui présente certaines de ses recherches – ils parlaient déjà d'écrire un livre ensemble sur le sujet. De par son caractère bien trempé et son physique de sportive, Jillian ne correspondait pas au genre de femmes que Logan courtisait, mais il s'en ferait volontiers une amie.

Le samedi soir, il invita Fiona à dîner dans un restaurant chic de Palo Alto. Il lui avait assuré que cela ne le dérangeait pas de rentrer chez lui pour la nuit. Fiona était un peu gênée de lui imposer ces trajets, mais elle ne se sentait pas encore prête à aller plus loin avec lui. Logan n'insistait pas. Il préférait attendre le bon moment.

— J'ai une proposition à te faire, annonça-t-il alors qu'ils terminaient leur repas. Je dois me rendre à New York le week-end prochain pour une interview. J'aurais pu la faire par téléphone, mais c'est beaucoup plus stimulant de voir la personne en face, d'autant que ce n'est pas n'importe qui. La rencontre est programmée le vendredi après-midi, mais après je suis libre : que dirais-tu de m'accompagner ? Nous pourrions dîner dans un très bon restaurant, dormir dans un hôtel très sympathique, et, le samedi, assister à un match des Yankees.

Fiona fut touchée par sa proposition. Après une hésitation, elle décida qu'elle le connaissait suffisamment pour lui poser la question fatidique :

— Une chambre, ou deux ?

Sa franchise le fit rire.

— A toi de choisir, princesse. L'invitation est valable dans un cas comme dans l'autre.

Logan se démenait pour lui faire plaisir. Et ce qu'il avait concocté ressemblait fort à une mini lune de miel...

— L'idée me plaît, en tout cas. Allons-y pour une seule chambre, lâcha-t-elle. Je crois que j'y arriverai.

Le visage stupéfait et rayonnant, il lui prit la main pour y déposer un baiser.

— Je crois que moi aussi.

24

Fiona posa son vendredi. Logan avait insisté pour lui offrir son billet d'avion, et elle fut touchée de découvrir qu'ils voyageaient en première classe. Ils passèrent la plus grande partie du trajet à bavarder, puis ils regardèrent un film. Fiona s'endormit une heure avant l'atterrissage. A leur arrivée, Logan la déposa à l'hôtel et repartit aussitôt à son rendez-vous. L'homme qu'il devait interviewer était un P-DG bien connu, impliqué dans une récente affaire de délit d'initié.

Fiona avait réussi à convaincre Logan – non sans difficulté – de lui laisser payer l'hôtel : elle bénéficiait de tarifs préférentiels au Four Seasons de la 57ᵉ Rue, où elle séjournait à chacun de ses déplacements à New York. Elle constata avec plaisir qu'on leur avait attribué une immense suite au quarante-huitième étage.

Quand Logan la rejoignit, à vingt heures trente, Fiona avait enfilé une robe de cocktail noire, à la fois élégante et suffisamment courte pour mettre ses jambes en valeur. Jamais il ne l'avait vue aussi sexy. Il se hâta de prendre une douche et de se changer.

— Waouh ! s'exclama-t-elle en le voyant reparaître en costume sombre, chemise blanche et cravate bleu nuit. Quelle classe ! On a l'air de grandes personnes, tu ne trouves pas ?

Logan avait réservé une table au restaurant 21, après avoir découvert qu'il s'agissait d'un de leurs établissements préférés à tous les deux. Le lendemain soir, il lui ferait la surprise de l'emmener à La Grenouille, le summum de la cuisine chic à New York. Pour ce week-end très spécial, il avait l'intention de faire les choses en grand. Jamais il n'avait connu de femme aussi fantastique.

— Alors, comment s'est passée ton interview ? lui demanda-t-elle au cours du repas.

Il lui rapporta certaines des informations qu'il avait apprises, sachant qu'il pouvait lui faire confiance. Sans compter que la situation du P-DG en question était déjà connue de tous : il avait évité la prison de justesse et n'était pas encore complètement tiré d'affaire. Logan avait suivi l'histoire depuis le début et en avait fait *son* sujet. Fiona était impressionnée par le sérieux qu'il mettait dans son travail.

Le dîner terminé, ils remontèrent la Vᵉ Avenue et s'arrêtèrent au Sherry Netherland pour boire un dernier verre, avant de rentrer à pied à l'hôtel. En arrivant dans leur suite, Fiona prit soudain conscience qu'elle s'apprêtait à passer la nuit avec un homme.

Logan remarqua le bref éclair de panique dans ses yeux. Il eut presque l'impression de commencer une lune de miel avec une jeune épouse innocente...

— Relax, ma chérie, murmura-t-il en l'embrassant. Rien ne nous oblige à faire quoi que ce soit ce soir.

— Et pourquoi pas ? chuchota-t-elle.

Il se mit à rire. Même s'il mourait d'envie de lui arracher ses vêtements, il se força à calmer ses ardeurs. Pendant un long moment, ils restèrent dans la pénombre du salon, admirant la vue sur la ville tout en s'embrassant comme des adolescents. Puis, ne contrôlant plus ses mains, Logan fit glisser la fermeture Eclair de la robe de Fiona pendant qu'elle le déshabillait fiévreusement. Bientôt, ils se retrouvèrent nus sur le canapé. Nimbée par le clair de lune, Fiona était magnifique. Une silhouette de jeune fille, tonifiée par les longueurs de piscine auxquelles elle s'astreignait depuis des années. A en juger par ce qu'elle découvrait au fur et à mesure de ses caresses, Logan était tout aussi athlétique. Subitement, sa peur et sa timidité s'envolèrent ; elle le prit par la main et l'entraîna vers la chambre. En proie à un désir évident, il la renversa sur le lit, où ils firent l'amour comme s'ils se connaissaient depuis toujours. Logan n'aurait pu être plus heureux : il s'était interdit d'espérer une première fois aussi parfaite. Il avait craint que la gêne n'empêche Fiona de laisser parler son corps. Mais elle se révélait lascive et audacieuse, et lorsqu'ils eurent atteint ensemble l'apogée du plaisir, il s'écroula à ses côtés, essoufflé, un sourire d'extase aux lèvres.

— Fiona, c'était sensationnel... Et tu disais que tu étais timide ?

— Je n'avais pas été avec quelqu'un depuis longtemps, tu sais, chuchota-t-elle.

Elle l'embrassa encore.

— Pitié, tu veux ma mort ou quoi ?

Ils firent l'amour à nouveau. Ce fut encore mieux que la première fois.

— Oh, seigneur, souffla Logan. Quand on sera rentrés, je veux qu'on passe toutes nos journées sous la couette. On devrait peut-être prendre notre retraite tout de suite...

Ils rirent et bavardèrent jusque tard dans la nuit, puis s'endormirent lovés l'un contre l'autre. Quand Logan se réveilla le lendemain, il crut voir une déesse en découvrant Fiona debout à côté du lit, splendide dans sa nudité. Elle lui souriait, visiblement satisfaite du tableau qui s'offrait à elle. A peine eut-il ouvert un œil qu'une vague de désir l'envahit. Il l'attira à lui, et ils s'abandonnèrent à la passion.

Ce fut lui qui la réveilla, une heure plus tard. Il lui avait promis qu'elle aurait le temps de faire du shopping avant le match des Yankees. Pendant qu'elle prenait sa douche, il commanda un petit déjeuner au room service.

Lorsqu'elle sortit de la salle de bains, vêtue d'une robe blanche en coton et chaussée de ballerines, elle lui donna l'impression d'une jeune fille, fraîche et jolie comme une fleur. Cela changeait tellement des tailleurs qu'on lui voyait au travail ! A la place de son chignon, elle portait ses cheveux détachés, comme il les aimait ; elle s'était également maquillée.

— Je n'en reviens pas de la chance que j'ai, dit-il en la contemplant. Tu es si belle, Fiona.

Il l'embrassa, puis se dépêcha d'aller s'habiller avant que le désir n'ait raison de lui.

Chez Bergdorf, il lui tint compagnie pendant qu'elle flânait dans les rayons. Elle s'acheta deux paires de chaussures sexy, un chemisier en soie pour le travail ainsi qu'un châle en cachemire rose, après quoi ils rentrèrent à l'hôtel où les attendait un chauffeur pour les conduire au stade. Là, Logan offrit une autre casquette à Fiona, en guise de souvenir.

— Je crois que je vais commencer une collection, plaisanta-t-elle joyeusement en dévorant un hot dog.

Les Yankees perdirent en douze manches, mais cela n'empêcha pas Logan et Fiona de passer un excellent moment. Sur le chemin du retour, ils s'embrassèrent fougueusement dans la voiture.

— Il va falloir que je détrompe ta sœur, fit-il remarquer tandis que le ciel de New York défilait derrière les vitres de la limousine. Quand je pense qu'elle t'a traitée de Sainte Vierge...

— C'est juste que je ne suis pas aussi délurée qu'elle, répondit Fiona en riant. Quand on était gamines, Jillian avait tous les garçons pour elle. Mais elle était plus âgée, elle avait plus d'expérience. Et depuis, elle ferait n'importe quoi pour conserver son avance !

Pour preuve, elle venait de coucher avec la moitié des Italiens... En fait, sa sœur se faisait des amis partout où elle passait, et elle restait en bons termes avec ses amants. Fiona admirait cette qualité chez elle. Pour sa part, elle était beaucoup plus réservée.

— Pour rien au monde je ne t'échangerais contre Jillian, lui assura Logan. En revanche, l'idée d'écrire un livre avec elle me plaît bien. On va essayer de publier un article, pour commencer.

— Tu verras, c'est super de travailler avec elle. Elle est très méthodique, très organisée, et jamais en retard. On a écrit quelques papiers ensemble et ça s'est toujours bien passé.

De retour à l'hôtel, ils regardèrent les informations au lit. Après leur longue journée (et leur courte nuit), Fiona s'assoupit. Logan la réveilla à temps pour qu'elle se change avant le dîner. Cette fois-ci, elle enfila une robe rouge encore plus courte que la précédente, accompagnée de stilettos noirs.

— Pourquoi tu ne portes pas plus souvent ce genre de tenues ? lui demanda Logan tandis qu'ils se dirigeaient vers le restaurant.

— Pour aller où ? Au travail ? Dans notre bar préféré de Palo Alto ? Au stade ? Où veux-tu que je mette une robe comme celle-ci à San Francisco ? Ça fait deux ans que je l'ai, et je n'ai jamais eu l'occasion de l'étrenner.

Quoi qu'il en soit, elle était parfaite pour ce soir. Quand ils poussèrent la porte du restaurant La Grenouille, tous les hommes de la salle suivirent Fiona des yeux, non pas parce qu'ils l'avaient reconnue, mais parce que c'était une femme élégante et sexy.

— Je vais t'emmener à New York plus souvent, s'il n'y a qu'ici que tu t'habilles comme ça, lui chuchota Logan.

Après un repas exquis, ils rentrèrent à l'hôtel et passèrent le reste de la soirée à faire l'amour et à regarder la télévision.

Le lendemain matin, ils se baladèrent dans Central Park, autour du plan d'eau où flottaient des bateaux miniatures. Ils avaient rangé leurs beaux vêtements dans leurs valises et enfilé un jean pour le voyage du retour. Alors qu'ils se reposaient sur un banc en regardant passer les promeneurs, Fiona se tourna vers Logan.

— Tu sais, je ne te vois plus de la même manière…

— Et comment me vois-tu ? s'enquit-il.

— Comme mon homme.

Il l'attira contre lui.

— Après le week-end qu'on vient de passer, je suis à toi pour toujours, murmura-t-il.

— Et réciproquement, répondit-elle avec un sourire lumineux.

Dans l'avion, Fiona dormit plusieurs heures, la tête appuyée sur l'épaule de Logan. Elle venait de vivre deux jours de rêve. Lorsqu'il la déposa chez elle le dimanche soir, c'est bien dans les yeux d'une femme, et non d'une dirigeante d'entreprise, qu'il plongea son regard.

— Que dirais-tu de rester ? suggéra-t-elle.

Logan hésita. Il ne voulait pas s'imposer alors que Fiona travaillait le lendemain.

— Tu es sûre ?

— Complètement.

— Dans ce cas...

Après avoir fêté leur retour sous la couette, ils nagèrent nus dans la piscine. Fiona lui était reconnaissante d'être resté : sans lui, elle se serait sentie bien seule.

Le lendemain matin dans la cuisine, Logan préparait des œufs brouillés, des toasts et du café lorsque Fiona fit son apparition. Elle était vêtue d'un tailleur-pantalon anthracite et d'un chemisier de soie gris pâle, et avait rassemblé ses cheveux en un chignon strict. Subitement, ce n'était plus la même femme... Néanmoins, maintenant qu'il la connaissait aussi autrement, celle-ci lui plaisait tout autant. Elle avait deux facettes si différentes, et cela faisait la richesse de sa personnalité.

— Je t'aime, dit-il, avant de l'embrasser.

Elle avala une gorgée de café et s'empara du *Wall Street Journal*.

— Moi aussi, je t'aime, répondit-elle en souriant.

Une demi-heure plus tard, ils partaient tous deux vers leurs lieux de travail respectifs.

25

Le week-end de la fête du Travail, Mark rendit visite à sa mère, à Portola Valley. Il ne l'avait pas vue depuis qu'il était rentré d'Afrique. Comme souvent, il arriva seul, sa petite amie étant de garde à l'hôpital. Il fut surpris de découvrir un invité à la maison.

— Ça remonte à quand ? demanda-t-il à sa sœur quand ils furent seuls dans la cuisine.

— Cet été, répondit Alyssa. Mais pas de panique, c'est un mec bien. Et il est fou d'elle.

— Je n'aurais jamais cru qu'on assisterait à ça ici.

Mark ne savait pas quoi penser. Avant de se prononcer, il attendait de faire plus ample connaissance avec l'intéressé.

— Moi non plus je ne m'y attendais pas, lui assura Alyssa. Mais ça a l'air de marcher. Et il sait disparaître quand maman et moi avons envie d'être toutes les deux.

Mark alla rejoindre Logan au bord de la piscine. Assez vite, ils en vinrent à discuter de l'Afrique. Le jeune homme fut impressionné d'apprendre que Logan avait interviewé Mandela, et encore plus de constater qu'il ne s'en vantait pas – Logan en parlait comme d'une expérience unique, une belle leçon d'humilité. Quand Fiona précisa qu'il avait reçu le prix Pulitzer pour cette série d'entretiens, Logan monta aussitôt dans l'estime de Mark.

Le samedi, Jillian apporta les notes de recherches qu'elle avait promises à Logan, et ils passèrent une heure à les étudier. Le soir, ils mangèrent tous ensemble. L'ambiance était festive et détendue, à l'image de la relation entre Fiona et Logan.

Le dimanche, ce dernier invita Fiona et ses enfants au match de base-ball. Logan avait eu le plaisir de découvrir que Mark était fan des Giants, lesquels, cette fois encore, remportèrent la victoire, s'assurant une participation quasi certaine aux World Series.

Logan repartit chez lui le lendemain, soucieux de leur laisser un peu de temps en famille. Il souhaitait également travailler sur les documents que Jillian lui avait confiés.

— Ton nouvel ami me plaît bien, maman, déclara Mark tandis qu'ils prenaient le petit déjeuner.

— A moi aussi, renchérit Alyssa.

— C'est sérieux, entre vous ?

— Je ne sais pas trop ce que « sérieux » veut dire à mon âge, répondit Fiona en souriant. Est-ce que je l'apprécie ? Oui. Est-ce que je l'aime ? Je crois. On est bien ensemble, c'est tout ce qui m'importe pour l'instant. Je n'ai pas l'intention de me marier ni de faire d'autres enfants. Sur ce plan-là, je suis comblée avec vous.

Mark et Alyssa parurent satisfaits.

— Comment va John, au fait ? demanda Fiona à sa fille.

Depuis les révélations de Marshall, John était resté au lac Tahoe avec sa mère ; Alyssa ne l'avait presque pas vu. Néanmoins, ils se téléphonaient et s'écrivaient des messages constamment.

— Liz va prendre un appartement en ville, expliqua Alyssa. John, son frère et sa sœur n'ont pas revu leur père depuis ce fameux jour – ils sont bien trop en colère pour ça.

Et il y avait de quoi, songea Fiona.

— Apparemment, il n'épouse plus l'autre femme. Il a essayé de se rabibocher avec Liz, mais elle ne veut plus de lui.

— Je la comprends. Passe le bonjour à John de ma part, quand tu l'auras au téléphone. Et dis-lui qu'il sera toujours le bienvenu ici.

Ce même week-end, Liz et ses enfants le passèrent tous ensemble au lac Tahoe. Tom les avait rejoints avec plaisir et les aiderait à fermer la maison.

— Je suis navrée que les vacances se soient si mal terminées, leur confia-t-elle.

Maintenant que le pire était arrivé, Liz se sentait étrangement calme. Elle n'avait plus rien à craindre. Et elle était heureuse de retrouver son fils aîné. Elle ignorait quand ses enfants allaient revoir leur père – à vrai dire, elle ne voulait pas le savoir.

Elle avait appris par John que Marshall n'épouserait plus Ashley. Cela ne la surprenait pas, puisqu'il était venu à Ross pour tenter de la reconquérir... Peut-être la jeune femme ne voulait-elle plus de lui non plus. Liz plaignait ses filles.

— Quand emménages-tu en ville, maman ? lui demanda Tom au cours du dîner.

— Je ne sais pas encore. J'ai plusieurs visites prévues la semaine prochaine. J'aimerais trouver un appartement assez grand pour pouvoir vous accueillir tous.

Liz avait une petite mine, mais elle commençait à se sentir mieux, malgré une sensation de fatigue persistante. Elle tentait de ne pas penser à Marshall et ne prononçait jamais son nom. Son mari était devenu un sujet tabou. Lindsay s'était montrée étonnamment douce et prévenante avec elle. Depuis que son père avait bouleversé leur petit univers, elle avait mûri à vitesse grand V.

S'ils n'en parlaient pas, ils avaient tous à l'esprit que Marshall déménageait de la maison de Ross ce week-end-là. Nul ne savait où il allait dormir à présent – peut-être au Four Seasons de Palo Alto, selon John. Marshall avait prévu d'entreposer ses affaires dans un garde-meubles et avait soumis à l'approbation de Liz la liste de ce qu'il souhaitait conserver.

Le dernier jour avant de rentrer, Liz resta un long moment sur la terrasse, à contempler le lac. Elle se souviendrait toute sa vie qu'à cet endroit précis Marshall lui avait annoncé qu'il la quittait pour une jeune femme et leurs deux petites filles... Ses enfants ne le savaient pas encore, mais elle comptait également vendre la maison de Tahoe. Ils pourraient toujours louer ailleurs l'été suivant. Quoi qu'il en soit, elle ne voulait plus remettre les pieds ici.

— Tu es prête, maman ? lui cria Tom.

Liz le rejoignit.

— On a l'air de gitans, commenta-t-elle en voyant la voiture remplie jusqu'au toit.

Tandis qu'elle s'installait du côté passager, elle s'aperçut qu'elle souriait. C'était une sensation étrange. Tom lui rendit son sourire, puis lança un clin d'œil à Lindsay dans le rétroviseur intérieur. Finalement, ils allaient peut-être s'en sortir...

Toujours ce même week-end, Geoff emmena Ashley et ses filles au club Coral Casino, à Santa Barbara. Les jumelles gloussèrent quand il leur expliqua que leur mère et lui étaient venus là étant petits. Un peu plus tôt dans la semaine, Ashley avait fini par le rappeler. « Je commençais à craindre qu'on passe encore dix-huit ans sans se voir », l'avait-il taquinée.

Ashley avait maigri depuis leur dernière rencontre, mais, bien qu'elle se montrât plus réservée, elle était de bonne humeur. Durant leur courte séparation, Geoff avait travaillé d'arrache-pied sur l'écriture de ses scripts.

Il ne lui posa pas de questions sur ce qui s'était passé avec Marshall : la revoir suffisait à le rendre heureux. Et tandis qu'ils se baladaient sur la plage, il fut surpris de sentir sa main se glisser dans la sienne. Quand il l'interrogea du regard, elle lui répondit d'un sourire, et il sut alors que tout allait bien dans le meilleur des mondes. Geoff avait été terrifié à l'idée d'avoir tout gâché en précipitant les choses. Mais elle semblait avoir résolu ses conflits intérieurs. Malgré la douleur qui se lisait encore dans son regard, elle allait mieux.

Main dans la main, ils coururent dans l'eau rejoindre les fillettes. Geoff les éclaboussa, elles répliquèrent, et bientôt tout le monde se mit à rire, crier et s'asperger à qui mieux mieux. Soudain, Geoff et Ashley se retrouvèrent face à face, tout près l'un de l'autre. Les cheveux blonds de la jeune femme ruisselaient autour de son visage.

— Tu m'as manqué, murmura-t-il en plongeant son regard dans le sien.

— Toi aussi.

Sur ce, Ashley le fit tomber dans l'eau avec elle, tandis que Kezia et Kendall riaient aux éclats sur la plage.

Quand ils rentrèrent à Malibu ce soir-là, adultes et enfants s'accordèrent à dire que la journée avait été parfaite. Geoff lança un coup d'œil à Ashley, et ils échangèrent un long sourire.

26

Digne et sérieux dans son costume sombre, Marshall entra dans la salle de conférences. Trois hommes lui faisaient face – trois représentants d'une entreprise de Boston dont la croissance avait été spectaculaire ces deux dernières années. Boston Technology était sur le point de supplanter toutes ses concurrentes en devenant la plus grosse firme du pays. Il ne lui manquait plus qu'un puissant leader à sa tête, et les administrateurs étaient unanimes : Marshall Weston serait parfait dans ce rôle. Tout en doutant qu'il soit prêt à quitter UPI après quinze ans de service, ils étaient quand même venus jusqu'en Californie pour tenter de le séduire. Et Marshall leur prêtait une oreille attentive.

Sans leur avoir rien promis, il tenait à entendre leurs arguments. Bien sûr, pour qu'il accepte leur offre, il faudrait qu'il ait tout à y gagner : prime d'engagement, stock-options, parts dans l'entreprise, sans compter tous les avantages possibles et imaginables. Même si son contrat chez UPI lui était très favorable, les hommes de Boston Technology savaient que Marshall, en dépit de sa fidélité envers la société qu'il dirigeait, était susceptible de se laisser acheter – comme tous les hommes dans sa position.

— Eh bien, messieurs, c'est une proposition intéressante, dit-il évasivement.

Déçus, ses interlocuteurs comprirent qu'ils ne l'avaient pas convaincu. Toutefois, ils avaient gardé quelques atouts… Alors que Marshall faisait mine de prendre congé, le chef du comité de recrutement, qui était aussi membre du conseil d'administration, lui fit passer un document détaillant leur dernière offre : un jet privé réservé à son seul usage personnel ; dix millions de dollars supplémentaires par an ; deux cents millions en actions qu'il pouvait vendre à tout moment ; et une prime de trois cents millions d'ici à cinq ans, à compter de la date de signature du contrat, quel que soit le montant de leurs profits. Voilà ce que Marshall Weston valait à leurs yeux : un demi-milliard de dollars, pour peu qu'il reste quelques années à la tête de BT… Marshall lut le papier, sourit, puis se leva et tendit la main à l'administrateur.

— C'est d'accord.

Il rayonnait. Jamais on ne lui avait fait une proposition aussi alléchante – c'était même certainement une première dans l'histoire du monde de l'entreprise. Ils décidèrent de garder les termes du contrat confidentiels et de ne faire aucune annonce avant que Marshall ait démissionné de UPI, par respect pour l'entreprise. Tout le monde se serra la main ; l'affaire était conclue.

Marshall quitta les locaux dans lesquels ils s'étaient donné rendez-vous. Des locaux en terrain neutre. Dehors, la limousine qu'il avait louée – il n'avait pas voulu faire appel à son chauffeur – l'attendait pour le reconduire à son bureau. Bientôt, il serait un homme riche, plus riche encore qu'il ne l'était aujourd'hui. Une conclusion idéale à un été déplaisant... Depuis l'affaire du procès avorté, depuis les pressions qu'il avait subies suite à la découverte de sa double vie, Marshall avait eu envie de quitter UPI. Il aurait très certainement réagi différemment si Ashley ne lui avait pas fait faux bond ou s'il avait pu sauver son mariage, mais, à présent, plus rien ne le retenait ici. Ses enfants étaient grands et, de toute façon, ils ne voulaient plus entendre parler de lui – même s'ils finiraient bien par revenir à la raison. Quant aux jumelles, Marshall les avait vues deux fois à Malibu et prévoyait de les emmener à Hawaï pendant les vacances de Noël. Il pourrait plus facilement passer du temps avec elles lorsqu'elles seraient plus grandes – pour l'heure, il avait d'autres obligations, et il les savait entre de bonnes mains avec leur mère. En tout état de cause, il ne voulait plus jamais revoir Ashley ni son ex-femme. Il avait brûlé les ponts derrière lui ; il était libre. Libre d'accepter la meilleure offre et d'aller où bon lui semblait. Prêt à se lancer dans une nouvelle aventure, à franchir les frontières. Boston Technology, jeune entreprise parmi les plus dyna-miques du pays, était disposée à le rémunérer à sa juste valeur. Avec le salaire astronomique qu'on lui offrait, avec les primes colossales qu'il ne manquerait pas de gagner en boostant le chiffre d'affaires de la société, il était assuré d'avoir un milliard de dollars en poche d'ici cinq ans, dix tout au plus. Voilà qui compensait largement les maux de tête de ces der-niers mois... Boston Technology lui demandait de prendre ses fonctions le 15 octobre, ce qui ne laissait guère de temps à UPI pour se retourner. Mais ils l'avaient bien cherché. Sa loyauté allait à présent à l'entreprise qui avait su gagner son cœur au bon prix. Il se sentait un homme heureux.

Cinq jours après l'accord passé entre Marshall et les représentants de Boston Technology, Fiona et Nathan Daniels échangeaient des potins à la sortie d'une réunion du conseil. Le président venait d'avoir la confirmation, grâce à un ami bien placé, que Marshall Weston allait quitter UPI après s'être vu proposer une offre faramineuse par BT. Le montant exact, que personne ne connaissait, donnait lieu aux rumeurs les plus folles. Nathan n'avait pas l'habitude de jouer les commères, mais la nouvelle était tellement explosive qu'il ne résistait pas à la tentation de la partager.

Lorsque Logan rentra ce soir-là, Fiona ne fut pas plus capable de tenir sa langue. Le journaliste passait à présent plusieurs nuits par semaine à Portola Valley. Ils avaient pris l'habitude de cuisiner ensemble, puis de faire quelques brasses dans la piscine avant de se coucher. Fiona appréciait aussi de le retrouver dans son appartement à San Francisco, dans le quartier de Upper Haight, mais elle ne pouvait s'y rendre que le week-end du fait de sa charge de travail. Soucieux de lui simplifier l'existence, Logan acceptait volontiers de faire les déplacements.

— Tu ne vas pas croire ce que j'ai appris aujourd'hui ! lui dit-elle, tout excitée.

— Tu as l'intention de me le dire, ou je dois deviner ?

Logan l'observait, à la fois amusé et intrigué.

— Il faut absolument que ça reste entre nous, le prévint-elle, mais Marshall Weston va démissionner de UPI et rejoindre Boston Technology. Il paraît qu'ils lui ont offert une petite fortune. Des primes dingues, des stock-options qu'il peut vendre sans pénalités, un avion, j'en passe et des meilleures. Apparemment, ils sont prêts à lui payer n'importe quoi, sauf peut-être un changement de sexe.

— Ça lui ferait pourtant le plus grand bien ! Je ne vois pas de meilleur candidat pour ce genre d'opération.

Quelqu'un chez UPI avait parlé, si bien que les affaires de Marshall – sa famille cachée, son divorce imminent – étaient connues de tous. Logan avait déjà entendu les rumeurs concernant son départ de UPI, mais il n'en avait rien dit à Fiona. Les informations qu'il détenait jusqu'à présent lui venaient d'une source fiable au sein même de l'entreprise.

— L'avion est un Boeing 757, pour lui tout seul ! insista Fiona, les yeux brillants d'excitation.

Logan sourit. Elle aussi jouait dans la cour des grands. Et les P-DG de la Silicon Valley prenaient plaisir à se surveiller les uns les autres et à échanger des ragots sur les derniers contrats signés.

— Tu devrais demander une augmentation, la taquina-t-il.

— Et comment !

Fiona faisait mine d'être scandalisée, mais elle n'était pas à plaindre chez NTA. Elle et ses enfants avaient de quoi vivre tranquillement jusqu'à la fin de leurs jours. Elle ne parlait jamais de ce qu'elle gagnait, et Logan ne tenait pas à le savoir – c'était de toute façon sans commune mesure avec ses propres revenus. Ce qui comptait à ses yeux, c'était de voir qu'elle menait une existence simple, avec tout le confort matériel dont elle avait besoin, ni plus ni moins. Fiona était une femme raisonnable.

— Alors, qu'est-ce que tu en penses ? lui demanda-t-elle.

— Qu'il a beaucoup de chance. C'est un salaud qui retombe sur ses pieds. Il a trompé tous ses proches, provoqué un scandale à cause d'une bimbo et failli en causer un autre avec sa maîtresse de Los Angeles, et au final on le courtise à coups de millions de dollars, comme si c'était un héros... Il faut reconnaître qu'il sait tirer son épingle du jeu. Financièrement, du moins. Parce que, humainement, je le considère tout en bas de l'échelle.

Fiona n'avait guère d'estime non plus pour Marshall Weston, mais elle trouvait fascinant de le regarder manipuler son monde pour obtenir une situation encore plus avantageuse.

— Et, par-dessus le marché, il prend la poudre d'escampette après avoir trahi tout son entourage, y compris sa famille. Quel homme, vraiment !

— Tu as l'intention d'écrire un article sur lui ? s'enquit Fiona. Ce que je t'ai dit ne doit pas sortir de cette pièce, tu sais... Je me demande quand même combien ils lui ont donné. Une de mes amies pense qu'on lui a offert pas loin de deux cents millions de dollars.

Fiona n'était pas jalouse, seulement curieuse.

— Chérie, j'ai mes propres sources pour ce genre d'histoires. J'ai été en contact toute la semaine avec un de mes informateurs sur ce sujet, mais je veux être sûr de ce que je tiens avant de publier quoi que ce soit.

Ils passèrent le reste de la soirée à parler de Marshall Weston. Fiona s'interrogeait sur la réaction de John au départ de son père. A en croire Alyssa, les enfants de Marshall ne le voyaient déjà plus, par solidarité avec leur mère. Mais étaient-ils seulement au courant de ce qui se tramait ? Après tout, l'accord n'avait pas été annoncé publiquement. Il ne le serait probablement pas avant plusieurs semaines, pour éviter de déstabiliser UPI le temps que les administrateurs trouvent un remplaçant à Marshall. Quoi qu'il en soit, la nouvelle ferait grand bruit.

Lorsque Fiona et Logan eurent épuisé le sujet, ils terminèrent la soirée comme à leur habitude : en faisant l'amour. Fiona n'avait jamais été aussi heureuse.

Les jours suivants, Fiona n'apprit rien de plus sur Marshall Weston. Un autre scandale défrayait la chronique, impliquant un jeune entrepreneur qui avait détourné cent millions de dollars d'un fonds spéculatif. On avait connu pire, mais cela constituait une bonne histoire, à laquelle Logan consacra d'ailleurs un gros article.

Le jeudi, ce dernier informa Fiona qu'il ne la rejoindrait pas chez elle ce soir-là : il avait un papier à rendre dans les plus brefs délais. Le vendredi matin, alors qu'elle prenait son petit déjeuner, Fiona eut la surprise, en ouvrant le *Wall Street Journal*, de tomber sur une photo de Marshall Weston illustrant un article signé de Logan Smith... Il reprenait mot pour mot tout ce qu'elle lui avait confié quelques jours plus tôt, en mentionnant une source « haut placée dans le milieu de l'entreprise ». Fiona vit rouge. Logan avait manqué à sa promesse et trahi sa confiance. C'était un menteur, si doué fût-il au lit.

Juste avant qu'elle ne parte au travail, elle reçut un texto de lui auquel elle ne répondit pas. A midi, il tenta de l'appeler ; Fiona laissa sonner. Mais elle n'annula pas pour autant leur rendez-vous du soir, car elle tenait à lui voler dans les plumes en personne – après quoi, elle ne le reverrait plus jamais. La confiance était une vertu cardinale pour Fiona. Ce journaliste était un danger pour sa carrière, en plus d'être dépourvu d'honneur. Si quelqu'un parvenait à remonter jusqu'à elle, elle passerait pour une idiote. Fiona ne tolérait pas qu'on porte atteinte à sa réputation.

Après avoir fulminé toute la journée à son bureau, elle rentra tôt le soir pour attendre Logan. Dès qu'il ouvrit la porte, elle lui jeta le journal au visage.

— Eh ! Qu'est-ce qui se passe ? s'exclama-t-il. J'ai essayé de t'appeler plusieurs fois aujourd'hui, mais tu ne répondais pas...

— Je voulais te dire en face ce que je pense de toi. Tu es une ordure, un minable ! Tu m'avais promis que tu ne te servirais pas de moi pour tes articles !

Ce disant, elle montrait d'un index rageur le *Wall Street Journal* qui traînait par terre, ouvert à la page où s'étalait le portrait de Marshall Weston.

Le visage de Logan s'assombrit.

— Tu m'as rapporté des potins de couloir, et je n'en ai rien fait, répliqua-t-il. J'ai attendu d'avoir les informations par ma source habituelle, qui m'en a dit bien plus que toi. Je n'utilise jamais des amateurs comme indics. Je travaille avec des pros.

Il semblait à la fois blessé et en colère. Quant à Fiona, elle bouillait.

— Jamais je ne trahirais ta confiance, continua Logan. Je suis un homme de parole. Et il s'avère que je t'aime, et que je te respecte. Alors ne viens pas m'accuser de trahison sans savoir de quoi tu parles. Je suis avec toi pour la femme que tu es, pas pour les infos que tu serais susceptible de me donner. On se raconte peut-être des ragots, mais crois-moi, tu ne vaux rien comme source pour un journaliste sérieux.

Sur ces mots, il partit en claquant la porte. Fiona eut envie de lancer quelque chose derrière lui, mais elle n'avait rien sous la main. Elle ne croyait pas un mot de ce qu'il venait de lui dire. Pour en avoir le cœur net, elle se replongea dans l'article : il y avait certes quelques détails qui ne venaient pas d'elle, mais toutes les informations qu'elle lui avait données étaient là, écrites noir sur blanc. Les yeux lui sortirent de la tête lorsqu'elle lut que Marshall Weston allait gagner un demi-milliard de dollars en cinq ans. C'était écœurant. Ce type était un salaud, mais, sur ce plan-là, Logan Smith n'avait rien à lui envier.

Fiona passa la soirée à aller et venir comme une furie d'une pièce à l'autre, claquant les portes et ouvrant les placards sans raison. Heureusement, Logan ne s'était pas encore installé chez elle. Elle l'aurait mis dehors, de toute façon. L'idée lui prit de faire tourner une machine, mais elle choisit un programme trop fort et abîma son linge. Quand elle voulut réchauffer son dîner au micro-ondes, elle le laissa trop longtemps, et, pour finir, elle se fit couler un bain trop chaud... L'envie la démangeait d'envoyer un e-mail injurieux à Logan, mais elle se retint. Ce dernier ne donna pas signe de vie – pas le moindre mot d'excuse, pas même un petit texto. Elle s'en fichait. Jamais elle ne lui pardonnerait de l'avoir trahie.

Fiona prit soudain conscience qu'elle ne valait pas mieux que Harding Williams, qui avait divulgué des informations confidentielles à sa maîtresse, elle aussi journaliste. Au moins, elle n'avait trompé personne ni révélé de secrets sur sa propre entreprise. Mais elle avait colporté des ragots que Logan s'était empressé de publier.

Elle ne ferma pas l'œil de la nuit. Le lendemain, sa colère n'avait pas diminué, bien au contraire. Elle faillit annuler son match de tennis avec Jillian, puis se ravisa. En la voyant arriver comme un ouragan, sa sœur grimaça.

— Aïe, on dirait que ce n'est pas un bon jour... Qu'est-ce qui se passe ?

— Rien, grommela Fiona en se dirigeant vers le court.

Elle ouvrit le match avec un puissant service, qui manqua de décapiter Jillian.

— Seigneur ! Qu'est-ce qui t'arrive ? J'ai fait quelque chose de mal ?

— Non. Je suis furax, c'est tout.

Elle servit à nouveau, tout aussi violemment.

— Une querelle d'amoureux ?

— C'est fini entre nous, et je n'ai pas envie d'en parler. Ce mec est un connard.

— Je suis navrée de l'apprendre... Je peux faire quelque chose ?

Jillian, qui appréciait Logan, espérait que cette

brouille ne serait que temporaire. Mais sa sœur semblait prête à tuer quelqu'un. Voilà des années qu'elle ne l'avait pas vue dans cet état. A preuve, Fiona gagna même le match...

— Il m'avait promis de ne pas m'utiliser comme source d'information, et il l'a fait, lui confia-t-elle finalement, alors qu'elles prenaient quelques minutes pour bavarder.

— Tu en es sûre ? Sauf ton respect, ce type est un professionnel. Il a sans doute de meilleurs indics que toi.

— Non, c'est moi qui lui ai tout dit. Je n'aurais vraiment pas dû.

— C'est dommage, je l'aimais bien...

Fiona soupira.

— Moi aussi, je l'aimais bien. On peut même dire que je l'aime tout court, c'est ça le pire. Mais c'est fini. Je ne peux pas sortir avec un type en qui je n'ai pas confiance. Ça devient dangereux pour ma carrière s'il se met à rapporter tout ce qu'on se dit au petit déjeuner.

— Je suis désolée pour toi, murmura Jillian.

Elle devinait que, derrière sa colère, Fiona était déçue, et cela lui serrait le cœur. Logan lui avait fait une si bonne impression ! Mais c'était un journaliste, et, d'après son expérience, on ne pouvait guère se fier à ces gens-là. Trop risqué.

En rentrant chez elle, Fiona trouva Logan devant sa porte.

— Je suis venu te rendre la clé, annonça-t-il laconiquement. Et te donner ça.

Le visage fermé, il lui remit une enveloppe.

— Il faut que tu saches que je n'ai jamais révélé

l'identité d'une source, et je ne le ferai pas non plus pour toi. Mais je veux te prouver que je suis un homme de parole. Dans cette enveloppe, il y a toutes les informations que mon indic m'a envoyées – j'ai juste noirci son nom, pour le protéger. Tu verras que ce qu'il m'a donné était bien plus détaillé que tes ragots. C'est normal, je le paye pour ça. Et pas qu'un peu.

— N'est-ce pas illégal ? lâcha-t-elle d'un ton glacial.

— Peut-être, mais c'est comme ça que ça marche. Ça me permet de gagner ma vie, et à lui d'arrondir ses fins de mois. Enfin, merci quand même.

Il tourna les talons et remonta dans sa voiture. Fiona le regarda s'éloigner, puis elle rentra chez elle et s'assit à la table de la cuisine. A l'intérieur de l'enveloppe, elle découvrit la copie d'un e-mail : le nom de l'expéditeur avait été recouvert au marqueur noir, mais on pouvait voir néanmoins que le message provenait de la direction de UPI – ce qui était déjà assez choquant en soi. Fiona poursuivit sa lecture : toutes les informations que Logan avait utilisées dans son article se trouvaient là, sur cette feuille de papier qu'elle avait entre les mains.

Ainsi, Logan ne lui avait pas menti : il tenait son histoire d'un cadre très indiscret de UPI. Fiona eut un haut-le-cœur. Quelle idiote elle avait été !

Et que faire, à présent ? Pour commencer, elle déchira le document en petits morceaux, qu'elle jeta à la poubelle. Elle songea ensuite à lui écrire, mais ce n'était pas suffisant... Même si leurs chemins devaient se séparer, la moindre des choses était de lui présenter ses excuses de vive voix.

Fiona prit sa voiture et fila à San Francisco. Arrivée devant l'immeuble de Logan, elle sonna, mais personne ne répondit. Elle décida d'attendre sur le perron. Deux heures plus tard, il n'était toujours pas rentré. Elle s'apprêtait à partir, dépitée, quand elle l'aperçut qui remontait la rue, les bras chargés de sacs. Il s'arrêta devant elle, la regarda un long moment sans rien dire. Elle avait les larmes aux yeux.

— Excuse-moi, murmura-t-elle. Je n'aurais pas dû te dire des choses aussi méchantes. J'ai cru que tu t'étais servi de moi.

— Je ne ferais jamais ça, Fiona. Je t'en avais donné ma parole, et c'est sacré pour moi. Toi aussi, tu es sacrée pour moi.

Il posa ses sacs sur les marches.

— Jamais je ne te trahirais, ajouta-t-il en lui tendant les bras.

Fiona s'y précipita. Ils venaient de vivre leur première dispute, et, même s'ils s'en sortaient avec quelques égratignures, leur amour l'un pour l'autre n'avait pas fléchi. Logan l'écarta de lui gentiment.

— Tu m'as traité d'ordure et de minable, dit-il en riant.

Fiona rougit.

— Je suis tellement désolée, Logan.

— Tu sais, j'ai entendu pire, la rassura-t-il. Tu veux monter ? J'allais faire à manger.

Elle le suivit dans son appartement, où ils préparèrent le dîner tout en bavardant.

— Comment un cadre d'entreprise peut-il divulguer de telles infos à un journaliste ? s'indigna Fiona. C'est un mépris total du secret professionnel !

— Il n'est pas le seul à le faire, et heureusement, sinon je n'aurais pas de boulot. Certains de mes meilleurs indics sont très haut placés.

— On a viré Harding Williams exactement pour cette raison, confia Fiona. Du moins, on l'a laissé démissionner… C'était de lui que venait la fuite au sein du conseil d'administration.

— J'étais sûr que vous l'aviez poussé dehors ! s'écria Logan. Je n'ai pas du tout cru à ces salades sur ses problèmes de santé.

Il était satisfait d'avoir flairé la vérité, mais l'histoire ne méritait plus d'en faire un article.

— Ça veut dire que tu m'as menti, ajouta-t-il en riant. Tu es vraiment nulle, comme source !

— Tu vois bien, il ne faut pas m'utiliser.

— A qui le dis-tu !

Ils dormirent chez lui cette nuit-là, puis rentrèrent ensemble à Portola le lendemain. Peu avant midi, Fiona reçut un coup de téléphone de Jillian, qui venait aux nouvelles.

— Ça va bien, répondit-elle. Je suis avec Logan, on est en train de cuisiner…

— Ah ! Vous vous êtes donc réconciliés ?

— Oui. J'avais tort, il ne s'est pas servi de moi. Il a un bien meilleur informateur.

— Je suis contente de l'apprendre. Au fait, je préférerais qu'on évite de jouer au tennis ensemble quand tu sors d'une dispute avec lui. Tu as bien failli m'assommer !

— Excuse-moi, gloussa Fiona.

Elle raccrocha et rejoignit Logan dans la cuisine.

— C'était ma sœur. J'étais tellement furax, hier, que je l'ai battue au tennis.

Logan sourit, tout en lui tendant un verre de vin. Il s'était agité aux fourneaux pendant qu'elle répondait au téléphone.

— Qu'est-ce que tu nous prépares de bon ? s'enquit-elle.

— Une soupe à l'humiliation. Je t'en ai prévu une bonne quantité.

— Très drôle.

Fiona posa son verre et enlaça Logan.

— Je t'aime, murmura-t-il. Même si tu m'as traité de minable. Il va falloir que je réfléchisse à une punition appropriée... Mais d'abord, j'ai une autre idée.

Il éteignit la gazinière et entraîna Fiona dans la chambre. La guerre était terminée, et ils en sortaient tous les deux vainqueurs, heureux et débordant d'énergie.

27

En passant les contrôles de sécurité à l'aéroport de San Francisco, Marshall songea qu'il n'aurait bientôt plus à se plier à cette procédure : dès son arrivée à Boston, il disposerait d'un jet privé, et il pourrait dire adieu aux vols commerciaux. En costume, son pardessus sur le bras, il embarqua dans l'avion parmi les autres passagers de première classe et fut accueilli comme il se doit par le personnel navigant, qui avait été prévenu de sa présence à bord.

La voisine de siège de Marshall remarqua bien vite les petites attentions qu'on lui prodiguait : une hôtesse se chargea de suspendre son manteau, tandis qu'une autre lui offrait une coupe de champagne, qu'il refusa. Marshall jeta un coup d'œil discret sur la jeune femme. Agée d'une vingtaine d'années, elle portait une veste Balenciaga, un jean et des talons hauts aux semelles rouges. Elle était très jolie. Tandis que l'avion décollait, il lui confia d'un ton léger que c'était son jour de chance, car d'habitude il se retrouvait toujours placé à côté de l'agent de sécurité. Avec un petit rire, elle reposa son magazine, puis expliqua qu'elle se rendait à Boston chez sa mère.

— Moi, j'y emménage, répondit Marshall. Je commence un nouveau travail.

Il avait beau se montrer modeste, la jeune femme avait compris qu'elle n'avait pas affaire à n'importe qui : costume taillé sur mesure, chaussures de marque impeccablement cirées, coupe de cheveux parfaite, montre en or... Tout en lui respirait le succès et le pouvoir. Elle prit soudain conscience qu'il devait avoir l'âge de son père, mais l'énergie qu'il dégageait, son assurance et son charme le faisaient paraître plus jeune.

— Combien de temps allez-vous rester à Boston ? lui demanda-t-il.

Finalement, il n'était pas si mécontent de voyager sur une ligne commerciale... Cela lui avait au moins permis de rencontrer cette charmante demoiselle.

— Je ne sais pas encore, répondit-elle timidement. Quelques semaines, voire plus. Je vais peut-être chercher un travail là-bas.

— Que faites-vous comme métier ?

— J'ai été mannequin, puis assistante de direction pendant un an. J'envisage d'intégrer une école d'art.

Voilà qui révélait un esprit pour le moins dispersé, mais Marshall n'y attachait aucune importance. Ce qu'il voyait, c'était sa beauté, et ses longs cheveux bruns qui encadraient son visage et lui descendaient jusqu'au creux du dos. Elle leva vers lui ses grands yeux innocents.

— Et vous, que faites-vous comme travail ?

— Je dirige une entreprise.

Sans même s'en rendre compte, elle se rapprocha de lui, offrant à son regard la courbure délicate de sa gorge laiteuse, l'ombre d'un sein et le haut de son soutien-gorge en dentelle.

— Ce doit être passionnant, murmura-t-elle.

— Oui, parfois.

Marshall se demanda quel goût avaient ses lèvres... Et dire qu'il lui suffirait de donner le montant de son salaire pour que toutes les femmes de cet avion tombent à ses pieds ! C'était presque trop facile.

Après avoir bavardé un moment avec elle, il ferma les yeux et s'endormit. Lorsqu'il rouvrit les paupières, la jeune femme regardait un film. Il l'observa quelques instants en silence, puis lui effleura la main, comme par accident. Elle retira son casque en souriant.

— J'aimerais beaucoup vous revoir à Boston, dit-il d'une voix douce. Peut-être pourrions-nous dîner ensemble, un de ces jours ?

— Oui, ce serait formidable, répondit-elle dans un souffle.

Elle lui nota son numéro de portable, ainsi que le fixe de sa mère. Marshall empocha le morceau de papier.

— Je vous appellerai demain. Au fait, voulez-vous que je vous conduise en ville ? Un chauffeur m'attend à l'aéroport.

— Je pensais prendre un taxi...

— Ce n'est pas la peine, je vous déposerai. Je loge au Ritz-Carlton.

Il lui donna sa carte après y avoir griffonné son numéro de téléphone personnel.

A l'atterrissage, Marshall l'aida à retrouver ses valises au retrait des bagages, puis demanda à son chauffeur de les porter jusqu'à la voiture. Alors qu'ils filaient vers Boston, la jeune femme contemplait Marshall, des étoiles plein les yeux. Jamais elle n'avait rencontré un homme aussi excitant. Pour lui, en revanche, elle n'était qu'une jolie fille de plus, une proie facile. Et une façon bien sympathique de commencer sa nouvelle vie à Boston.

Quand il la déposa devant chez sa mère, elle se confondit en remerciements. A en juger par la taille de la maison, située dans le quartier de Beacon Hill, elle venait d'une bonne famille et serait parfaite pour un début.

Marshall lui téléphona avant même d'arriver à son hôtel.

— Vous me manquez déjà, Sandy.

Il l'entendit retenir sa respiration à l'autre bout du fil.

— Merci, Marshall.

Sandy avait l'impression d'avoir gagné au loto... Comment une jeune fille comme elle pouvait-elle susciter l'intérêt d'un homme aussi fascinant que lui ?

— Je vous emmène dîner demain soir ? proposa-t-il.

— Avec grand plaisir.

— Je passerai vous chercher à dix-neuf heures trente.

Après le restaurant, il la ramènerait à son hôtel. Et lorsqu'elle se réveillerait, le lendemain matin, elle aurait du mal à croire qu'elle n'avait pas rêvé. Malheureusement, il était bien plus difficile de mettre un terme à ce genre de relations que de les entamer, mais Marshall décida de ne pas s'inquiéter de cela pour l'instant. Sur tous les plans, il prenait un nouveau départ : Boston, son travail, cette fille, le jet privé... Il sourit intérieurement.

Le directeur du Ritz-Carlton l'attendait devant l'entrée et l'accueillit comme un prince. Boston Technology lui offrait la suite de luxe au dernier étage. Et, regardant autour de lui, Marshall songea qu'il ne méritait pas moins.

De son côté, Liz s'occupait de son emménagement. Elle avait trouvé un magnifique appartement dans le quartier de Nob Hill. Ce samedi matin, elle avait réservé l'ascenseur de l'immeuble pour pouvoir transporter le reste de ses cartons. Les déménageurs avaient passé deux jours à monter ses meubles, choisis sur les conseils d'un décorateur. Tout était neuf et parfaitement à son goût. Elle avait vendu la plupart des affaires de son ancienne vie aux enchères. Le bâtiment donnait sur Huntington Park, l'hôtel Fairmont et la cathédrale de Grâce. De sa grande chambre ensoleillée, Liz avait vue sur l'île d'Alcatraz et la baie de San Francisco. L'appartement comptait trois autres chambres, une pour chacun de ses enfants, qui étaient tous là pour l'aider à déménager. Tandis que les garçons posaient les dernières valises près de son lit, Liz regarda autour d'elle et sourit.

— Waouh, c'est chouette, maman, commenta John, qui découvrait les lieux pour la première fois.

C'était un nouveau départ pour sa mère et sa sœur. D'ailleurs, tout se passait beaucoup mieux entre elles deux. Lindsay adorait son nouveau lycée et rapportait même des notes correctes. Depuis la rentrée de septembre, elle faisait les trajets tous les jours de Ross à San Francisco. L'idée de venir habiter en ville la réjouissait. Liz, quant à elle, s'était offert une nouvelle coupe de cheveux, et envisageait de mettre ses connaissances en droit au profit d'une association d'aide aux sans-abri. Au regard de ce qu'elle venait de vivre, elle n'aurait pu aller mieux. Changer radicalement de cap était la meilleure idée qui soit.

Après avoir déballé ses cartons, John informa sa mère qu'Alyssa passerait les voir dans l'après-midi. Lindsay poussa un grognement.

— Mince. J'ai promis à maman de rédiger ma demande d'admission à Berkeley aujourd'hui... Je préférerais cent fois rester avec vous !

— Une demande pour Berkeley ? la taquina son frère. Je croyais que tu voulais prendre une année sabbatique ?

— Je vais me contenter d'un tatouage, répliqua Lindsay.

Elle n'avait pas le cœur à contrarier sa mère après ce qu'elle avait subi. Tous avaient été soulagés d'apprendre le déménagement de Marshall à Boston. Les enfants n'avaient pas revu leur père avant son départ et ne prévoyaient pas de le voir de sitôt, sans compter qu'il leur faudrait pour cela faire le déplacement jusqu'à lui. Ils n'avaient aucune envie de laisser leur mère seule pendant les vacances. De toute façon, Marshall les avait prévenus qu'il passerait Noël à Aspen.

Tom aussi aimait sa nouvelle chambre. Comme il avait son propre appartement à Berkeley, il n'y dormirait pas souvent, mais c'était agréable de se sentir le bienvenu. Après avoir porté les derniers cartons à l'intérieur, il libéra l'ascenseur.

— Merci d'être venus m'aider, les garçons, leur dit Liz d'un ton joyeux. Qu'est-ce que vous voulez manger à midi ?

Sa fille et elle avaient déjà testé le restaurant de l'hôtel Huntington, de l'autre côté de la rue, et il y en avait d'autres non loin de là autour du Fairmont. Depuis qu'elles avaient commencé à emménager, deux semaines plus tôt, elles commandaient des plats à emporter tous les jours. Lindsay n'était plus vegan, ce qui simplifiait les choses. Quant à Liz, elle n'avait pas cuisiné depuis l'été et n'était pas sûre de vouloir se remettre aux fourneaux. L'époque était révolue où elle attendait son mari tous les soirs pour le servir comme une esclave. Cela ne lui manquait certes pas ; même Marshall ne lui manquait pas. Il avait été effacé de son existence. Rayé de ses pensées et de son cœur.

Lorsque Alyssa passa dans l'après-midi, elle fut conquise par l'appartement, qu'elle trouva plus joli que leur maison à Ross. Elle était également rassurée de voir que la mère de John allait mieux. Liz avait retrouvé son élan.

Le soir, ils commandèrent des pizzas et des plats chinois, qu'ils mangèrent dans la cuisine. Tandis que les jeunes riaient et bavardaient, Liz affichait un grand sourire. Il faisait bon vivre à nouveau, chez elle et parmi les siens.

Le même week-end, Logan fit le trajet inverse, de San Francisco à la banlieue. Sa voiture était remplie jusqu'au toit : il emménageait chez Fiona, à Portola Valley ! Celle-ci lui avait généreusement cédé la moitié d'un placard, où il tentait en vain de faire entrer toutes ses affaires.

— C'est tout ce que tu me laisses, comme place ? maugréa-t-il.

Il s'assit à même le sol. Autour de lui traînaient des paires de baskets qu'il avait apportées dans l'idée qu'elles serviraient plus ici qu'en ville.

— Tu ne peux pas faire mieux, dans une maison de cette taille ?

— Non, répondit Fiona, inflexible.

Soudain, Logan éclata de rire.

— Ça y est, je me souviens ! Tu m'as dit un jour que ça te plaisait d'avoir tes placards pour toi toute seule. Que c'était une des raisons pour lesquelles tu ne voulais pas d'une relation amoureuse. Mais maintenant que je t'ai, toi, je veux aussi tes placards.

— Eh non, tu ne peux pas avoir les deux à la fois.

Fiona le rejoignit par terre.

— Dans ce cas, il fallait tomber amoureuse d'un nudiste, grommela Logan. Il n'y a pas moyen de négocier ? Je crois qu'on a besoin d'une thérapie de couple…

Ce disant, il s'allongea et l'entraîna avec lui. Il s'étonnait encore d'avoir eu la chance de trouver une perle comme elle. Fiona était devenue sa meilleure amie en même temps que son amante – une compagne parfaite, donc, et ce, même si elle monopolisait tous les rangements.

— Tu n'as qu'à donner tes vêtements, suggéra-t-elle. De toute façon, on n'en a pas besoin, on passe notre temps au lit.

— Ce n'est pas faux.

Depuis leur week-end à New York, ils avaient le sentiment de vivre une lune de miel permanente, tant ils étaient heureux ensemble. Logan pensait au mariage, mais Fiona n'y tenait pas particulièrement, et il craignait de gâcher leur bonheur en insistant. Il était déjà enchanté de s'installer chez elle.

Fiona consentit finalement à évacuer certains de ses plus vieux tailleurs et à lui abandonner quelques étagères supplémentaires.

— Si tu étais serveuse ou strip-teaseuse, tes tenues prendraient moins place, fit-il remarquer. Tu devrais peut-être arrêter de t'habiller comme ça au travail.

Chez NTA, Fiona avait une image à entretenir, et elle n'y dérogeait pas. Même à l'extérieur, elle conservait des freins. Un soir qu'ils sortaient dîner, il avait réussi à la convaincre d'enfiler la robe rouge qu'il aimait tant – celle qu'elle avait mise à New York. Mais elle s'était plainte toute la soirée de se sentir trop bien habillée par rapport aux autres clients.

Heureusement, ils avaient le projet de retourner dans la ville de leurs premières amours. Fiona devait y aller pour son travail et avait proposé à Logan de l'accompagner. « Je serai quoi, alors ? avait-il demandé pour plaisanter. Le petit copain de madame la P-DGère ? »

Officiellement, Logan et Fiona n'étaient rien l'un pour l'autre. Et pourtant, ce qu'ils partageaient comblait toutes leurs attentes.

Un week-end d'octobre où il faisait encore très doux, Geoff emmena Ashley et les jumelles à l'hôtel Biltmore de Santa Barbara. Comme la fois précédente, ils se rendirent au club Coral Casino et construisirent des châteaux de sable sur la plage.

Ashley s'était remise à peindre avec acharnement. Elle avait une exposition prévue au printemps dans une galerie d'art. Geoff, lui, poursuivait l'écriture de sa série télévisée. Celle-ci obtenait de bonnes audiences, et ses scénarios recevaient un accueil enthousiaste. Malgré la charge de travail que cela représentait, il y prenait beaucoup de plaisir et parvenait quand même à se libérer du temps pour Ashley et les filles. Il était plus souvent à Malibu qu'à West Hollywood.

— Que dirais-tu de vivre ici ? demanda-t-il à la jeune femme alors qu'ils se baladaient sur la plage.

Kezia et Kendall couraient loin devant eux.

— Je n'ai pas besoin d'aller au bureau tous les jours, poursuivit-il. Je peux très bien travailler ici, et toi aussi. On pourrait louer une maison quelques mois, pour commencer ?

D'abord surprise par cette suggestion, Ashley la trouva finalement tout à fait séduisante.

— Je ne suis pas contre un peu de changement, répondit-elle en souriant.

La maison de Malibu lui semblait hantée par les souvenirs de Marshall. Elle voulait construire une nouvelle vie avec Geoff, et quel meilleur endroit pour cela que Santa Barbara, où ils avaient vécu de si bons moments ?

— On regardera les annonces en rentrant ; si ça se trouve, on pourra visiter des maisons demain, reprit-il.

Alors qu'elle acquiesçait, Ashley entendit des bruits de sabots derrière eux. Ils se retournèrent en même temps et virent un cavalier passer au galop sur son cheval blanc.

Ils le suivirent du regard, stupéfaits.

— Tu sais ce que ça veut dire, n'est-ce pas ? lâcha Geoff avec un regard malicieux.

— Non, je ne vois pas du tout, le taquina-t-elle.

— C'est un signe du destin.

Sur ce, il l'embrassa, comme il l'avait fait quand elle avait douze ans.

— Je t'aime, Ash.

— Je t'aime, Geoff.

— Je voudrais rester avec toi et les filles pour toujours.

Il plongea son regard dans le sien.

— Veux-tu m'épouser ?

— Oui, répondit Ashley dans un grand sourire.

Le même sourire exactement que celui qui avait illuminé son visage dix-huit ans plus tôt.

Geoff rêvait de faire des enfants avec elle. Et aussi d'adopter Kezia et Kendall – si Marshall lui donnait son accord. De toute façon, même s'il refusait, Geoff serait leur père pour tout ce qui comptait au quotidien. Marshall ne faisait aucun effort pour maintenir des liens avec ses filles, tout concentré qu'il était sur sa propre vie et son nouveau travail. Maintenant qu'il avait emménagé à Boston, Ashley n'imaginait pas comment il pourrait les voir plus d'une ou deux fois par an. Elle ne regrettait rien : Geoff était arrivé dans sa vie au bon moment, elle n'aurait pas été prête auparavant.

Le lendemain, ils dénichèrent une maison de rêve à quelques pas de l'océan. Ils la louèrent pour un an. Alors qu'ils rentraient à Malibu le dimanche après-midi, Geoff repensa à la question qu'il lui avait posée sur la plage.

— N'oublie pas que tu m'as dit oui, murmura-t-il tandis que les fillettes bavardaient à l'arrière de la voiture.

— C'était quoi la question, déjà ? le taquina Ashley.

— Je te la reposerai plus tard. Avec un genou à terre, si tu veux.

— Ça me plairait beaucoup.

Ashley se pencha pour l'embrasser. Finalement, elle l'avait trouvé, son prince charmant.

Vous avez aimé ce livre ?
Vous souhaitez en savoir plus sur Danielle STEEL ?
Devenez, gratuitement et sans engagement, membre du
CLUB DES AMIS DE DANIELLE STEEL
et recevez une photo en couleurs dédicacée.

Pour cela il suffit de vous inscrire sur le site
www.danielle-steel.fr
ou de nous renvoyer ce bon accompagné d'une enveloppe
timbrée à vos nom et adresse au
Club des Amis de Danielle Steel
– 12, avenue d'Italie – 75627 PARIS CEDEX 13

Monsieur – Madame – Mademoiselle
NOM :
PRÉNOM :
ADRESSE :

CODE POSTAL :
VILLE :
Pays :

E-mail :
Téléphone :
Date de naissance :
Profession :

La liste de tous les romans de Danielle Steel publiés aux Presses de la Cité se trouve au début de cet ouvrage. Si un ou plusieurs titres vous manquent, commandez-les à votre libraire. Au cas où celui-ci ne pourrait obtenir le ou les livres que vous désirez, si vous résidez en France métropolitaine, écrivez-nous pour le ou les acquérir par l'intermédiaire du Club.

Composition et mise en pages
Nord Compo à Villeneuve-d'Ascq

Cet ouvrage a été imprimé au Cananda par

MARQUIS

Québec, Canada

à Louiseville
en août 2015

Dépôt légal : septembre 2015